山西省高等学校哲学社会科学研究项目资助

（2021W097）

冯莉 著

环境规制法律制度的
法经济学分析

An Analysis of Law
and Economics on Legal Systems
of Environmental Regulation

中国政法大学出版社

2023·北京

图书在版编目（ＣＩＰ）数据

环境规制法律制度的法经济学分析/冯莉著. —北京：中国政法大学出版社，
2023.6

　ISBN 978-7-5764-0704-4

　Ⅰ.①环…　Ⅱ.①冯…　Ⅲ.①环境规划－环境保护法－研究－中国
Ⅳ.①D922.604

中国版本图书馆CIP数据核字(2022)第204568号

出 版 者	中国政法大学出版社
地　　址	北京市海淀区西土城路 25 号
邮寄地址	北京 100088 信箱 8034 分箱　　邮编 100088
网　　址	http://www.cuplpress.com (网络实名：中国政法大学出版社)
电　　话	010-58908289(编辑部) 58908334(邮购部)
承　　印	北京九州迅驰传媒文化有限公司
开　　本	880mm×1230mm　1/32
印　　张	9.375
字　　数	210 千字
版　　次	2023 年 6 月第 1 版
印　　次	2023 年 6 月第 1 次印刷
定　　价	49.00 元

前 言

PREFACE

  经济的负外部性对生态环境、能源消耗产生巨大影响。随着世界经济高速发展，生态环境问题已经成为全球性的难题。囿于资源环境的产权不明晰、公共物品等属性，市场机制在配置环境资源时出现了"市场失灵"。市场失灵是政府规制的逻辑起点，然而，政府干预并不是万能的。从经济学角度考察，信息不对称、规制俘获、政府有限理性等因素同样会导致"政府失灵"。公共选择理论认为要想克服双重失灵就要处理好政府和市场的关系，通过合理的制度安排，科学的制度设计来减少规制失灵。党的十八大以来，特别是2014年《环境保护法》修订以来，国家加大了生态环境保护力度，从立法、执法和司法方面"立改废清"了多项环境规制制度，又通过全国范围内的中央环保督察推进，全国生态环境保护工作取得了令人瞩目的成效。本书通过对中华人民共和国成立到2019年我国环境规制法律制度的发展演变历程的梳理，以及制度实施情况的检视和评估，发现生态环境形势依然严峻，环境、资源恶性违法事件仍不绝于耳，地方环境法律和政策落实难、执法低效问题仍较为严重。这就需要我们查找问题根源，找到纾解问题的有效办法，全方位检视环境规制法律制度，从而建立科学合理的法律制度体系。

我国环境规制法律制度长期受到法学学者的关注并已形成系列成果，但运用经济学、法经济学的理论和方法来定量分析环境规制法律制度的研究成果并不多见。2020年3月底，习近平再度调研"两山"理论发源地——安吉县天荒坪镇余村，强调经济发展不能以破坏生态为代价，"生态本身就是一种经济"。这不仅是对生态环境价值的定位，也为政府环境规制的价值衡量提供了方向指引。本书以环境规制法律制度为研究对象，试图运用法经济学中的成本收益理论和博弈论对我国现行环境规制法律制度进行定性规范分析和定量实证分析，重点从环境规制效率维度选取与环境规制法律制度密切相关的指标进行实证检验分析，目的是探寻影响我国环境规制法律制度实施的机理和因素，通过检验环境规制法律制度的实施效果，得出优化资源配置、建立健全科学合理的环境规制法律制度体系建议。从而实现：一是运用法经济学方法检视我国现行环境规制法律制度设计与运行效果，给出量化、直观的分析结论，为国家和省域提供环境规制法律制度后评估的依据；二是通过这些量化结果，从内在动因层面验证和剖析我国现行环境规制法律制度存在的问题，为国家和省域未来建立健全更符合经济规律、更有针对性的环境规制法律制度提供参考依据。

本书具体采用如下方法开展研究：①引入博弈模型对环境规制的"市场失灵"和"政府失灵"进行模型分析，进而检视我国环境规制法律制度的现实困境；②运用成本收益分析理论通过 DEA 模型、超效率 DEA 模型、Malmquist 模型对我国环境规制效率进行测算，进而实证检验环境规制法律制度的立法规模、制度实施、管理体制等因素对环境规制效率和效果的影响。主要得出以下结论：

（1）科学合理的价值衡量对环境规制法律制度体系的建立完善具有重要意义。当前我国环境规制法律制度基本形成国家强力推动、地方积极回应的规制合力，整体生态环境质量改善明显，但同时也存在法律依据不完善、管理体制不健全、监督问责不充分、配套体系不完善等现实困境，这与环境规制法律制度的制定和实施中缺乏市场和经济性因素的考量密切相关。生态就是经济，要透过市场机制合理配置环境规制资源，实现环境规制法律制度的科学有效供给。

（2）运用成本收益理论测算的环境规制效率是评价环境制度和政策可行性的基本方法。本书将环境规制效率作为检验环境规制法律制度实施效果的重要价值衡量，通过构建科学合理的环境规制效率投入产出指标体系，测算出我国2006—2015年省级环境规制效率，进而为下一步的实证检验提供数据支撑和依据。

（3）环境规制法律制度的立法规模、制度实施和管理制度对环境规制效率和效果产生不同程度的影响。通过实证研究发现，环境规制法律制度的立法规模和制度实施对环境规制效率和效果均有显著促进作用，而且制度实施的影响较明显于立法规模，这与法律的强制性和稳定性密切相关。环境规制管理制度方面，当前环境行政制度和环境监察制度对环境规制效率呈现出负向影响，而环境监测制度呈显著正向影响，这也反映了我国不断深化的生态环境监管体制改革和省级以下生态环境机构监测监察执法垂直管理制度改革的必要性和改革方向。

（4）环境规制法律制度体系设计和实施离不开经济学理

论的支撑和检验，要注重环境规制中市场因素和经济学因素的影响，充分尊重市场规律，将经济学的成本收益等分析方法纳入环境法律制度的制定、实施的考量，提出分别从完善环境规制法律体系、优化环境规制管理机制、严格环境规制执法监督、织密环境规制配套体系等方面建立科学合理的环境规制法律制度体系，实现我国环境规制法律制度的有效供给，推进生态环境治理体系和治理能力现代化。

本书的主要创新之处在于：①突破了传统的法学研究范式，开辟了新的研究视角。本书采用法经济学的研究理论和研究方法对环境规制法律制度进行了可观的定量分析，为环境规制法律制度定性分析向量化评估转化提供了研究可能。②通过构建实证分析模型，将环境规制法律制度的立法规模、制度实施、管理制度作为核心解释变量，检验并论证了环境规制法律制度的实施效果，对我国环境规制法律制度立法后评估意义重大，也为我国环境规制法律制度的完善提供了有效的微观依据。

2019 年 10 月

CONTENTS 目 录

第一章

绪 论

一、研究背景和意义

（一）研究背景

党的十九大报告明确指出"我国经济已由高速增长阶段转向高质量发展阶段"。高质量发展是新时代中国经济的鲜明特征。习近平总书记"绿水青山就是金山银山"的"两山论"深刻揭示了生态本身就是经济，维护生态效益就是实现经济效益。近年来，我国关于生态环境保护的法律制度、政策文件、战略决策密集出台，生态文明入宪，从中央到地方"用最严格制度、最严密法治保护生态环境"，大尺度重组自然资源部、生态环境部，组建生态环境保护综合执法队伍……这些前所未有的顶层设计组合对整体推进我国生态文明建设，提升环境规制效果，推动生态环境治理体系和治理能力现代化建设提供了坚实的法治基础、强硬的执法理念与完善的组织制度保障，让环境规制制度成为生态文明刚性的约束和不可触碰的高压线。本书正是基于这样的背景展开研究的。

1. "高质量发展"成为新时期经济发展的新目标

我国经济增长方式已经由原来的"高速增长"转向"高质量发展"模式。实体经济是"高质量发展"的基础。过去三十多年，我国一直都是以经济高速增长为目标，然近年来因相关政策、宏观调控市场等因素的影响，增长趋势已经逐渐放缓，我国经济发展中结构性问题和深层次矛盾日益凸显，经济下行压力持续加大。更重要的是，随着我国经济的快速增长，人口红利逐渐减弱，资源和环境对经济发展的约束日益趋紧，生态资源的破坏和环境污染的压力越来越突出，不仅水、气、土等问题严重，山水林田湖草等各种自然资源承载力已经逼近极限，传统的经济增长方式已经难以适应当前的社会发展。

"高质量发展"就是要转变发展方式，调整经济结构，树立生态经济理念，注重经济、社会、生态的协同发展，实现循环经济、绿色经济、生态经济。"高质量发展"的主要内涵包括：其一，必须在实体经济的发展中，调整经济结构，转变经济发展目标，推动中国"质"造向中国"智"造的转变。在实体经济依赖的传统产业优化升级的过程中，要引进新概念，发展新能源，利用新材料，提高我国产品的品质和智力的含金量。其二，让创新成为推动"高质量发展"的动力。转向"高质量发展"，必须实现从生产到创新的转变，加大科学技术的研究与创新。尤其是加大对大数据，量子信息，人工智能等技术的投入，引入产业变革的颠覆性技术，大胆创新商业模式，创新现代服务技术，帮助传统企业的经济发展形态向高级化发展。其三，"高质量发展"是以人为本的发展，要将"高质量发展"的出发点和落脚点定位于保障和改善民生。只有实实在在为人民谋福祉，保证人民处在高质量发展的核心地位，才能保证高质量发展沿着正确的方向迈进。

生态文明建设是经济高质量发展的重要目标，而生态文明建设又直接影响高质量发展的水平。由于经济发展质量不高，结构性矛盾表现出明显的发展不平衡、不充分，而我国当前社会主要矛盾，已经转化为人民日益增长的美好生活需要和不平衡不充分的发展之间的矛盾。过去我们重发展速度、轻质量，重 GDP、轻环境保护。应当充分认识到，生态文明建设良好能促进经济高质量发展，反之，如果生态文明建设滞后，将严重制约经济高质量发展。"高质量发展"是创新、协调、绿色、开放、共享的发展，是能够更好地满足人民日益增长的美好生活需要的发展。高质量发展，不仅是数量的增加，而且是生产要素投入少、资源配置效率高、资源环境成本低、经济社会效益好的发展。目前，我国生态文明建设中，还存在对生态文明建设与经济发展关系认识不清，市场机制未建立，生态文明建设由政府主管等问题。由于传统经济发展对资源和环境造成的浪费，对自然规律的过度自信以及对生态理念发展经济的认识不够等问题严重制约着经济发展的速度，也制约经济发展的质量。要实现经济高质量发展，就必须解除经济对生态的过度依赖，解除环境对经济发展的束缚。如今，经济高质量发展已逐渐成为人们的共识，站在经济发展的新起点，中国开启了高质量发展的新征程，从全国到地方，推动高质量发展的实践逐步铺开，我国未来经济发展的蓝图中，重心必然落脚在高质量发展上，这是新时代对我国经济发展提出的新要求。

2. 生态环境问题依然严峻，不容乐观

生态环境保护是一个全球性话题，这一话题的切入与世界科技与经济的发展密切相关。欧美等发达国家以及中国在工业化进程中都经历了以环境污染为代价发展经济的过程。

随着工业化、城镇化进程的加速，长期粗放式资源开发利用，以及大规模工业化生产所导致的环境污染、生态破坏，不仅对人类赖以生存的环境已经造成了严重的破坏，而且对人类的可持续发展构成了巨大威胁，环境问题逐渐成为社会大众关注的热点问题。近年来，随着我国生态环境保护力度的加强，环境质量得到了明显好转，但生态环境问题仍然十分严峻。仅就2019年中央环保督察对6个省（市）和2家中央企业开展的第二轮第一批中央生态环境保护例行督察结果来看，受理转办群众举报问题1.89万件，第一轮环保督察及"回头看"工作一共列出3294项整改任务[1]。2018年中央环保督察分两批对全国20个省份开展中央生态环境保护督察"回头看"工作，一共公开通报了103个典型案例，还移交了122个突出的生态环境损害责任追究问题。[2]2019年，全国337个地级及以上城市中只有157个城市环境空气质量达标。可以看出，生态环境问题面临较大的挑战。改革开放四十多年来，我国经济高速发展，据国家统计局2019年7月公布的数据显示，我国经济1979—2018年年均增长率达到9.4%，年均增长速度已经远远高于同期世界经济2.9%的增长速度[3]。然而高消耗、高能耗、高污染的粗放式经济增长方式也随之带来

---

〔1〕《生态环境部部长在2020年全国生态环境保护工作会议上的讲话》，载中华人民共和国生态环境部官网，http://www.mee.gov.cn/xxgk2018/xxgk/xxgk15/202001/t20200118_760088.html，最后访问日期：2021年10月8日。

〔2〕 数据来源：2018年《中国生态环境状况公报》。

〔3〕《沧桑巨变七十载 民族复兴铸辉煌——新中国成立70周年经济社会发展成就系列报告之一》，载国家统计局官网，http://www.stats.gov.cn/ztjc/zthd/bwcxljsm/70znxc/201907/t20190701_1673373.html，最后访问日期：2021年10月8日。

了不可忽视的环境问题，生态资源匮乏和环境污染严重现象日渐突出，这也使得完善我国的生态环境保护法律体系迫在眉睫[1]。世界各国纷纷通过立法以期保护生态环境不再受到破坏，实现人与自然的和谐共生，我国也不例外，目前我国以工业为主的产业结构和以煤为主的能源结构尚未根本改变，因此带来的生态问题和污染防治问题依然较为严峻，环境规制问题已经成为我国社会发展必须直面并解决的关键性问题。

3. 环境规制法律制度急需整合提质

1973 年，我国召开第一次全国环境保护会议，确立了 32字环保方针[2]，制定了第一个环境保护规范性文件——《关于保护和改善环境的若干规定（试行草案）》。四十多年来，我国陆续出台了很多有关生态环境保护方面的法律法规和政策措施。中国现行的生态环境保护法律体系是一个由宪法、法律、行政法规、地方性法规、部门规章等组成的，包括环境污染防治、自然资源保护及管理、生态建设和保护、资源节约与综合利用等诸多方面的法律系统。尤其是 2014 年对《环境保护法》的修订，标志着我国生态环境保护法律体系初步形成，并进入了新的发展阶段。环境规制法律制度实现了从无到有，从单一到混合，从以污染防治为主到生态资源和环境保护综合治理，环境规制体制也逐渐由集权到分权再

---

〔1〕 汪鸿渐：《论我国生态保护的立法完善——从新〈环境保护法〉谈起》，载《中国环境资源法学研究会 2014 年年会暨 2014 年全国环境资源法学研讨会论文集》（第 3 册），第 914~917 页。

〔2〕 1973 年 8 月，国务院召开第一次全国环境保护会议，审议通过了"全面规划、合理布局、综合利用、化害为利、依靠群众、大家动手、保护环境、造福人民"的环境保护工作 32 字方针，以及我国第一个环境保护文件——《关于保护和改善环境的若干规定（试行草案）》。

到综合执法，目前我国环境规制法律制度基本形成国家强力推动，地方积极回应的规制合力，生态环境质量改善明显，但同时存在诸多问题。例如在法律的实施中，呈现出执法力度不强、执法方式单一、执法效果不明显等特点。因此，推动环境规制法律制度的完善，不断推进环境规制手段的合理化是解决环境问题乃至社会经济发展问题的重要路径。当前蕴藏着生态效益和环境权益的社会结构、社会组织形式、社会利益格局正在发生深刻变化，环境规制法律制度建设是环境法治的一项重要组成部分，环境规制法律制度的实施效果将会影响到整个环境法治的进程，而实现环境法治，是建设生态文明的必然要求，是建设新时代中国特色社会主义的必答题。

生态文明建设是高质量发展的重要目标，是推动经济高质量发展的重要手段。同时，高质量发展又会促进生态文明质量的提升，二者相互融合，相互促进。高质量发展对生态文明建设也提出了更高的要求，加强生态文明建设，推动经济高质量发展急需我国环境规制法律制度的提质加速。

（二）研究意义

1. 理论意义

近年来，环境规制作为社会性规制手段受到不同学界的关注与热议，法学界多以定性分析方法研究环境规制立法和制度设计方面的问题。对此，一方面，本书突破了传统的法学研究范式，采用法经济学的理论和方法对环境规制法律制度进行定量分析，为环境规制法律制度定性分析向量化评估提供了研究可能。由于引发环境问题的多原因性和我国特殊的政治经济结构背景，传统法学视角研究环境规制越来越体现出制度失灵和应对困境，法经济学理论视角正是突破这一障碍的有效途径，从新的视角研究环境规制法律制度，将环境规制的经济学理论与法学理论相结合，充分运用经济学的理论研究和分析方法检视和检验我国环境规制法律制度的实施效果，从而提出建立完善科学合理的环境规制法律制度体系的政策建议，以期实现环境利益和经济利益双提升，更好地建立现代化的生态环境治理体系。

另一方面，本书丰富了环境规制的理论研究。当前学界将环境规制理论与环境法律制度相结合的研究相对较少，特别是运用法经济学的研究方法对环境规制法律制度进行定量分析的研究成果并不多见。本书从环境规制法律制度的经济学理论和法学理论基础出发，追根溯源，运用法经济学的成本收益分析和博弈论等方法对环境规制法律制度进行价值衡量和模型验证。从内在动因层面检验环境规制法律制度实施效果，不仅将丰富和充实环境法学，也将为经济学和环境科学的研究开辟新的视角。

2. 现实意义

当前，正值生态环境管理体制改革不断深化，生态环境治理体系和治理能力现代化建设有序推进，环境规制是实现环境治理体系和治理能力现代化的优先领域，环境规制法律制度的完善关系到改革的进度和效果。然而我国当前的环境规制法律制度仍面临着严峻的挑战，存在着诸多深层次的矛盾和问题，必须尽快寻找提升环境规制法律制度实施效果的有效路径，以应对当前社会环境的巨大变革。不同的环境规制法律制度设计与实施手段会产生不同的环境规制效率，而运用法经济学理论和方法来研究我国环境规制法律制度，一方面，有助于将环境规制法律制度的定性规范分析与定量的实证检验相结合，由定性分析向定量指标评价过渡，可以为政府决策者提供环境规制法律制度实施效果的微观依据，进而形成更科学合理的环境规制法律制度体系；另一方面，有助于协助资源有效分配，服务生态环境治理体系现代化建设。将环境规制效率作为环境规制法律制度的价值衡量，有助于形成科学合理的环境规制法律制度体系，有效克服市场失灵和政府失灵，实现环境规制资源的有效配置，更好地深化生态环境管理体制改革，从而为生态环境治理体系和治理能力现代化建设提供实证指导依据。

二、国内外文献综述

工业革命以来，经济的高速增长给环境资源和环境治理带来了巨大压力和挑战。环境规制问题颇受各学界关注，国内外学者也从不同的研究视角著书立说，成果卓著，观点异彩纷呈。综合现有文献的研究发现，环境规制的相关研究场域集中在经济学领域，尤其是规制经济学、产业经济学、制度经济学等学科。法学界对环境规制的研究偏多使用法学术语，以"环境监管""环境执法""环境法"或者"环境法治"等为议题。现有文献对环境规制的研究主题多集中在企业管理、经济发展、技术创新、实证研究、规制研究等经济学领域，反映出环境规制命题多受经济学学者关注，而法学学者们讨论制度的实施多习惯用制度论、治理论等法之利器来研究问题。但随着环境问题的突出，环境与经济发展的密切关系逐渐引发学者们对环境问题之经济学动因的关注，越来越多的学者开始从环境问题产生的理论根源切入，运用经济学的理论和方法分析环境法律制度，环境规制也逐渐进入法学研究领域，只是目前成果尚少。本书正是基于这样的背景，以环境规制法律制度为研究对象，从"市场失灵"和"政府失灵"基础理论入手，试图运用法经济学的成本收益分析和博弈论等方法对我国现行环境规制法律制度的实施效果进行检验，力求找到我国环境规制法律制度提质加速的有效路径，以克服和防范环境规制的市场失灵和政府失灵。

（一）环境规制研究综述

1. 环境规制的内涵

生态环境问题的产生既和自然环境因素相关，又受经济、社会、人文等因素的影响。经济层面而言，完全竞争市场下，市场调节机制能实现个人效用和社会效用的最优，即帕累托最优，但因环境问题的诸多属性导致市场失灵，环境规制应运而生。国内外学者对环境规制的研究最早集中在环境规制的界定和理论基础研究层面。围绕环境规制的内涵、产生原因发表了诸多研究成果，外部性理论、公共物品理论和产权交易等理论因此而得到了相应的发展。其中，学者史普博（Spulber）、科斯（Coase）、卡恩（Kahn）、植草益、斯蒂格勒（Stigler）、庇古（Pigou）、波特（Porter）、马歇尔（Marshall）等都是环境规制相关理论的代表人物。他们的研究内容主要集中在以下几方面：

第一，环境规制的内涵。大部分学者认为环境规制是社会性规制的一种，环境问题的交易成本和环境规制的工具选择是解决环境问题的可实现路径（Spulber，1999）[1]；规制

---

[1] ［美］丹尼尔·F. 史普博：《管制与市场》，余晖等译，上海人民出版社 1999 年版，第 80～108 页。

是国家"强制权力"的体现（Stigler, 1971）[1]；是政府对产业结构和经济发展的约束性规定，比如提供商品或服务的质量、价格决定、产业进入要求等（kahn, 1970）[2]；是为了保障消费者和生产者安全、健康，环境保护，防止灾害而制定的标准以及限制的行为等（植草益, 1992）[3]。可见，环境规制本质上源于外部性、公共物品属性、产权不明晰等因素。第二，关于环境规制产生的原因。环境规制是政府规制的一部分，而环境规制的产生正是由于市场失灵而导致的政府干预。多数学者认为，因环境外部性、信息不对称、产权不明晰等原因而导致的市场调节机制的失灵是环境规制产生的必要条件，政府应当充分发挥作用，建立科学合理的环境规制体制（宋国君等, 2008；曾丽红, 2013）[4]。左佳（2010）[5]运用经济学的理论和研究方法，认为外部性和交易成本理论是环境规制的经济学动因，因此要构建符合经济规律的环境规制法律制度。有学者指出，环境规制也不总是高效的，通过对政府环境规制不足的原因进行探究，发现政

---

〔1〕 ［美］G. J. 施蒂格勒：《产业组织和政府管制》，潘振民译，上海三联书店 1989 年版，第 202～226 页。

〔2〕 A. E. Kahn, *The Economics of Regulation: Principles and Institution*, Wiley, 1970, p. 3.

〔3〕 ［日］植草益：《微观规制经济学》，朱绍文、胡欣欣等译校，中国发展出版社 1992 年版，第 281～284 页。

〔4〕 宋国君等：《基于外部性理论的中国环境管理体制设计》，载《中国人口·资源与环境》2008 年第 2 期，第 154～159 页；曾丽红：《我国环境规制的失灵及其治理——基于治理结构、行政绩效、产权安排的制度分析》，载《吉首大学学报（社会科学版）》2013 年第 4 期，第 73～78 页。

〔5〕 左佳：《环境规制的法律政策研究——从经济学的角度来分析》，载《特区经济》2010 年第 6 期，第 237～238 页。

府的有限理性和规制俘获是影响环境规制效果的重要因素，这难免产生政府失灵。如易志斌（2010）[1]以跨界水污染为例研究了地方政府在环境规制中的失灵表现，认为地方政府的有限理性和环境规制的外部性及地区差异是环境规制失灵的根本原因。陈亮（2015）[2]以美国环境法律的制定为研究对象，分析了规制俘获理论对美国环境立法的影响和推动。认为美国环境法中很多条文规定动因都来源于对"规制俘获"的防范。此外，集体行动理论也是影响地方政府环境规制效果的重要因素[3]。还有学者对环境规制的理论范式进行研究，提出第三代环境规制的概念，认为第一代环境规制重在"履行责任"、第二代环境规制旨在"权利分配"，而第三代环境规制的理论范式在法律自我限制的基础上，更注重国家责任，从而形成包含激励责任、协调责任和担保责任的第三代环境规制模式[4]。环境规制是基于市场失灵而产生的，其运行效果又受集体行动、规制俘获等理论影响。要想提高环境规制效果就要克服集体行动困境、规制俘获等政府失灵因素，建立科学合理的环境规制法律制度体系。

2. 环境规制的法经济学分析

法经济学糅合了法学、经济学、社会学等多种学术资源

〔1〕 易志斌：《地方政府环境规制失灵的原因及解决途径——以跨界水污染为例》，载《城市问题》2010年第1期，第74~77页。

〔2〕 陈亮：《环境规制俘获的法律防范——基于美国经验的启示》，载《环球法律评论》2015年第1期，第153~164页。

〔3〕 李郁芳、李项峰：《地方政府环境规制的外部性分析——基于公共选择视角》，载《财贸经济》2007年第3期，第54~59页。

〔4〕 谭冰霖：《论第三代环境规制》，载《现代法学》2018年第1期，第118~131页。

和解释进路，注重"法学—经济学—法学"的研究进路，以法学理论和法制实践问题为出发点，运用现代经济学理论（特别是传统微观经济学、新制度经济学、公共选择理论等）和其他基本原理、方法检验法律制度的实施和发展。环境规制源于市场失灵的经济性因素，是社会性规制的一种，而法律制度又是环境规制的重要依据。运用法经济学方法对环境规制进行研究具有其天然优势，近年来备受学者关注，博弈论和成本收益分析法是目前法经济学领域研究环境规制问题的重要分析方法。

第一，环境规制的博弈论分析。一项制度的制定和实施，实质上是立法者偏好、社会公众需求、利益集团决策等多种力量博弈的结果[1]。博弈论承认个人理性和集体理性存在冲突，为信息不完全状态下的非市场制度提供了解释路径，为法学研究提供了实证理论基础。博弈论近年来被广泛应用于环境规制研究上，诸多学者通过构建博弈模型，对环境规制多方主体的决策行为进行分析。在规制部门和企业层面，很多学者[2]构建了规制部门和企业的环境规制博弈模型分析双方的策略选择，进而分析环境规制的最优策略和波动机理，

---

〔1〕 冯玉军主编：《新编法经济学：原理·图解·案例》，法律出版社2018年版，第10~36页。

〔2〕 王齐：《政府管制与企业排污的博弈分析》，载《中国人口·资源与环境》2004年第3期，第119~122页；李国平、张文彬：《地方政府环境规制及其波动机理研究——基于最优契约设计视角》，载《中国人口·资源与环境》2014年第10期，第24~31页；臧传琴等：《信息不对称条件下政府环境规制政策设计——基于博弈论的视角》，载《财经科学》2010年第5期，第63~69页；毛锦凰：《环境规制对中国工业产业绩效的影响研究》，中国社会科学出版社2018年版，第44~52页。

指出环境规制各相关方之间的信息不对称极大降低了环境规制的效用，应该谨慎选择环境规制工具，加强规制监督力度，保证环境规制的公开性，提高环境规制效率。也有的学者以某一项环境规制制度为例进行博弈分析，如王育宝等（2019）[1]以排污费制度为例，以环境规制各相关利益主体关系为基础，建立不完全信息动态博弈序贯模型，指出应该完善排污费相关规制制度，明确环境规制实施程序，严厉制止规制部门和企业之间的"合谋"。还有的学者[2]将排污税率和企业的排污技术引入博弈模型，分析环境规制强度对排污水平的影响，进而研究如何提高环境规制效率。关于三方博弈关系研究，有的学者[3]将环保企业引入博弈模型，通过对环保企业、排污企业、政府三方博弈研究，分析排污费对环境规制的作用，得出科学合理地征收排污费有利于环境规制；还有的学者将公众参与引入博弈模型[4]，指出公众是否参与以及参与的成熟度直接影响双方博弈策略选择；还有学者从演化博弈的角度对环境规制法律制度中中央政府、地方政府、企业等博弈主体的策略选择影响因素进行分析，寻找

〔1〕 王育宝等：《环境规制中利益相关者关系及规制路径分析》，载《湖北师范大学学报（哲学社会科学版）》2019年第4期，第68～76页。

〔2〕 张倩、曲世友：《环境规制下政府与企业环境行为的动态博弈与最优策略研究》，载《预测》2013年第4期，第35～40页。

〔3〕 原毅军、耿殿贺：《环境政策传导机制与中国环保产业发展——基于政府、排污企业与环保企业的博弈研究》，载《中国工业经济》2010年第10期，第65～74页。

〔4〕 徐松鹤：《公众参与下地方政府与企业环境行为的演化博弈分析》，载《系统科学学报》2018年第4期，第68～72页；安兆峰：《环境保护中公众参与行为的博弈分析》，载《煤炭经济研究》2009年第10期，第18～20页。

相关主体环境策略选择的影响因素[1]。此外，还有学者对不完全市场中地方政府的零和博弈进行分析[2]。在环境规制中，地方政府会根据环境规制的成本收益进行选择，而缺乏约束的地方政府则会陷入环境规制的决策困境，出现"囚徒困境"[3]。此外，还有一些学者针对专门的规制领域或者以具体的案例进行博弈分析。如姚婷等（2019）[4]通过构建一般工业固体废物规制中地方政府、产废企业、利废企业之间的非合作博弈和合作博弈模型的分析，提出要建立三方良性博弈关系，转换规制着力点，增强规制力度，加强工业一般固体废物资源化利用。还有学者通过专门的环境规制案例对环境规制中的激励悖论[5]、执法困境[6]等规制理论进行分析，针对不同场域，不同约束条件限制下，各规制方的策略选择。刘金平等（2010）[7]通过建立模型分别对完全不规制，完全规制和不完全规制三种情形下环境规制绩效差异进

〔1〕 潘峰等：《基于演化博弈的地方政府环境规制策略分析》，载《系统工程理论与实践》2015年第6期，第1393~1404页。

〔2〕 S. Barrett, "Strategic Environmental Policy and International Trade", *Journal of Public Economics*, 54（1994）, pp. 325~338; Kennedy, "Equilibrium Pollution Taxes in Open Economies with Imperfect Competition", *Journal of Environmental Economics and Management*, 27（1994）, pp. 49~63.

〔3〕 潘峰等：《地方政府间环境规制策略的演化博弈分析》，载《中国人口·资源与环境》2014年第6期，第97~102页。

〔4〕 姚婷等：《一般工业固体废物治理及资源化利用研究》，载《经济问题》2019年第9期，第53~61页。

〔5〕 赵来军等：《从激励悖论看我国的环境执法问题》，载《软科学》2005年第4期，第48~51页。

〔6〕 张学刚、钟茂初：《政府环境监管与企业污染的博弈分析及对策研究》，载《中国人口·资源与环境》2011年第2期，第31~35页。

〔7〕 刘金平等：《不完全环境规制、排放漏出及规制绩效研究》，载《科技进步与对策》2010年第14期，第111~113页。

行分析。陈桂生、杨静（2016）[1]分别在 GDP 场域、生态文明场域、"互联网+"场域构建规制部门和企业之间的博弈模型，提出要根据不同国家主体功能区，采取不同的环境规制制度。环境规制制度设计和实施中要充分考虑博弈局中人的博弈策略选择。博弈论以帕累托改进效率为目标，通过构建博弈模型分析博弈相关方最优收益组合的策略选择以及影响最优策略选择的主要因素，有利于制度引导和实施，有针对性地提升环境规制效率，实现环境规制博弈的纳什均衡。

第二，环境规制的成本收益分析。Stigler（1989）[2]曾指出，规制是否有效的检验方法是成本收益。最优的环境规制就是用最小的环境规制成本获得最大的环境规制收益，实现帕累托最优。Posner（2005）[3]认为成本收益分为广义的成本收益和狭义的成本收益。广义的成本收益是福利经济学层面的某个人的福利增加而别的其他人的福利都没有减少的情况（帕累托效率）；狭义的成本收益则是指符合卡尔多-希克斯效率评价的政府管制的成本收益分析。卡尔多-希克斯效率是指，某项制度、政策使某些人受益，而使某些人受损，只要受益一方向受损一方弥补之后仍有剩余，则该项政策、制度就被认为是有效率的，也被称作潜在的帕累托改进。成

---

〔1〕 陈桂生、杨静：《地方政府与企业治污的互动博弈及其政策选择》，载《理论导刊》2016 年第 6 期，第 28~32 页。

〔2〕 ［美］G. J. 施蒂格勒：《产业组织和政府管制》，潘振民译，上海三联书店 1989 年版，第 202~226 页。

〔3〕 Richard A. Posner, "Cost-Benefit Analysis: Definition, Justification, and Comment on Conference Papers", *The Journal of Legal Studies*, 29（2005）, p. 2.

本收益分析是通过将成本和收益量化来评价某项制度（项目）效率的系统分析方法，最早运用于经济学分析中[1]，成本收益是法经济学研究的重要分析方法，被广泛用作制度、政策等非市场行为效率的评估工具[2]。环境规制方面，成本收益制度始终贯穿美国环境法律制度的制定和实施。里根总统曾经专门签署第 12291 号行政命令《联邦条例》，要求行政机关制定的法律必须进行成本收益分析[3]。美国联邦要求所有的环境法律的制定、执行必须首先进行成本收益的评估。我国很多学者对美国环境法律制度展开研究，陈亮（2015）[4]指出应当将成本收益理论运用到我国环境规制法律制度中，合理运用命令控制型和市场激励型环境规制法律制度，更加强化环境信息公开制度和公众参与制度的适用等。高明（2011）[5]通过对美国、日本、德国的环境规制情况进行分析，运用法经济学的研究方法，构建了我国水污染的博弈模型，得出应当综合运用命令控制型和市场激励型环境规制制度，提高环境规制制度的实施效率。还有的学者侧重于

---

〔1〕 Thomas J. Kniesner, W. Kip Viscusi, "Why Relative Economic Position Does Not Matter: A Cost-Beneift Analysis", *Yale Journal on Regulation*, 1 (2003), pp. 1-23.

〔2〕 B. Matthew et al., "A Cost-Benefit Assessment of Wholesale Electricity Restructuring and Competition in New England", *Journal of Regulatory Economics*, 2 (2007), pp. 151-184.

〔3〕 Executive Order 12291, Feb. 17, 1981, 46 ER 13193.

〔4〕 陈亮：《环境规制俘获的法律防范——基于美国经验的启示》，载《环球法律评论》2015 年第 1 期，第 153~164 页。

〔5〕 高明：《法经济学视角下的环境规制问题研究》，载《生态经济》2011 年第 12 期，第 46~50、57 页。

对成本收益理论的研究和探讨，如 Randy （2000）[1]、沈芳
（2004）[2]通过成本收益理论得出环境污染成本与环境规制
制度的选择无关，但污染的收益不确定则会直接影响环境规
制制度的选择。

3. 环境规制的效率分析

环境规制是一项重要的社会公共管理制度，其价值选
择是政府绩效的重要考量依据，所供给的公共价值呈碎片
状且范围广泛[3]。制度经济学认为不同的制度将导致经济效
率的变化，不同环境规制制度也将造成环境效率的变化和环
境效果的差异[4]。环境规制效率是国家在行使环境规制活
动时，所获得的收益和所投入的环境规制成本之间的比例
关系[5]，是评价环境制度和政策是否可行的基本方法，是提
高公共政策制定和实施质量的工具[6]。将成本收益理论运用
到环境规制实证研究中最重要的作用就是将环境规制的投入
成本和产出收益进行量化估算，从各类环境规制制度中选择
最有效率的制度手段。近年来，国内外很多学者采用数据包

〔1〕 Randy Becker, Vernon Henderson, "Effects of Air Quality Regulations on Polluting Industries", *The Journal of Political Economy*, 2 （2000）, pp. 379~421.

〔2〕 沈芳：《环境规制的工具选择：成本与收益的不确定性及诱发性技术革新的影响》，载《当代财经》2004 年第 6 期，第 10~12 页。

〔3〕 包国宪等：《中国政府环境绩效治理体系的理论研究》，载《中国软科学》2018 年第 6 期，第 181~192 页。

〔4〕 罗勇：《生态环境制度的经济学分析与强化方向》，载《辽宁大学学报（哲学社会科学版）》2018 年第 6 期，第 57~62 页。

〔5〕 汪斌：《环境管理的效率分析》，载《城市环境》2002 年第 5 期，第 39~42 页。

〔6〕 赵红：《环境规制的成本收益分析——美国的经验与启示》，载《山东经济》2006 年第 2 期，第 115 页。

络分析法（Data Envelopment Analysis, DEA）进行成本收益效率分析。如很多学者用 DEA 进行环境效率分析[1]，通过对我国不同时期的环境效率状况进行测算，进而分析相关影响因素以及各影响因素的贡献程度。DEA 模型包含普通 DEA、超效率 DEA、Malmquist 模型。还有学者用 DEA 模型测算生态效率[2]、污染治理效率[3]、绿色发展效率[4]、绿色全要素生产率[5]、能源效率[6]等，并将环境规制作为解

---

[1] 胡彪、李健毅：《生态文明视角下的区域环境效率时空差异评价》，载《中国科技论坛》2015 年第 5 期，第 82~88 页；陈浩等：《京津冀地区环境效率及其影响因素分析》，载《生态经济》2015 年第 8 期，第 142~146、150 页；杨俊等：《中国环境效率评价及其影响因素实证研究》，载《中国人口·资源与环境》2010 年第 2 期，第 49~55 页；J. Wu et al., "Environmental Efficiency Evaluation of Industry in China Based on a New Fixed Sum Undesirable Output Data Environment Analysis", *Journal of Cleaner Production*, 74 (2014), pp. 96–104; S. Kumar, "Environmentally Sensitive Productivity Growth: A Global Analysis Using Malmquist-Luenberger Index", *Ecological Economics*, 56 (2006), pp. 280–293; L. Yang et al., "Evaluation of Regional Environmental Efficiencies in China Based on Super-Efficiency-DEA", *Ecological Indicators*, 51 (2015), pp. 13–19.

[2] 傅京燕等：《中国区域生态效率的测度及其影响因素分析》，载《产经评论》2016 年第 6 期，第 85~97 页；罗能生、王玉泽：《财政分权、环境规制与区域生态效率——基于动态空间杜宾模型的实证研究》，载《中国人口·资源与环境》2017 年第 4 期，第 110~118 页。

[3] 孙玉阳等：《中国六大流域工业水污染治理效率研究》，载《统计与决策》2018 年第 19 期，第 100~104 页。

[4] 何爱平、安梦天：《地方政府竞争、环境规制与绿色发展效率》，载《中国人口·资源与环境》2019 年第 3 期，第 21~30 页；张英浩等：《环境规制对中国区域绿色经济效率的影响机理研究——基于超效率模型和空间面板计量模型实证分析》，载《长江流域资源与环境》2018 年第 11 期，第 2407~2418 页；谢秋皓、杨高升：《新型城镇化背景下中国区域绿色发展效率测算》，载《统计与决策》2019 年第 24 期，第 132~136 页。

[5] 肖远飞、吴允：《财政分权、环境规制与绿色全要素生产率——基于动态空间杜宾模型的实证分析》，载《华东经济管理》2019 年第 11 期，第 15~23 页；关海玲、武祯妮：《地方环境规制与绿色全要素生产率提升——是技术进

释变量，分析其对相关效率的影响。在环境规制效率的测算及影响分析方面，当前文献成果较少[1]，学者们根据自己的研究视角分别构建环境规制投入产出指标体系，所采用的实证模型也不尽相同。如 R. Fare 等（1997）[2]、Tu Yu 等（2019）[3]；程钰等（2015）[4]通过构建超效率 DEA 模型测算环境规制效率。也有学者[5]通过分别构建超效率 DEA 模型

步还是技术效率变动？》，载《经济问题》2020 年第 2 期，第 118~129 页。

〔6〕 杨志江、朱桂龙：《技术创新、环境规制与能源效率——基于中国省际面板数据的实证检验》，载《研究与发展管理》2017 年第 4 期，第 23~32 页；王腾等：《环境规制影响全要素能源效率的实证研究——基于波特假说的分解验证》，载《中国环境科学》2017 年第 4 期，第 1571~1578 页。

〔1〕 R. Fare et al. , "Productivity Growth, Technical Progress, and Efficiency Change in Industrialized Countries", *American Economic Review*, 84（1997），pp. 66-83；Tu Yu et al. , "Regional Environmental Regulation Efficiency: Spatiotemporal Characteristics and Influencing Factors", *Environmental Science and Pollution Research International*, 12（2019），pp. 37152-37161；程钰等：《中国环境规制效率时空演化及其影响因素分析》，载《华东经济管理》2015 年第 9 期，第 79~84 页；原毅军等：《环境规制绩效及其影响因素的实证分析》，载《工业技术经济》2016 年第 1 期，第 92~97 页；徐成龙等：《山东省环境规制效率时空格局演变及影响因素》，载《经济地理》2014 年第 12 期，第 35~40 页；高青山：《河北省地级市环境规制效率研究》，中国地质大学 2017 年硕士学位论文，第 27~45 页。

〔2〕 R. Fare et al. , "Productivity Growth, Technical Progress, and Efficiency Change in Industrialized Countries", *American Economic Review*, 84（1997），pp. 66-83.

〔3〕 Tu Yu et al. , "Regional Environmental Regulation Efficiency: Spatiotemporal Characteristics and Influencing Factors", *Environmental Science and Pollution Research International*, 12（2019），pp. 37152-37161.

〔4〕 程钰等：《中国环境规制效率时空演化及其影响因素分析》，载《华东经济管理》2015 年第 9 期，第 79~84 页。

〔5〕 原毅军等：《环境规制绩效及其影响因素的实证分析》，载《工业技术经济》2016 年第 1 期，第 92~97 页。

和 Malmquist 模型对环境规制效率进行测算，分析环境规制的静态效率和动态效率。也有一些学者针对某一省份的环境规制效率进行分析[1]。除了 DEA 模型外，近年来有学者采用包含非期望产出的 SBM 模型进行环境效率测算。如唐德才等（2016）[2]、M. L. Song 等（2013）[3]、任梅等（2019）[4]、H. Li 等（2013）[5]、Kaoru Tone（2001）[6]构建包含非期望产出的 Super-SBM 模型进行环境规制效率测算，但 SBM 模型不能用于动态效率的测算，不利于样本期内纵向的动态分析。综合以上分析，通过 DEA 模型来测算环境规制效率学界已经基本达成共识，但学者们倾向于根据研究主题的不同分别构建相关投入产出指标体系。科学合理的环境规制投入产出指标体系是环境规制效率分析的关键，对环境规制效率的测算及影响因素的分析具有重要意义。本书侧重

〔1〕 徐成龙等：《山东省环境规制效率时空格局演变及影响因素》，载《经济地理》2014 年第 12 期，第 35~40 页；高青山：《河北省地级市环境规制效率研究》，中国地质大学 2017 年硕士学位论文，第 27~45 页。

〔2〕 唐德才等：《中国环境规制效率与全要素生产率研究——基于 SBM-Undesirable 和 DEA-Malmquist 模型的解释》，载《干旱区资源与环境》2016 年第 11 期，第 7~12 页。

〔3〕 M. L. Song et al., "Review of Environmental Efficiency and Its Influencing Factors in China: 1998-2009", *Renewable and Sustainable Energy Reviews*, vol. 20, 4 (2013), pp. 8-14.

〔4〕 任梅等：《中国沿海城市群环境规制效率时空变化及影响因素分析》，载《地理科学》2019 年第 7 期，第 1119~1128 页。

〔5〕 H. Li et al., "Regional Environmental Efficiency Evaluation in China: Analysis Based on the Super-Sbm Model with Undesirable Outputs", *Mathematical and Computer Modelling*, vol. 58, 5-6 (2013), pp. 1018-1031.

〔6〕 Kaoru Tone, "A Slacks-Based Measure of Efficiency in Data Envelopment Analysis", *European Journal of Operational Research*, vol. 130, 3 (2001), pp. 498-509.

从环境规制法律制度的制定、实施层面构建环境规制效率指标体系，进而检验环境规制法律制度对环境规制效率的影响程度，从而为环境规制法律制度的制定和实施提供科学指导。

(二) 环境规制法律制度研究综述

1. 环境规制法律制度的研究对象

环境规制法律制度是关于环境规制的法律规范的总称，内涵丰富、范围广泛。现有文献多集中于对相关环境规制法律制度的定性规范分析视角。通过对现有文献研究发现，环境规制法律制度的立法缺失和实施困境是多数学者研究的重点，胡苑 (2019)[1]通过对威慑型环境规制法律制度深入分析，讨论现实中环境执法效率低的困境，提出我国当前的制度环境和财政分权是影响环境执法困境的主要因素，借助非正式环境规制制度促进柔性执法和环境正义，提升环境规制法律制度的实施效果是研究环境规制的最终目的。何香柏 (2019)[2]通过对美国谢弗林案的分析，认为环境问题存在复杂性和利益多元性，环境规制机构的自由裁量权受到法律的立法模式、立法授权及规制机构对环境规制制度的偏好、司法审查的边界和标准等多重因素的制约，应当制定符合法律的规制规则、技术标准等，并优化合理选择最有规制效率的环境规制制度，以实现对环境公共利益的保护。在环境规制法律制度现状方面，偏重命令控制型制度、公众参与机制

---

〔1〕 胡苑：《论威慑型环境规制中的执法可实现性》，载《法学》2019 年第 11 期，第 152~164 页。

〔2〕 何香柏：《环境规制的权力行使与制度约束——美国谢弗林案的借鉴》，载《法学评论》2019 年第 5 期，第 173~186 页。

不健全、对生态文明建设的重要性认识不足等问题表现突出。长期以来命令控制型环境规制法律制度是我国环境规制的主要手段，充分体现了生态文明建设的国家保障力。胡苑等（2010）[1]以《大气污染防治法》修订为视角，分析了环境规制中威权规制的弊端，认为单一的威权规制不符合社会发展要求，建议通过完善市场激励型环境规制法律制度来加强环境规制法律体系的建设。公众参与制度也是环境规制的主要制度，还有学者提出要推动公众参与制度的完善，综合运用各种环境规制制度工具，促进生态文明建设[2]。朱炳成（2019）[3]认为环境公众健康保障长期处于边缘状态，要探索建立公私合作的环境规制制度体系，通过发挥环境规制法律的强制性与规范性的作用，在行政机关监管下，实现多元共治的环境规制法律制度体系。李修棋（2015）[4]针对《环境保护法》中的"信息公开与公众参与"一章之规定，对环境规制法律制度中的信息规制制度展开研究。认为信息规制是一种新型的环境规制模式，在我国环境治理背景下，完善公众参与制度对生态环境问题具有重要意义。信息规制还能对传统的环境法律制度如环境影响评价制度予以补充、完善，是命令控制型和市场激励型规制制度的有力补充。在环境规

〔1〕 胡苑、郑少华：《从威权管制到社会治理——关于修订〈大气污染防治法〉的几点思考》，载《现代法学》2010年第6期，第150~156页。
〔2〕 程李华：《生态文明视角的政府环境规制分析》，载《理论月刊》2013年第12期，第172~175页。
〔3〕 朱炳成：《面向公众健康保障的生态环境法律规制转型》，载《吉首大学学报（社会科学版）》2019年第5期，第100~108页。
〔4〕 李修棋：《论环境法中的信息规制》，载《中国政法大学学报》2015年第1期，第47~61、158页。

制法律制度实施方面，诸多学者提出要加强对环境规制自由裁量权的限制，严格环境规制监督。如余光辉、陈亮（2010）[1]指出，规制机构所享有的宽泛的自由裁量权、被规制对象与规制受益人对规制过程参与的非对等性以及规制主体与被规制对象的利益结盟等原因，往往导致执法不严，所以要规范自由裁量权，强化环境保护目标责任制，加强环境监督。周艳菊等（2018）[2]从政府阻力、企业阻力和公众阻力三个层面构建环境规制阻力，分析当前环境规制法律制度实施的障碍。此外，环境规制法律制度要及时更新以适应生态文明建设的要求，要以环境经济主要研究对象为切入点，对环境规制法律制度进行完善[3]。还有学者指出环境风险预防理论也对我国环境规制制度产生影响，目前随着环境风险预防理论的不断发展，我国环境规制制度也应随之调整，不断改进，要确立以"规制立法+规制决策+规制商谈"为主轴的环境风险规制新范式，推动环境规制体制改革（杜辉，2015）[4]。此外，环境规制法律制度还受产业结构下的区域差异影响[5]，应该

〔1〕 余光辉、陈亮：《论我国环境执法机制的完善——从规制俘获的视角》，载《法律科学（西北政法大学学报）》2010 年第 5 期，第 93～99 页。

〔2〕 周艳菊、张振陆：《中国环境规制阻力系数的构建：基于规制阻力来源的考察》，载《生态经济》2018 年第 2 期，第 216～220 页。

〔3〕 张瑞萍：《制度创新对环境经济发展的法律规制》，载《兰州大学学报（社会科学版）》2017 年第 5 期，第 157～164 页。

〔4〕 杜辉：《挫折与修正：风险预防之下环境规制改革的进路选择》，载《现代法学》2015 年第 1 期，第 90～101 页。

〔5〕 吴贤静：《区域环境风险的法律规制》，载《暨南学报（哲学社会科学版）》2019 年第 11 期，第 40～50 页；曾倩等：《产业结构视角下环境规制工具对环境质量的影响》，载《经济经纬》2018 年第 6 期，第 94～100 页。

转变传统的环境规制模式，根据各地区产业结构不同，制定不同的环境规制政策，将法律的稳定性和政策的灵活性相结合，因地制宜提高国家整体环境规制水平。

此外，很多学者运用比较研究的方法对国外环境规制法律制度进行借鉴学习。吴晓英等（2019）[1]运用文献研究和比较研究法，对现有研究美国、日本、德国、英国、法国等国家环境治理的文献进行分析，发现这些国家均具备完善的环境经济政策和环境规制法律制度，形成了较完备的环境治理法律体系，采用多元协同治理措施等，这些对我国环境规制法律制度体系的建立具有重要的借鉴意义。张亚伟（2010）[2]分别从环境规制主体、环境规制方式、规制影响评价等方面对美国、英国等国家环境规制的经验研究借鉴，提出要简化程序，降低成本，加强环境规制的监督机制，鼓励公众参与，改革我国环境规制法律制度，以提升环境规制效率。还有学者借鉴美国环境规制法律的立法设计，以重金属的污染防治为视角提出要重视环境标准制定背后的利益博弈问题，充分考虑成本收益，适用"基于技术"进路的倒三角模式，构建适合我国经济发展的重金属污染防治环境标准[3]。曹明德等（2013）[4]对西方国家环境保护法的立法经

---

〔1〕 吴晓英、朱永利：《国外多元协同环境治理研究综述》，载《重庆科技学院学报（社会科学版）》2019年第6期，第26~29页。

〔2〕 张亚伟：《发达国家环境规制改革的经验与启示》，载《中州学刊》2010年第2期，第82~84页。

〔3〕 王美舒：《论重金属污染防治环境标准制定的法律规制》，载《北京联合大学学报（人文社会科学版）》2016年第3期，第64~71、111页。

〔4〕 曹明德、黄琰童：《国外环保法立法经验借鉴》，载《环境保护》2013年第17期，第67~70页。

验进行研究分析，提出我国环境立法应当借鉴域外先进经验，尤其是"谨慎原则"和因果关系理论。现有文献成果对美国环境法律制度研究较多，如用托依布纳的反身法理论分析环境规制的范式革新，提出对我国环境规制法律制度的完善建议[1]；陈亮（2015）[2]提出"规制俘获"理论和其他经济理论对美国环境立法机构和法律制度的实施具有极大的影响；美国环境法律的制定和实施对环境问题的经济性因素都进行了充分考量[3]。将环境的经济学分析运用到环境法律的制定和实施中，用经济手段进行评估，能有效提升环境法律制度的合理性和可操作性。综上研究发现，现有文献多通过对环境规制法律制度的立法缺陷和实施困境层面研究，提出环境规制法律制度体系建设的完善路径，指出要充分考虑市场经济因素，将市场激励型和公众参与型引入环境规制法律制度，综合利用各种环境规制法律制度更有利于实现环境资源的优化配置，从而提升环境质量。

2. 环境规制法律制度的制度分类

环境规制源于市场规制的失灵，而环境规制法律制度是环境规制的外在表征，关于运用哪些环境规制法律制度能避免环境规制的政府失灵，实现有效规制，学者们进行了分类探讨。当前对环境规制法律制度的主流分类观点主要有"二分法""三分法""四分法"。主张"二分法"的学者 Williams

---

〔1〕 谭冰霖：《环境规制的反身法路向》，载《中外法学》2016 年第 6 期，第 1512~1535 页。

〔2〕 陈亮：《环境规制俘获的法律防范——基于美国经验的启示》，载《环球法律评论》2015 年第 1 期，第 153~164 页。

〔3〕 尹志军：《美国环境法史论》，中国政法大学 2005 年博士学位论文，第 89 页。

(2012)[1]将环境规制分为直接规制型和诱因规制型,其中直接规制型即命令控制型,诱因性环境规制包含自愿型和市场激励型。赵玉民等(2009)[2]从环境规制内涵着手,将环境规制分为显性环境规制和隐性环境规制。更进一步,将常用的命令控制型、市场激励型和自愿型环境规制统称为显性环境规制,隐性环境规制包含环境意识、环保态度等。还有的学者将环境规制分为正式环境规制制度和非正式环境规制制度[3]。"三分法"是最为普遍的分类[4],基本上都将环境规制分为命令控制型、市场激励型、公众参与型(或称"自愿型")。Testa 等(2011)[5]将环境规制分为直接的环境规制、经济型环境规制及软约束环境规制。"四分法"则是

〔1〕 C. R. Williams, "Growing State-Federal Conflicts in Environmental Policy: The Role of Market-Based Regulation", *Journal of Public Economics*, 96 (2012), pp. 1092-1099.

〔2〕 赵玉民等:《环境规制的界定、分类与演进研究》,载《中国人口·资源与环境》2009 年第 6 期,第 85~90 页。

〔3〕 原毅军、谢荣辉:《环境规制的产业结构调整效应研究——基于中国省际面板数据的实证检验》,载《中国工业经济》2014 年第 8 期,第 57~69 页;Sheoli Pargal, David Wheeler, "Informal Regulation of Industrial Pollution in Developing Countries", *Journal of Political Economy*, 6 (1996), pp. 1314-1327.

〔4〕 何兴邦:《环境规制与中国经济增长质量——基于省际面板数据的实证分析》,载《当代经济科学》2018 年第 2 期,第 1~10 页;Michael Howlett, M. Ramesh, *Studying Public Policy: Policy Cycles and Policy Subsystem*, Oxford University, 1995, p. 85; F. Testa et al., "The Effect of Environmental Regulation on Firms' Competitive Performance: The Case of the Building & Construction Sector in Some EU Region", *Journal of Environmental Management*, 92 (2011), pp. 2136-2144.

〔5〕 F. Testa et al., "The Effect of Environmental Regulation on Firms' Competitive Performance: The Case of the Building & Construction Sector in Some EU Region", *Journal of Environmental Management*, 92 (2011), pp. 2136-2144.

在"三分法"的基础上增加了一类——自愿型环境规制，指居民、企业、民间组织等自发开展的一系列自愿型环境保护行动，如环境认证、生态标签等。如张坤民等（2007）[1]、王红梅（2016）[2]等。Downing 和 White（1986）[3]则将环境规制分为排污费、经济补贴、市场许可和直接环境规制四种类型。还有学者将环境规制分为五类：传统型、经济型、信息型、自我约束型和知识型[4]。此外，学者们还通过实证分析和理论研究分析了各种环境规制制度的适用情形及效果。林枫等（2018）[5]通过分析不同环境规制工具对生态创新的影响，系统梳理各环境规制工具的研究现状，发现命令控制型环境规制长期来看可能会约束企业创新，市场激励型环境规制灵活性更大，整体而言环境规制对生态创新和开发应用有积极推动作用。还有学者通过反身法理论研究命令控制型和市场激励型环境规制法律制度的困境，指出法律系统具有运行的封闭性和认知的开放性，有效的环境规制法律制度要实现不同系统之间的结构耦合；指出要承

---

〔1〕 张坤民等：《当代中国的环境政策：形成、特点与评价》，载《中国人口·资源与环境》2007 年第 2 期，第 1~7 页。

〔2〕 王红梅：《中国环境规制政策工具的比较与选择——基于贝叶斯模型平均（BMA）方法的实证研究》，载《中国人口·资源与环境》2016 年第 9 期，第 132~138 页。

〔3〕 P. B. Downing, L. J. White, "Innovation in Pollution Control", *Journal of Economics and Environmental Management*, vol. 13, 1 (1986), pp. 18–29.

〔4〕 C. Taylor et al., "Selecting Policy Instruments for Better Environmental Regulation: A Critique and Future Research Agenda", *Environmental Policy Governance*, 22 (2012), pp. 268–292.

〔5〕 林枫等：《环境政策工具对生态创新的影响：研究回顾及实践意义》，载《科技进步与对策》2018 年第 14 期，第 152~160 页。

认法律自身的局限性，构建适应当前环境治理绩效的环境规制法律制度新路径[1]。刘丹鹤（2010）[2]以环境税为主要研究对象，通过分析比较我国不同环境规制制度的静态收益效应和动态创新激励效应，提出我国应该实施绿色环境规制制度，增强环境税的激励和适用。整体上看，国内外学者基本认为命令控制型环境规制成本较高，市场型环境规制法律制度更有助于发挥市场机制作用，有助于激励技术进步。我国长期依赖命令控制型环境规制制度，规制成本高、过于僵化，制约环保技术创新，而市场激励型环境规制法律制度又面临极大的信息成本和监督成本，缺少对环境正义的考量，因而要建立多元参与、协商沟通、公开透明的新型环境规制法律制度[3]。丰月等（2018）[4]指出环境规制工具从单一的命令控制型走向政府、市场、公众多元共治，命令控制型、市场激励型、自愿型环境规制法律制度组合适用是社会发展的必然路径。

3. 环境规制法律制度的实证分析

综合梳理发现关于环境规制的实证研究成果丰硕，但现有文献大多将环境规制作为解释变量来研究环境规制对经济发

〔1〕 李巍：《应对环境风险的反身规制研究》，载《中国环境管理》2019年第3期，第114~119页。

〔2〕 刘丹鹤：《环境规制工具选择及政策启示》，载《北京理工大学学报（社会科学版）》2010年第2期，第21~26、86页。

〔3〕 张锋：《我国协商型环境规制构造研究》，载《政治与法律》2019年第11期，第100~112页。

〔4〕 丰月、冯铁拴：《管制、共治与组合：环境政策工具新思考》，载《中国石油大学学报（社会科学版）》2018年第4期，第50~57页。

展[1]，产业绩效[2]、生态效率[3]、全要素生产率[4]、能源效率[5]、技术创新[6]等变量的影响。如 Wang（2016）等[7]认为非常严格的环境制度工具对改善环境并没有显著促进作用，

[1] 黄清煌等：《环境规制工具对中国经济增长的影响——基于环境分权的门槛效应分析》，载《北京理工大学学报（社会科学版）》2017年第3期，第33~42页；孙英杰、林春：《试论环境规制与中国经济增长质量提升——基于环境库兹涅茨倒U型曲线》，载《上海经济研究》2018年第3期，第84~94页；王群勇、陆凤芝：《环境规制能否助推中国经济高质量发展？——基于省际面板数据的实证检验》，载《郑州大学学报（哲学社会科学版）》2018年第6期，第64~70页。

[2] 李拓晨、丁莹莹：《环境规制对我国高新技术产业绩效影响研究》，载《科技进步与对策》2013年第1期，第69~73页；王晓红、冯严超：《环境规制对中国循环经济绩效的影响》，载《中国人口·资源与环境》2018年第7期，第136~147页。

[3] 李胜兰等：《地方政府竞争、环境规制与区域生态效率》，载《世界经济》2014年第4期，第88~110页；傅京燕等：《中国区域生态效率的测度及其影响因素分析》，载《产经评论》2016年第6期，第85~97页；罗能生、王玉泽：《财政分权、环境规制与区域生态效率——基于动态空间杜宾模型的实证研究》，载《中国人口·资源与环境》2017年第4期，第110~118页。

[4] 肖远飞、吴允：《财政分权、环境规制与绿色全要素生产率——基于动态空间杜宾模型的实证分析》，载《华东经济管理》2019年第11期，第15~23页；关海玲、武祯妮：《地方环境规制与绿色全要素生产率提升——是技术进步还是技术效率变动？》，载《经济问题》2020年第2期，第118~129页。

[5] 杨志江、朱桂龙：《技术创新、环境规制与能源效率——基于中国省际面板数据的实证检验》，载《研究与发展管理》2017年第4期，第23~32页；王腾等：《环境规制影响全要素能源效率的实证研究——基于波特假说的分解验证》，载《中国环境科学》2017年第4期，第1571~1578页。

[6] 蒋伏心等：《环境规制对技术创新影响的双重效应——基于江苏制造业动态面板数据的实证研究》，载《中国工业经济》2013年第7期，第44~55页。

[7] Y. Wang, N. Shen, "Environmental Regulation and Environmental Productivity: The Case of China", *Renewable & Sustainable Energy Reviews*, 62（2016），pp. 758－766.

甚至可能增加企业成本，降低生产效率；Porter 等（1995）[1]
提出著名的"波特假说"，认为环境规制能够促进企业的技
术创新，实现同时改善环境和提升企业生产率、竞争力；
Berman 等（2008）[2]通过研究环境规制对经济影响的环境库
兹涅茨曲线来研究环境规制效率。而将环境规制作为被解释
变量研究的文献成果很少[3]，通过对以环境规制为被解释变
量进行实证分析的文献进行梳理，学者们多采用面板回归模
型对环境规制的影响因素进行分析，影响因素多集中于分析
经济发展水平，产业结构，技术创新能力、污染强度等。对
环境规制的测度方法也不尽相同，主要衡量方式有：环境

〔1〕 M. C. Porter, L. Vander, "Toward a New Conception of the Environment Competitiveness Relationship", *Journal of Economic Perspectives*, vol. 9, 5（1995）, pp. 97-118.

〔2〕 E. Berman, L. T. Bui, "Environmental Regulation and Productivity: Evidence from Oil Refineries", *The Review of Economics and Statistic*, vol. 88, 3（2008）, pp. 498-510.

〔3〕 刘朝、赵志华：《第三方监管能否提高中国环境规制效率？——基于政企合谋视角》，载《经济管理》2017 年第 7 期，第 34~44 页；吕新军、代春霞：《中国省区环境规制效率研究：基于制度约束的视角》，载《财经论丛》2015 年第 8 期，第 105~111 页；王济干、马鹏鸿：《长江经济带工业环境规制效率时序及空间分异研究》，载《工业技术经济》2020 年第 1 期，第 113~121 页；R. Fare et al., "Productivity Growth, Technical Progress, and Efficiency Change in Industrialized Countries", *American Economic Review*, 84（1997）, pp. 66-83；Tu Yu et al., "Regional Environmental Regulation Efficiency: Spatiotemporal Characteristics and Influencing Factors", *Environmental Science and Pollution Research International*, 12（2019）, pp. 37152-37161；程钰等：《中国环境规制效率时空演化及其影响因素分析》，载《华东经济管理》2015 年第 9 期，第 79~84 页；原毅军等：《环境规制绩效及其影响因素的实证分析》，载《工业技术经济》2016 年第 1 期，第 92~97 页；徐成龙等：《山东省环境规制效率时空格局演变及影响因素》，载《经济地理》2014 年第 12 期，第 35~40 页；高青山：《河北省地级市环境规制效率研究》，中国地质大学 2017 年硕士学位论文，第 27~45 页。

污染治理投资占 GDP 比重[1]；环境执法检查次数[2]；污染物排放量[3]。鲜有学者将环境规制法律制度作为变量引入模型进行分析，徐圆（2014)[4]通过实证研究指出公众参与能有效减少环境污染物的排放；邱士雷等（2018)[5]通过测算非期望产出约束下的环境效率，利用面板门槛模型得出不同环境规制工具对环境效率的影响，提出要选择最优环境规制组合；李胜兰等（2014)[6]从地方政府竞争的视角分析环境规制对区域生态效率的作用机理，指出2003年后各项环境制度的制定、实施对生态效率的作用由"制约"逐渐转向"促进"等。综上，已有文献对环境规制的研究集中在环境规制对其他变量的影响方面，即使有少数将环境规制作为被解释变量的文献，也基本侧重于经济增长、产业发展等因素，而关于环境规制法律制度对环境规制的效率和效果影响的文献成果很少，本书正是从这个角度进行实证分析，以期为环境规制法律制度的实施效果进行检验，从而有针对性地完善

〔1〕 P. Lanoie et al., "Environmental Regulation and Productivity: Testing the Porter Hypothesis", *Journal of Productivity Analysis*, 30（2008), pp. 121-128.

〔2〕 S. B. Brunnermeier, M. A. Cohen, "Determinants of Environmental Innova-Tion in Us Manufacturing Industries", *Journal of Environmental Economics and Management*, 45（2003), pp. 278-293.

〔3〕 B. R. Domazlicky, W. L. Weber, "Does Environmental Protection Lead to Slower Productivity Growth in the Chemical Industry?", *Environmental and Resource Economics*, 28（2004), pp. 301-324.

〔4〕 徐圆：《源于社会压力的非正式性环境规制是否约束了中国的工业污染?》，载《财贸研究》2014年第2期，第7~15页。

〔5〕 邱士雷等：《非期望产出约束下环境规制对环境绩效的异质性效应研究》，载《中国人口·资源与环境》2018年第12期，第40~51页。

〔6〕 李胜兰等：《地方政府竞争、环境规制与区域生态效率》，载《世界经济》2014年第4期，第88~110页。

这一制度。

(三) 研究述评

面对当前环境问题日益突出、生态文明建设稳步推进、经济发展方式升级转型的社会背景，完善环境规制法律制度，提升环境规制效率已经成为理论界和实务界共同关注的热点。综合已有的研究成果可以看出，国内外学者对环境规制法律制度的相关研究视角分散，对我国经济高质量发展模式约束下的环境规制法律制度的制定和完善的实践指导价值仍显不足，具体而言：

第一，现有文献对环境规制问题研究视角广泛，但对环境规制法律制度的研究稍显不足。通过分析已有文献发现，大多数学者对环境规制产生的基础理论、实证检验等研究较充分全面，尤其是从经济学视角研究环境规制问题基本成熟。此类文献多集中在通过实证分析，研究环境规制对经济发展水平、产业结构、市场化水平、技术创新能力、污染强度、全要素生产率等因素的影响。而专门对环境规制法律制度进行研究的文章，无论是经济学还是法经济学领域均涉足尚浅，尚未形成系统的研究框架。现有文献多集中于讨论环境规制的理论根源，环境规制的发展内涵和制度分类，学者们普遍关注引发环境问题的经济学规制理论，真正对制度构建和实施的研究成果较少，尤其对环境规制法律制度的实施情况及其影响因素的实证分析不足，导致政策建议的可操作性不强。

第二，现有文献对环境规制法律制度的实证分析不足。通过文献梳理不难发现，当前关于环境规制法律制度的研究视角和侧重点较为分散，鉴于法学、经济学、管理学、环境学等所涉学科领域广泛，研究范式不同等特点，各领域学者均从自身角度出发，没有形成较为严密、统一的研究框架和研究范式。对环境规制法律制度研究的法学学者多倾向于规范性研究。近年来，学者们逐渐意识到要提升环境规制法律制度的实施效果，就必须从引发环境问题的经济学根源探究，充分运用市场机制的引导，加强企业激励，有效克服环境规制的市场失灵和政府失灵，更有助于提升环境规制效果。本节即尝试从法经济学的理论和研究范式来对这一命题进行切入。环境规制法律制度是整个生态环境建设的"承载体"，制度完善与否直接关系到环境规制的效果。将成本收益理论和博弈论等研究方法引入环境规制法律制度，通过实证分析对环境规制法律制度的实施状况进行检验，将环境规制法律制度的定性分析向定量分析转变，可以有针对性地指导我国环境规制法律体系的完善和制度的实施，对我国生态环境治理和经济高质量发展具有重要意义。

第三，现有研究对当前我国环境规制体制改革的影响进行深入研究的较少。当前我国正值深化生态环境管理体制改革、推动生态环境治理体系和治理能力现代化建设时期，环境规制法律制度体系急需完善。我国的政治环境和经济环境同西方国家均不同，环境规制法律制度的传导机制和实施保障也有很大差异。党的十八大以来，环境规制的体制基础正在发生改变，现有的理论和实证对该问题的研究尚未深入，尤其是面对环境问题，法学和经济学如何交叉融合，如何立足我国的特殊体制机制，构建符合我国市场经济规律和法律制度保障体制的环境规制法律制度体系，是当前研究的重要课题。

因此，应当从经济发展方式的转变着手，对我国环境规制法律制度进行理论探究和实证检验，从而得到更有效的环境规制资源投入组合，以更好地为当前经济高质量发展和生态环境治理体系现代化提供理论指导和政策建议。

三、研究内容与方法

（一）研究内容

提升环境质量是推动我国经济高质量发展的重要内容，不断完善环境规制法律制度体系，提高环境规制水平，是完善生态文明建设，促进经济高质量发展的重要路径。本书运用法学、法经济学、经济学、计量经济学等学科知识，围绕环境规制法律制度的实施效果和完善路径这一主命题进行研究分析。

第一，文献综述和理论基础。重点围绕环境规制和环境规制法律制度的相关研究成果进行梳理，总结前人研究现状以期为后文的研究提供理论基础。本书分别从经济学和法学基础理论对环境规制为何产生，如何进行有效的环境规制等方面对环境规制法律问题所依托的基本理论进行梳理。环境问题的产生既有自然生态根源，又有社会制度根源，环境规制法律制度正是基于"市场失灵"和"政府失灵"的理论前提而产生的。通过对"市场失灵"和"政府失灵"的理论基础进行分析，深刻理解当前环境规制法律制度建立的必要性。同时，从法学意义上追溯环境规制法律制度的基础理论——环境权和环境行政权。正是基于公众对环境法益的追求，才引发了对环境规制命题的讨论，只有对环境行政权实施有效的约束和权利分配，才能建立科学、合理、符合正义追求的环境规制法律制度。

第二，全面分析了我国环境规制法律制度的实施现状。通过对我国环境规制法律制度的发展脉络和历史沿革进行分析，理清我国环境规制法律制度的产生背景和制度环境。通过基础调研和数据统计分析，对目前我国常用的环境规制法律制度从立法规模、制度实施和司法保障三个层面进行调查、研究、分析，从而对我国环境规制法律制度的实施现状进行全面梳理。

第三，对我国环境规制法律制度的现实困境进行考察。运用博弈论的基本理论原理和模型通过构建企业之间策略选择博弈模型、规制机构和被规制企业的博弈模型来深入分析市场失灵的博弈体现、政府实施环境规制的必要性以及政府失灵在现实博弈中的反映，检验政府环境规制法律制度的制定、实施、监管成本以及社会对政府环境规制的关注程度对于企业的策略选择的影响，进而对我国环境规制法律制度的现实困境进行检视：法律依据不系统，环境规制管理机制不健全，监督问责不充分，配套体系不完善等都影响我国环境规制法律制度的整体实施效果。

第四，通过成本收益理论和方法对我国的环境规制效率进行测算。成本收益分析的理论来源是帕累托最优和潜在的帕累托改进理论，运用成本收益理论测算的环境规制效率是评价环境制度和政策是否可行的基本方法。本书重点从环境规制效率维度选取和环境规制法律制度密切相关的指标构建环境效率指标体系，对我国2006—2015年省级环境规制效率进行测算，为环境规制法律制度的量化分析作实证基础。

第五，通过面板回归模型，对我国环境规制法律制度对于环境规制效率和环境规制效果的影响进行检验。通过研究发现，整体而言我国环境规制法律制度对环境规制效率和效果基本呈现正向的显著影响。此外，本书还将环境行政制度、环境监察制度、环境监测制度引入模型，以期找到我国的环境规制管理体制的完善路径。研究表明，环境行政分权和监察分权对环境规制效率和效果影响显著，尤其是对环境规制效率产生显著负影响，这说明当前的环境规制体制存在弊端，这正好与我国正在进行的生态环境管理体制改革相契合，同时也验证了生态环境体制改革的必要性和迫切性。

第六，主要对策建议。通过基础调研、数据分析、理论探究、规范论证、模型检验等研究分析得出合理的环境规制法律制度体系离不开经济学理论的支撑和检验，要注重环境规制中市场因素和经济学因素的影响，充分尊重市场规律，将经济学的成本收益等分析方法纳入环境法律制度的制定、实施的考量，分别从完善环境规制法律体系、优化环境规制管理机制、严格环境规制执法监督、织密环境规制配套体系等方面建立科学合理的环境规制法律制度体系，实现我国环境规制法律制度的有效供给，推进生态环境治理体系和治理能力现代化。

（二）研究方法

第一，交叉学科综合分析法。环境法作为新兴交叉学科，本身是在传统法学学科无法实现对环境问题周延应对的背景下产生的，涉及环境学、生态学、经济学、管理学、法学等多学科的交叉，即使在法学领域也涉及公法和私法领域的交融。因此，本书运用法经济学的成本收益理论、博弈论，法学的环境权和环境行政权基础理论以及规制经济学、统计学等的方法对环境规制法律制度相关问题进行分析、检验、应对。

第二，理论分析和实证研究相结合的方法。通过对经济学传统的基本理论和环境规制相关理论的梳理和研究，对环境规制的经济学理论形成系统的认识，同时进行了广泛的调查研究、统计分析工作，收集了大量数据，确立合理的指标评价体系，以成本收益方法为主要工具，在一定假设的前提下，分析和检验环境规制法律制度的实施效能，从而在逻辑上推理出若干可行对策。

第三，数理分析方法和统计分析方法。选取科学合理的指标体系，应用数据包络分析法分别构建 DEA 模型、超效率 DEA 模型、Malmquist 指数模型，对我国环境规制效率进行静态和动态分析。通过面板数据回归模型对环境规制法律制度对于环境规制效率和环境规制效果的影响情况进行实证研究，应用的工具主要有 DEAP、MYDEA、STATA 等统计分析软件。

（三）研究技术路线

本书研究技术路线见图 1.1。

研究思路	研究内容	研究方法

| 提出问题
分析背景和意义 | 绪论：研究背景、意义、内容和文献综述 | 文献分析 |

| 提供理论支持 | 基础理论介绍
经济学理论　法学理论 | 理论分析 |

| 分析现状 | 环境规制法律制度的演变及现状
演变　现状
起步　发展　成熟　深化　立法　执法　司法 | 调查研究
供需均衡 |
| 研究成因 | 对环境规制法律制度现实困境进行检视 | 博弈分析 |

| 实证分析
结果验证 | 成本收益视角下的我国环境规制效率分析
方法介绍　投入产出指标分析　测算结果分析 | 计量分析
实证研究
回归模型 |

| | 实证分析
对规制效率的影响　对规制效果的影响 | |

| 总结及展望 | 结论及政策建议 | |

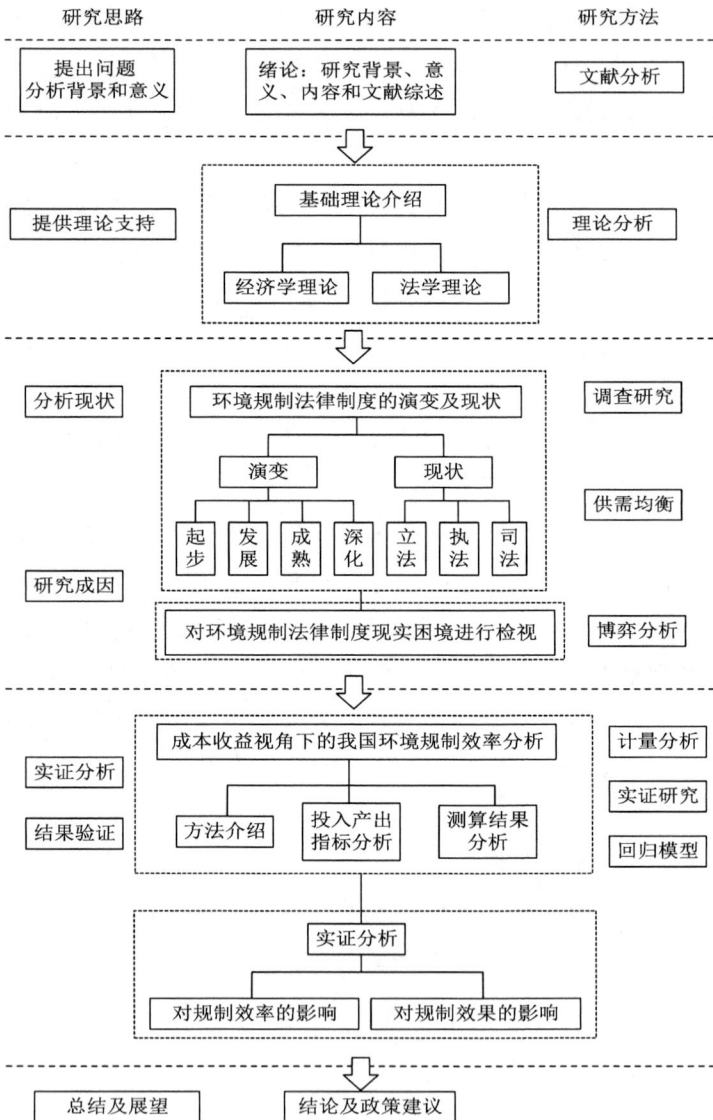

图 1.1　研究技术路线图

四、主要创新

本书的主要创新点体现在以下几个方面：

第一，突破了传统的研究范式，以我国经济高质量发展和生态环境管理体制改革为背景，以环境规制法律制度为研究对象，运用法学、法经济学、经济学等理论和研究方法，对环境规制法律制度进行了可观的定量分析，为环境规制法律制度定性分析向定量分析转变提供新的研究视角。

第二，以检验环境规制法律制度的实施效果为出发点，以法学和经济学交叉学科的研究范式和研究视角为切入点，将环境规制效率作为环境规制法律制度的价值衡量，构建我国环境规制效率指标体系，并采用经济模型进行测算，为环境规制法律制度的实证检验提供数据基础，为建立健全更符合市场经济规律、更有针对性的环境规制法律制度提供参考。

第三，通过构建实证分析模型，将环境规制法律制度的立法规模、制度实施和管理制度作为核心解释变量，并针对生态环境机构改革背景，将我国环境规制管理制度纳入模型分析，从而检验并论证了环境规制法律制度的实施效果，对我国环境规制法律制度立法后评估意义重大。被检视的良性环境规制法律制度在未来运用过程中更具有合规性与科学性，而对那些尚存瑕疵的环境规制法律制度提出指向性完善建议，为我国环境规制法律制度的完善提供了有效的微观依据，为生态环境管理体制改革提供方向和指引。

一、经济学理论基础

（一）市场失灵理论

"市场失灵"是环境规制最早的引发动因。负外部性、自然资源的公共物品属性以及环境资源的产权不明晰等特征，致使市场机制在环境问题上失灵。单纯依靠市场机制的调节，环境问题日益突出，环境规制便应运而生。

1. 外部性理论

负外部性是导致生态资源破坏和环境污染的重要原因。外部性（externality）最早是英国经济学家瑟域克（Sidgwick）提出的。他通过灯塔事件分析了人们搭免费便车现象，从而引发了经济学家们对外部性的讨论，也给环境问题的研究开启了新的视角。之后，马歇尔（Marshall）1890 年在《经济学原理》一书中首次提出"外部性问题"，他在书中指出任何人都不可能在自己的生产生活中排他地消费环境资源，并分析了外部经济和内部经济。马歇尔的"外部经济"理论为当代环境经济学理论奠定了坚实基础。随后，庇古（Pigou）在马歇尔的研究基础上，通过福利经济学分析方法，以私人边际成本和社会边际成本等边际效应分析法对外部性产生的原因和影响进行分析，对引发环境污染问题的经济学原因进行探究，并将"庇古税"[1]理论作为解决环境问题的路径。实践证明，外部性不能通过市场机制调节而实现帕累托最优，外部性影响了市场资源的有效配置。如图 2.1 所示，因为环境的负外部性导致市场环境资源配置不合理。图中，私人边际收益（MPR）和社会边际收益（MSR）相等，此时边际收益曲线和社会边际收益曲线为同一条线。用 MPC 来表示私人边际成本，用 MSC 表示社会边际成本，因存在环境负外部性，社会的边际成本 MSC 大于私人的边际成本，企业为了追求利润最大化，产量为均衡产量 Q*（即 MPR 与 MPC 的交点处，此时其边际收益等于边际成本，达到帕累托最优），而实际上全社会总体边际收益和边际成本的均衡点为 Q**（即社会边际收益曲线和社会边际成本曲线的交点处），因而，环境的负外部性导致企业的产量超过了资源环境的帕累托最优选择。

萨缪尔森（Paul A. Samuelson）[2]认为，外部性就是生产者或者个人对自己以外的其他人所强加的成本（收益）。根据萨缪尔森的研究，在市场交易中，存在不支付成本而享受的收益，也可能存在无行为而需要承担的不利益。外部性的根本就是产生了私人收益和社会收益的不相等。鲍莫尔

---

〔1〕 庇古税是英国经济学家庇古（Pigou, Arthur Cecil, 1877—1959）最先提出的，用税收控制污染物的排放，以纠正环境外部性的方法。通过对污染物排放征税实现外部成本内部化。

〔2〕 P. A. Samuelson, "The Pure Theory of Public Expenditure", *The Review of Economics and Statistics*, 36（1954）, pp. 389-390.

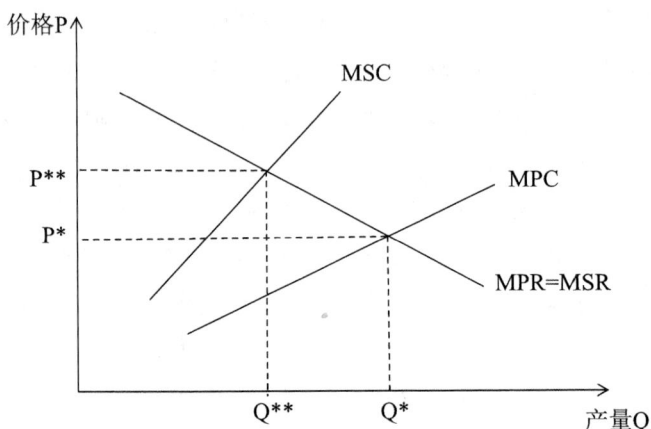

图 2.1　环境负外部性图

（Baumol）和奥茨（Oates）[1]运用生产效应函数对外部经济性进行了解释，认为如果某个个体影响了其他个体的效用或者进入他人的生产函数，从而产生的支付和对他人造成收益不相等的情况下，就产生了外部效应。环境问题是典型的负外部性问题，从理性经济人角度出发，任何个体对环境的使用均以自身利益最大化为前提，这必将造成他人个人收益的减少，乃至整个社会收益的损害。就经济学理论而言，经济活动和生态环境之间存在着一种互相影响、互相作用的负反馈机制。因此，任何一种经济活动的成本不仅应当包含经济活动对各种生产要素的消耗，还应该包含外部经济给资源环境带来的影响。因此，如图 2.1 所示，在社会发展过程中如果不注重对环境资源的保护，没有将环境成本计入发展成本，

---

〔1〕［美］威廉・J. 鲍莫尔，华莱士・E. 奥茨：《环境经济理论与政策设计》（第 2 版），严旭阳译，经济科学出版社 2003 年版，第 3~28 页。

一味地追求经济发展，最终会突破生态环境承载力，导致失衡。近年来，随着我国经济的快速发展，人们越来越认识到经济活动与生态环境之间的负外部性，越来越认识到，因为经济发展而对资源环境造成的负面影响最终会反作用于经济发展。从理论层面讲，在经济从低水平向高水平发展的时候，环境质量整体会出现从环境恶化到环境治理，到环境状况好转，再到环境状况改善的发展过程。整体而言，经济和环境发展是一种良性互动的发展模式，表现出来就是倒"U"型发展曲线，这种发展曲线符合环境库兹涅茨曲线（EKC 曲线)[1]。

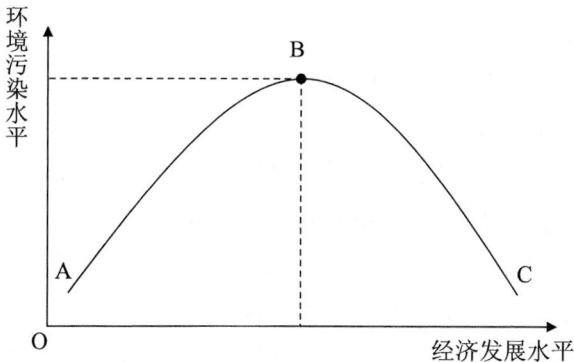

图 2.2 经济发展与生态环境关系曲线图

根据图 2.2 的 EKC 曲线，我们可以看出，当经济水平较低的时候，由于各种条件限制，生产力水平相对较低，此时，

---

〔1〕 环境库兹涅茨曲线（EKC 曲线）是美国经济学家借用库兹涅茨界定的人均收入与收入不均等之间的倒"U"型曲线理论，利用全球环境监测系统提供的世界各国城市空气质量以及河流水质数据，建立表征环境污染程度的指标变量，对宏观经济指标进行了回归分析，得到了反映环境质量与人均收入之间关系的倒"U"型曲线。

人们对自然资源和环境的破坏较低，这一时期经济发展对环境的影响较小（A 点）。之后随着经济的发展，工业发展逐渐形成规模，生产力水平有了很大的提高，曲线呈现上升趋势。随着社会的发展，科技的进步，人们改造自然的能力明显提升，由于对经济增长的迫切需要，污染物排放急剧增加，对自然资源的破坏力度加强，环境状况恶化明显，经济发展和环境治理的矛盾越来越大，曲线上升到峰值 B 点（经济学所称"拐点"）。人们逐渐认识到过分追求经济增长给环境和资源造成的破坏所带来的严重后果，而且，由于生态环境问题频发对经济发展的阻碍作用已经凸显，必须追求绿色发展、可持续发展，追求经济效益、生态效益、社会效益的统一，才能实现经济社会的良性发展。于是，人类社会开始逐渐进入可持续发展阶段（曲线 B 到 C 部分），不断加大环境治理和生态文明建设，通过各种措施实现绿色发展和生态经济。随着生态环境的不断好转，经济发展质量上升，经济发展和生态环境又实现了协调发展，良性互动，即经济发展水平逐渐提高，但对环境的影响逐渐降低（C 点）。环境库兹涅茨曲线揭示了生态环境与经济发展之间的辩证关系[1]。

对于上述理论涉及的经济与环境的互动发展模式，在原环境保护部环境与经济政策研究中心对重污染行业的统计数据和国家统计局对绿色发展指数统计结果中均得到了很好的印证。根据原环境保护部环境与经济政策研究中心对钢铁、有色金属、水泥、造纸、制药等十个重污染行业近五年的财

---

〔1〕 冯莉、曹霞：《破题生态文明建设，促进经济高质量发展》，载《江西师范大学学报（哲学社会科学版）》2018 年第 4 期，第 74~80 页。

务数据的研究表明[1]，2013 年 10 月到 2017 年 10 月期间，即党的十八届三中全会提出全面深化改革，建立系统完整的生态文明体系后，重污染行业主营业务收入从 45.07% 下降到 39.73%，但是利润总额占比却在四年间上升了 4.77%，其中最高增幅达到 9.13%。这表明，重污染行业的经济发展水平仍呈现上升趋势，即"U"型曲线图中的 B 到 C 阶段，加大环境治理和生态文明建设不仅没有阻碍经济发展，反而通过整合经济结构，淘汰落后产能等措施，推动了相关行业的经济发展。这些数据充分表明，环境治理和生态文明建设不一定必须以牺牲经济发展为代价，相反也是可以通过加大技术创新和技改投资来实现。特别是自 2016 年国家全方位、多举措加大环境保护力度以来，生态文明建设在促进供给侧结构性改革方面发挥了极大作用。可见，我们在注重环保、加快生态文明建设的同时，经济发展也取得了质的提高，逐步实现了环境治理和经济发展的协调推进。实践表明，降低或是最小限度的以环境污染和生态破坏为代价取得经济发展是行得通的。在发展经济的过程中逐步探索环境库兹涅茨曲线中 B 到 C 之间的协调发展，才是经济发展和生态环境建设的长久之道。

2. 公共物品理论

伴随外部性问题，出现了与之相对应的公共物品问题。很多共有的环境资源就是典型的公共物品。公共物品具有非排他性和非竞争性，从而导致了"市场失灵"。关于公共物品，

---

〔1〕　杨姝影、张晨阳：《生态环保推动高质量发展作用凸显》，载《中国环境报》2018 年 1 月 12 日，第 3 版。

很多学者给出定义，最早是哲学家休谟（Hume）[1] 1739年在其著作《人性论》中提出的。公共物品是社会成员集体共享的消费品，它不会对某一个社会成员产生突出的利益，但对整个社会而言必不可少[2]。奥尔森（Olson）[3]在他的第一本书《集体行动的逻辑》中对公共物品的定义是"那些没有购买物品的人不能够被排除在该物品的消费之外"，该定义得到了许多经济学家的认可。萨缪尔森[4]认为，公共物品是"无论每个个体是否想要消费该物品，其利益均被不可分割地扩散给所有社会成员的物品"。公共物品所具有的消费非竞争性和收益非排他性，导致市场激励失灵，阻碍了自然资源的帕累托最优配置。斯考特（Scott）等[5]针对环境问题还专门定义了好的公共物品和坏的公共物品。他们认为干净的空气是好的公共物品，而环境污染损害是坏的公共物品。公共物品非排他性导致环境资源中"搭便车"现象的出现，每个人都希望自己能不付出任何成本而从别人的行为中获益，最终必然导致资源匮乏、环境污染严重等公共物品供给不足的现象，进而产生"公地悲剧"。环境的公共物品属性是环

---

〔1〕 ［英］休谟：《人性论》，关文运译，商务印书馆1983年版，第572~580页。

〔2〕 赵敏：《环境规制的经济学理论根源探究》，载《经济问题探索》，2013年第4期，第152~155页。

〔3〕 ［美］曼瑟尔·奥尔森：《集体行动的逻辑》，陈郁等译，格致出版社、上海三联书店、上海人民出版社1995年版，"绪论"。

〔4〕 P. A. Samuelson, "The Pure Theory of Public Expenditure", *The Review of Economics And Statistics*, 36（1954），pp. 389-390.

〔5〕 ［美］Scott J. Calla，Janet M. Thomas：《环境经济学与环境管理：理论、政策和应用》（第3版），李建民、姚从容译，清华大学出版社2006年版，第52页。

境规制的理论基础，合理运用规制工具，将环境成本内部化，避免每个经济参与者将本应自己承担的环境成本转嫁给社会或者其他经济个体。

3. 产权理论

科斯1960年在《社会的成本问题》一文中提出，如果不存在交易成本或者交易成本为零时，只要明确产权，外部性问题就能自己解决，实现帕累托最优，这就是著名的科斯定理。哈特威克（Hartwick）和奥列韦勒（Olewiler）（1986）[1]将财产权定义为"一系列可以把某种权利让渡给财产所有者的特征"。明确产权能更好地解决外部性问题，产权明晰最重要的功能就是将外部成本内部化，从而恢复市场激励的作用。但是，产权理论也存在一些问题。首先，环境问题中，很多环境资源没有明确的产权边界，多数情形下也很难确定产权归属；其次，因环境资源的本身属性，产权结构多样化明显，有些资源本身就是非私有的，具有公有性和开放性，产权很难界定，有些资源交易成本可能会很高，这种情形下，仍然会产生市场失灵。在市场活动中，只要交易必然存在成本问题，成本过高时，市场的运行效率自然会降低，交易难以进行。环境规制方面，因为环境资源本身的公共物品属性和外部性问题，其交易成本相对很高，产权难以界定，需要政府的干预，这正体现了环境规制的必要性。

此外，环境规制中的信息不对称问题也是影响市场有效配置资源的因素之一。市场中生产者、消费者、规制者等各

---

〔1〕［英］罗杰·珀曼等：《自然资源与环境经济学》（第2版），张涛等译，中国经济出版社2002年版，第158页。

方主体对环境污染物的排放情况、防治污染设施的安装情况、运行情况等信息的掌握完全不同。信息不对称的存在，会给排污者带来机会主义心理，从而对环境造成较大程度的破坏，影响社会公平。在实践中，常常是掌握充分信息一方处于优势地位，而另一方则承担不利后果。为了消除信息不对称带来的负面效应，政府需要制定法律、法规、政策对这种现象进行规制，以消除市场失灵的不利影响。

（二）政府失灵理论

环境问题的市场失灵为政府进行环境规制提供了必要和可能。但是，政府的干预也不是万能的，因为规制俘获、政府有限理性等原因，同样存在着"政府失灵"（government failure）的可能性。而政府环境规制的失灵也是导致现阶段环境问题突出的原因之一。简单而言，政府失灵就是政府在其履行管理职能过程中所出现的管理错位、缺位、越位等现象。首先表现为政府不当规制，包括规制手段不当和规制范围不当等，例如在环境规制中长期存在的"一刀切"现象；其次表现为政府规制缺失，在市场机制难以维持社会资源有效配置时，政府规制不能弥补和纠正市场失灵的情形，如很多领域的规制制度和规制政策缺失等；最后，在政府规制中还有可能出现过度干预的现象，过多地干预市场运行秩序，导致规制不合理的情形。公共选择学派将这些政府无法有效提供公共产品、履行管理职能，甚至可能损害公共利益的现象称为"政府失灵"[1]。政府在制定和实施制度、政策时

---

〔1〕 许云霄编著：《公共选择理论》，北京大学出版社 2006 年版，第 260～269 页。

由于信息不对称和其他制约因素，难免会出现制约社会资源优化配置的状况，导致社会不公平现象产生。政府失灵的表现形式多种多样，比如委托-代理理论、规制俘获、集体行动困境、政府的有限理性，等等。

1. 委托-代理理论

1973年罗斯（S. Ross）最早提出了委托-代理理论。他指出，双方主体之间如果代理人一方代理委托方利益而行使某项权利时，代理关系因此而产生。委托-代理理论的产生源于信息不对称和契约理论。随着社会的发展和社会分工的逐步细化，生产生活各领域对专业化的要求越来越高，基于理性经济人追求自身利益最大化的假设，在委托人缺乏某一领域专业知识、经验、能力、时间等因素而无法实现利益最大化时，会将一部分权利通过契约的形式让渡给受托人，由具有专业知识、经验丰富的受托人来代表委托人，为委托人的利益行使权利。该理论以双方信息不对称和利益冲突问题作为基本假设前提，追求设计最优的契约来约束和监督受托人权利的行使[1]。随着委托-代理理论的不断完善，很多领域引入该理论。环境规制作为公共政策制定和实施的基础理论，其中涉及三层委托代理关系：第一层是社会公众和政府之间的委托代理关系。社会公众委托政府制定并实施环境规制法律制度，政府代表社会公众进行环境规制。第二层是中央政府和地方政府之间的委托代理关系。由于信息不对称和地方政府实施具体制度的便捷性，中央政府又将地方的环境

---

　　〔1〕　王元明：《工程项目供应链风险传递》，中国电力出版社2012年版，第109页。

规制法律制度的制定和实施委托给地方政府。第三层委托代理关系是地方政府和地方环境主管部门之间的关系。在以上委托代理关系中，因为各委托人和代理人之间自身目标和利益不同以及多重代理关系存在、信息不对称等因素，如果没有有效的监督机制，势必会影响环境规制法律制度的施行，进而影响环境规制效果。

2. 规制俘获理论

"俘获"一词最早由美国学者伯恩斯坦（Bernstein）于20世纪50年代提出，指的是规制方和被规制方通过合谋达成某种结盟从而损害社会公共利益的现象。规制俘获理论研究的是政府规制过程中各利益集团相互行为对政府规制政策制定与执行的影响[1]。规制俘获主要强调在规制过程中，被规制者对规制者进行利益俘获而引发的利益集团对公共政策的制定和执行等产生支配和操纵。1971年，规制经济学的创始人施蒂格勒[2]曾指出，政府在市场中也充当"理性经济人"，也追求个人利益的最大化，因而，在其进行政府规制的时候并不一定是以社会公众的利益最大化为目标，有时会被利益集团俘获。规制者和被规制者之间的利益结盟是规制俘获的基础。规制俘获出现的原因在于，无论是规制方还是被规制方都以自身利益最大化为目标。同时，规制方受政治、经济等因素影响，本身的利益追求和社会公共利益追求不一致，难免被被规制者俘获和控制，形成合谋。

---

〔1〕 陈亮：《环境规制俘获的法律防范——基于美国经验的启示》，载《环球法律评论》2015年第1期，第153~164页。

〔2〕 ［美］G. J. 施蒂格勒：《产业组织和政府管制》，潘振民译，上海三联书店1989年版，第202~226页。

在我国，环境执法不力是环境保护领域广受诟病的现象。规制俘获是导致环境规制效能低下的主要原因。地方政府为追求政绩而被污染企业俘获。众所周知，利益集团成为环境持续恶化的主因之一，但是他们却仍以税收和各种好处"俘获"地方政府，无论上层制定多么优良的法律制度，最终在底层实施时都会产生执行不力的问题。由于我国环境规制相关法律法规的笼统性和原则性，规制者拥有较大的自由裁量权。因而，很多规制主体在决定对某一被规制者选择规制手段、规制金额和起算日期时有可能出现权力寻租的腐败行为。而且，地方政府为了追求政绩而被污染企业所俘获的现象也常有发生，导致环境规制不充分、不彻底。现行的政治经济结构下，干部的政绩考核和评价体系不完善以及长期以来"重 GDP 轻环境保护"的观念，导致规制者和被规制企业之间很容易形成牢固的利益结盟，出现环境规制者被俘获的现象，而规制俘获的后果往往是破坏政府环境规制。规制俘获实际上就是将地方政府作为内生变量，作为博弈的一方进入模型内部选择，规制方在公众利益和个人利益之间展开博弈，有可能被俘获、被引诱，使得法律制定或实施中出现不利于社会公众利益的现象。规制俘获是当前影响环境规制法律制度制定和实施的最重要因素，这就需要在具体环境规制法律制度的实施中加强监督，最大限度地限制规制方的自由裁量权，强化信息公开制度。

3. 集体行动理论

奥尔森将公共选择理论运用到集体行动领域，把经济学的分析方法引入社会治理。他认为，集体行动的内因在于公共产品的非排他性。个人理性不一定导致集体理性。相反，在集体行动中，个人的理性行为往往会导致集体行动失败[1]。奥尔森的集体行动的逻辑起点是个人理性。根据他的假设，集体行动的个人都是强理性的，能够掌握充分的信息，能调整自己的一切行动，在个人利益最大化的前提下，可能采取利他行动。奥尔森基于理性人假设得出了与传统集团理论相异的结论。他指出，对于理性人而言，参与集体行动不符合收益最大化的考量，个人理性必然导致集体行动困境[2]。在奥尔森看来，对集团而言，集体利益是公共物品，具有非排他性和非竞争性的特征，其他成员对该公共物品的消费不会影响自己，这就为"搭便车"提供了可能。而"凡是属于多数人的公共事物常常是最少受人照顾的事物"[3]，这就形成了集体行动困境。针对这一问题，奥尔森给出了解决方案：强制和选择性激励[4]。他将集团按照规模分为大集团和小集团，认为小集团比大集团更有可能实现集体行动利益。通过对集团中成员的赏罚分明和分别对待，个体会发现自己的收益超过成本，促使其采取积极行动促进集体目标实现。这种选择性激励手段对小规模集团更有可操作性、更为有效。而对规模较大的集团，选择性激励存在可操作性差、

---

〔1〕 沈荣华、何瑞文：《奥尔森的集体行动理论逻辑》，载《黑龙江社会科学》2014年第2期，第49~53页。

〔2〕 沈荣华、何瑞文：《奥尔森的集体行动理论逻辑》，载《黑龙江社会科学》2014年第2期，第49~53页。

〔3〕 ［古希腊］亚里士多德：《政治学》，吴寿彭译，商务印书馆1965年版，第48页。

〔4〕 孟欣然：《奥尔森的集体行动理论对我国代表人诉讼的启示——以"理性人假设"为线索》，载《湖北民族学院学报（哲学社会科学版）》2015年第1期，第132~135期。

成本过高等弊端。对此，奥尔森提出了第二种手段，即强制手段。对大集团而言，只有实施强制手段才能有效维护公共利益，破解集体行动困境。同样的道理，在环境规制领域，既要充分依靠市场机制，选择合理的市场激励手段；也要充分运用政府权力进行合理规制，维护公平正义，实现经济收益和环境利益双提升。

4. 政府的有限理性

有限理性是指，作为环境规制的主体，由于各级政府本身的规制偏好和知识水平差异、信息不对称、规制手段依赖等因素的影响，政府在规制政策的制定和执行中会与期望存在很大的差距，往往会存在规制制度失灵的现象。环境问题的引发成因和应对策略具有很浓重的科学学科色彩。科学学科在各个层面上不断形塑着环境法，因而，如果忽略科学基础，将会导致理论的桎梏和实践的困境。因为环境规制当局的有限理性，在规制工具的选择上，各基层环境规制主体往往偏好使用命令控制型的环境规制制度，强化政府的环境执法力度，提升处罚额度和处罚措施，等等。而从经济学角度分析，企业作为市场主体，应当充分考虑资源的优化配置和市场效率，应当重视以市场为基础的激励性环境规制工具选择，同时重视引导公众参与、多种规制制度结合使用[1]。

在环境规制领域，因资源环境的公共物品属性、产权不明晰以及开发利用所带来的负外部性等因素引发了"市场失灵"，政府必须采用合理有效的规制手段，既要弥补市场激

---

〔1〕　曹霞、冯莉：《生态环境管理体制改革背景下基层环境规制问题研究》，载《经济问题》2019年第3期，第19页。

励的不足，又要防止政府失灵，克服规制俘获和集体行动困境。而科学合理的环境规制制度则是避免政府失灵的必要条件[1]。公共选择理论认为市场和制度是矫正市场失灵和政府失灵的两剂良药[2]，通过将市场机制引入制度领域，建立科学合理的环境规制法律制度体系，能够有效避免市场失灵和政府失灵，从而提升我国生态环境治理能力，促进生态环境治理体系现代化建设。

二、法学理论基础

环境权是环境法学理论的起点。世界多国均已在立法上确立了环境行政权。环境行政权与公民环境权不同之处在于，环境行政权侧重于保障社会公共的环境公益，而公民环境权重在保护公民所享有的环境私益。从法理学角度，环境权和环境行政权相互依赖，相互促进。环境权和环境行政权支撑着整个环境法律体系，合理优化环境权和环境行政权的配置对提升环境规制效果具有重要意义。

（一）环境权

环境权由 1972 年的斯德哥尔摩《人类环境宣言》首次确认，后经《内罗毕宣言》《世界自然宪章》《里约环境与发展宣言》等国际文件逐步深化其内涵。1992 年国际环境与发展会议将环境权确认为人的基本权利，指出环境权是享有良

---

〔1〕 宋国君等：《基于外部性理论的中国环境管理体制设计》，载《中国人口·资源与环境》2008 年第 2 期，第 154~159 页。

〔2〕 孟扬、范炳良：《公共选择理论视野下的政府失灵及其对策研究》，载《市场周刊（理论研究）》2014 年第 1 期，第 145~147、52 页。

好环境并进行支配的权利[1]。环境权的内涵和外延都反映出其人权属性特征，是人类基本的享有美好、健康的生存环境的权利。随着国际社会对环境权逐渐认可，许多国家都将环境权纳入本国宪法和法律中。如我国在 2018 年将生态环境保护写入宪法，正式将环境权宪法化，这是我国环境法治建设的新开端。环境权法律地位的确认，为环境规制奠定了法律基础。环境权的法治化有力推动了社会发展"价值更新"，实现了人类权利的制度保障。

国内环境权理论与实践亦处于不断发展完善中。关于环境权的概念在理论界一直存有争议。如蔡守秋（1982）[2]认为"环境权是环境法律关系主体对其生存、发展的环境享有的基本权利和承担的基本义务"；吕忠梅（2000）[3]对环境权的定义是"环境权是公民所享有的在良好环境中生存和利用自然资源的权利"；徐祥民（2004）[4]将环境权认定为"以自负义务的履行为实现手段的保有和维护生存环境的权利"；王树义（2012）[5]认为环境权是公民的实体权利，不包括知情权、参与权等程序性权利，等等。本书认为，环境权是公民所享有的在安全、健康、美好的环境中生产、生活的权利。它包含以享有良好环境为内容的实体权利和

〔1〕　张文显：《新时代的人权法理》，载《人权》2019 年第 3 期，第 19 页。

〔2〕　蔡守秋：《环境权初探》，载《法学评论》1982 年第 2 期，第 1~9 页。

〔3〕　吕忠梅：《再论公民环境权》，载《法学研究》2000 年第 6 期，第 129~139 页。

〔4〕　徐祥民：《环境权论——人权发展历史分期的视角》，载《中国社会科学》2004 年第 4 期，第 125~138 页。

〔5〕　王树义等：《环境法基本理论研究》，科学出版社 2012 年版，第 145~149 页。

以环境参与权、监督权、环境知情权等为内容的程序性权利。

环境权体现的是社会环境公益和个体环境私益的统一。环境的私益性是每一个个体生产、生活的环境质量利益。环境公益是由多个环境私益组合而成。从人类根本利益角度出发，环境公益和环境私益是共生、一致、趋同的。同样地，环境污染和生态破坏等行为既是对环境公益的侵害，也是对私人健康利益的损害。环境权以维护人与自然和谐共生和维护生态利益为目标，既是对公共利益的保护，也是对个人利益的保护，体现了公益和私益的统一。

随着环境问题日益突出，对环境权的研究越来越必要。环境权的存在和实现受诸多特定社会因素的影响，如经济发展状况、社会结构、人们的文化认知水平等，不同的时空条件对环境权的保障程度不同，决定了不同国家和地区对各自环境权保障的形式和法定化程度及重心也不同。我国生态文明建设已经成为国家建设之根本。建立高效完善的环境权保障制度，对实现社会发展、合理分配环境资源，提高人民生活质量具有重要意义。

（二）环境行政权

环境规制主要依靠环境行政权的行使。环境行政权是一种积极主动的政府干预权，是国家权力的一种。20 世纪 70 年代，美国的约瑟夫·萨克斯（Joseph Sachs）在《密歇根法律评论》（*Michigan Law Review*）上发表了论文《自然资源法中的公共信托理论：有效的司法干预》。该论文将公共信托理论从传统的通航水域向整个自然资源扩展。萨克斯认为人类社会依托于自然环境生存发展，自然资源属于全体国民共有财产，为了合理支配和保护这一共有财产，共有人委托国家进行管理，由此得出环境行政权的概念[1]。环境行政权也被学者称为"国家环境管理权"[2]，是指政府或者经授权的具有法定权限的行政机关依据宪法和法律，采取一定的措施和手段为维护环境利益而管理环境事务的权力。环境行政权是环境治理和保障公民环境权的重要手段[3]。根据委托－代理理论，公民将环境管理的权力委托给国家，国家是环境行政权的实施主体。从我国环境规制的实践看，环境行政权在环境规制中起主导作用。而集体行动困境理论也指出，针对大集团采用强制性手段是解决集体行动困境的最佳路径。政府为了实现环境公共利益，主动行使环境行政权，防止生态破坏和环境污染[4]。

1. 环境行政权的法哲学基础

纵观人类历史，人与自然环境的关系，大致经历了三个阶段：敬畏自然—征服自然—人与自然和谐相处。人类从早期的认识自然、探索自然、敬畏自然，后发展到征服自然阶段，"人类中心主义"思想占据主导。古希腊哲学家普罗泰戈拉最早提出"人是万物的尺度"[5]，此即"人类中心主

---

〔1〕　黄锡生、黄猛：《我国环境行政权与公民环境权的合理定位》，载《现代法学》2003 年第 5 期，第 111 页。

〔2〕　吕忠梅：《环境法》，法律出版社 1997 年版，第 142 页。

〔3〕　李玄：《从管制到治理——环境行政的法治转向》，载《社会科学战线》2012 年第 8 期，第 270~271 页。

〔4〕　刘超：《环境侵权救济诉求下的环保法庭研究》，武汉大学出版社 2013 年版，第 236 页。

〔5〕　北京大学哲学系外国哲学史教研室编译：《西方哲学原著选读》，商务印书馆 1982 年版，第 54 页。

义"的雏形，后经过笛卡尔、康德、黑格尔等西方哲学家的理论演变，"人类中心主义"成为西方主流观念意识[1]。"人类中心主义"强调人是宇宙的中心，一切从人类的利益出发，一切为人类的利益服务。"人类中心主义"认为人是唯一的价值主体，人以外的存在只有工具价值，而无内在价值。倡导人是自然的主人，要征服自然、改造自然。自20世纪60年代，环境污染导致的环境问题日益严重，逐渐开始影响人类根本的生存权。被称为"生态伦理学之父"的美国哲学家奥尔多·利奥波德（Aldo Leopold）提出：人类应当尊重自然，人的行为要有益于万物生存[2]。之后，环境伦理学兴起，人与自然的关系逐渐转变为"生态中心主义"，认为人是自然的一部分，要尊重生态自然，只有这样才能维持人与自然的永续发展[3]。"生态中心主义"将自然人格化，赋予生态以主体地位。"生态中心主义"强调人类对自然和环境的责任，强调要维护代际公平。法哲学基础的改变反映出人类对自然的重新认识，亦象征着人与自然关系的缓和。但无论是"人类中心主义"还是"生态中心主义"，在当今社会都存在着一定的局限性和逻辑困境。现阶段我国环境规制所依据的环境立法应从新的视角探索人与自然的关系——人与自然和谐发展论。

"人与自然的和谐发展"最早起源于《里约宣言》，强调

---

〔1〕［德］黑格尔：《法哲学原理》，范扬、张企泰译，商务印书馆1982年版，第46~58页。

〔2〕［美］奥尔多·利奥波德：《沙乡的沉思》，侯文蕙译，经济科学出版社1992年版，第25页。

〔3〕吴赫笛：《论和谐社会视野下环境法的法哲学基础》，载《渤海大学学报（哲学社会科学版）》2008年第2期，第96页。

人与自然和谐共生、互相调节、对立统一。"人与自然和谐发展"理论是在"人类中心主义"和"生态中心主义"两者的基础上发展而来的。通过反思人与人之间的关系和人与自然之间的关系后，认识到只有通过人与人的和谐相处才能实现人与自然的和谐共处。因此，"人与自然和谐发展"就是要尊重自然，要认为人是自然的一部分，要科学合理地利用自然，保护资源环境，要维持生态平衡和可持续发展。"人与自然和谐发展"不仅遵循自然规律，而且遵循社会规律，为环境规制步入科学的立法轨道，实现"人与自然和谐相处"提供了重要理论基础。

2. 环境行政权的价值目标

法的价值之一是追求公平正义。政府代表社会公众行使环境行政权就是通过环境规制活动实现环境法的价值目标，进而实现环境法益和环境法治。因此，环境行政权必然受法的价值的制约。同时，因为环境问题浓重的经济学属性，环境行政权除了追求环境正义、环境民主外，还追求环境效率。

美国学者约翰·罗尔斯（John Rawls）曾对"正义"给出界定。他认为，正义既不是纯粹的自由，也不是绝对的平等，而是介于平等与自由之间。正义意味着自由与平等的结合[1]。环境正义的实质含义是人类的各种活动应该符合自然生态规律和社会经济规律[2]。环境行政权的行使也应该符合

---

〔1〕　［美］约翰·罗尔斯：《正义论》，何怀宏等译，中国社会科学出版社1988年版，第58页。

〔2〕　李铮：《环境行政处罚权研究》，中国环境科学出版社2012年版，第78~79页。

该价值追求，以追求环境正义为基本内涵，充分保障权利行使的合法性、正当性、有效性，确保各项具体权利的配置能够充分发挥环境规制的效果，有效平衡各利益相关方的利益追求，保障环境公平正义。此外，环境民主也是环境行政权的价值标准。环境行政权首先是人民委托授权的，权力来源于人民。因而，权力的行使要维护社会公众利益，应当公开透明、受人民监督。具体而言，环境行政权的行使要程序合法公开，要充分保障公民的环境监督权、知情权、参与权等各项权利，要通过设立合理的环境行政权推动环境民主的实现。再之，环境效率也是环境行政权的重要价值目标。"效率"一词多见于经济学和管理学领域，主要考量某项活动的成本和收益之间的比例关系，注重以最小的投入成本实现最大的收益。政府环境规制是"市场失灵"的产物，是为了解决环境外部性、公共物品属性等诸多经济学因素而设立的。随着社会的发展，效率价值也逐渐进入法学研究的视角。环境行政权设立的初衷是为了更有效地实现自然资源的配置，因而，其实施过程中要将环境效率价值作为评判标准之一。环境行政权行使乃至环境规制的终极目标是要实现经济效益和环境效益的双提升。运用法经济学的理论和分析方法对环境规制相关制度的建立和实施进行分析研究，有助于更好地从成本收益的角度提升环境效率。

通过对人与自然之间的关系以及环境行政权的价值目标进行反思，全球化的生态环境危机对传统的环境行政权的治理思维、制度设立和规制效果提出挑战。我国的环境行政权是一种综合性的环境权利，包含行政管理权、审批权、监督权、处罚权、公众参与保障权等环境规制性权力。要实现人与自然和谐发展的目标就要科学配置环境行政权，完善环境规制法律制度体系，保障环境行政权的合法性和正当性，维护行政程序合理，实现法治精神。要充分明确环境规制是政治价值和经济效率的统一，是实现社会公共利益最大化的社会管理过程，用环境行政权保障公民环境权，实现人民群众对美好生活的向往。

三、小结

本章从经济学和法学基本理论的视角分别对环境规制法律制度产生的内在动因进行分析。引发环境规制的动因是"市场失灵"，但政府干预也并不是万能的，会出现"政府失灵"的情形。而环境规制法律制度的科学合理制定和实施是减少和防止"市场失灵"和"政府失灵"的有效路径。本章从"市场失灵"和"政府失灵"角度切入，深入探究环境规制的经济学基础理论。环境和经济之间的倒"U"型发展曲线充分说明了彼此之间的关系和发展模式。由于环境资源的稀缺性、负外部性、公共物品属性和产权不明晰等特征，导致市场机制在环境问题上不能充分发挥作用，影响环境效益和经济效益。这就需要寻求突破"市场失灵"困境的有效对策，政府环境规制应运而生。但政府在规制过程中，由于可能的规制俘获、政府有限理性、集体行动困境等原因，难免会出现政府规制缺位、越位、错位等现象，呈现出"政府失灵"的局面。这些共同构成环境规制法律制度的经济学理论基础。另外，环境规制法律制度还依托于法学基本理论。主要源于对社会公众环境法益和公民环境私益的保障，以及由此而产生的环境权和环境行政权理论。环境权和环境行政权支撑了整个环境规制法律制度体系。环境权重在保障公民基本的享有健康美好环境的私益，环境行政权则是环境法治权力化的具体体现。这些共同构成本书研究问题的理论基础，为本书之后的研究提供强有力的理论支撑。

第三章
我国环境规制法律制度的
演变与现状

一、我国环境规制法律制度的演变

环境问题具有普遍性，不同的发展阶段环境规制法律制度的重点也不同。我国环境规制法律制度经历了从起步到不断发展完善的过程。经过不懈努力，环境污染治理问题取得了一些成效，但随着经济发展方式的转变，我国生态环境问题面临越来越严峻的挑战，环境规制问题也被提高到前所未有的高度。我国环境规制法律制度的发展演变历程大致经历了起步、发展、成熟、深化四个阶段。

（一）我国环境规制法律制度的起步

中华人民共和国成立后很长一段时间，我国的主要任务和目标都集中在发展经济上，当时全国生产力水平低，环境问题尚没有引起政府和社会的注意，我国也没有系统的环境规制法律制度。20 世纪 70 年代，随着经济的发展，环境污染也逐渐引起政府关注，1972 年，我国参加了联合国在斯德哥尔摩召开的第一次联合国人类环境大会，通过了《人类环境宣言》，我国的环境规制从此拉开序幕。1973 年，我国召开第一次全国环境保护会议，通过了第一个环境保护规范性文件[1]。1974 年，国务院成立环境保护领导小组，主要负责管理全国的环境保护工作。1978 年，环境和自然资源保护入宪，环境规制被提高到宪法根本大法的高度，为环境规制立法提供了根本依据。我国环境规制法律制度体系建设正式开启，但此时尚未形成由政府和相关部门协同参与的环境规制体制。这个阶段，我国的环境规制法律制度实现了从无到有的突破，当时，我国经济体制是计划经济，工业水平不高，环境问题不突出，尚没有引起人们的关注。受计划经济的影响，环境规制体制属于集权式，环境规制的权力集中在中央，这时期环境规制法律制度立法严重缺乏，而且环境问题的经济学属性在环境规制法律制度的制定中也没有体现，从立法规模到机构建设、从领域辐射到民众意识，都处于相对滞后的起步阶段，但是这一阶段对之后很长一段时间我国环境规制法律制度发展建设都产生了重大影响。法律是社会发展到一定阶段的必然产物，环境规制法律制度也是如此，伴随着经济社会的发展，环境问题逐渐引发社会关注。同时，各阶段环境规制法律制度的制定和实施又和其所处的政治经济背景密切相关。环境规制法律制度的从无到有，反映的是环境规制正式进入研究领域的突破。

（二）我国环境规制法律制度的发展

1978 年，党的十一届三中全会拉开了我国市场经济体制改革的序幕，我国经济开始高速发展，作为经济发展的必然产物，环境污染问题逐渐加剧。在以经济建设为中心的政策

---

[1] 《关于保护和改善环境的若干规定（试行草案）》。

指引下，用环境过度开发换经济发展的现象比比皆是，尤其是重工业发展聚集地区，生态环境破坏严重。1982 年，国家成立城乡建设环境保护部，下设环境保护局，负责环境污染治理。直到 1984 年 12 月，将城乡建设环境保护部环境保护局改为国家环境保护局，我国环境规制工作全面铺开，开始制定各项环境规制法律法规，建立环境规制机构体系，组织环境规制相关工作。1979 年《环境保护法（试行）》颁布实施，我国环境规制法律制度体系正式起步，确立了环境保护的基本原则和基本制度，还规定：新建、扩建、改建工程中防治污染和其他公害的设施，必须与主体工程同时设计、同时施工、同时投产；各项有害物质的排放必须遵守国家规定的标准。即著名的"三同时"制度。《环境保护法》的颁布具有重要意义，作为环境规制的基本法，以此为依据，我国又陆续出台了《海洋保护法》《征收排污费暂行办法》《环境保护标准管理办法》《水污染防治法》《森林法》《矿产资源法》《建设项目环境保护管理办法》《大气污染防治法》等环境规制相关规定。1989 年还正式通过了《环境保护法》，对政府及相关部门保护环境、防治污染、监督管理等都做了具体规定，这是我国环境规制法律制度蓬勃发展的阶段，涉及大气、水、矿产资源、森林、渔业、噪声等环境污染的法律相继出台，对我国环境污染防治工作起了极大的规范作用，我国环境规制法律体系基本形成。这一阶段，是我国改革开放的重要阶段，经济快速增长，环境规制法律制度也蓬勃发展，大量环境规制法律法规出台，环境规制机构也从最早的"托管"状态开始逐步独立，尤其是 1982 年国家行政管理体制改革，大大推动了我国环境规制体制的变革，国家环境行政机构正式作为独立的行政主体实施环境规制工作。环境规制法律制度相对单一，主要还是依赖命令型制度，环境规制主要以宏观治理为主，重点是污染治理。这时期，我国环境规制法律制度取得了较大的发展，成绩显著，法律法规密集出台，环境规制法律制度体系初具规模。国家经济体制从计划经济逐步向市场经济转变，但经济建设和环境规制的关系尚没有被完全理顺，此时全社会重点仍然是大力发展经济，以经济建设为中心，环境规制法律制度仍然比较单一，经济激励特征不明显，主要依靠命令控制型环境规制法律制度进行环境约束和治理，环境规制部门的集权与环境规制法律制度的单一依赖密切相关，经济发展的总目标对环境规制法律制度的发展速度影响明显。

（三）我国环境规制法律制度的成熟

1989 年《环境保护法》颁布实施后，我国环境规制体制基本形成，环境规制法律制度逐渐进入成熟时期。随着我国经济体制逐渐从计划经济转向市场经济，环境规制法律制度体系也迈向新的阶段。我国环境规制体系呈现统一监管与分级、分部门监管相结合的综合规制体制。1988 年，我国成立了国家环境保护局，直属国务院领导。1998 年成立国家环境保护总局，环境保护机构的改革为环境规制法律制度建设带来了巨大的发展。我国陆续出台了一系列环境规制方面的法律法规。1991 年，公布了《大气污染防治法实施细则》，对大气污染防治工作进行专项规定，明确规定各级政府要保护和改善大气环境。1996 年通过了《环境噪声污染防治法》，明确将环境噪声污染防治纳入我国环境保护工作。1997 年颁布了《节约能源法》，鼓励和推动全社会节约能源，加强用能管理，保护和改善环境，提高能源利用效率。1998 年通过了《建设项目环境保护管理条例》，对建设项目的改扩建提出明确要求。2000 年对《大气污染防治法》进行修订，更加完善了大气污染防治工作，同时还发布了《水污染防治法实施细则》，明确了关于水污染防治的监督管理，分别对地表水和地下水的污染防治进行了具体规定。2002 年通过了《清洁生产促进法》，鼓励企业改进技术设备，清洁生产，从源头上控制环境污染，对节约资源、降低原材料消耗、减少污染物排放具有重要作用。2003 年，明确提出要"建设山川秀美的生态文明社会"，第一次将生态文明建设提高到生态文明社会的高度。2007 年 10 月，党的十七大报告首次提出生态文明概念。2008 年通过了《循环经济促进法》，提出要发展循环经济，促进可持续发展，规定了能源的减量化、再利用和资源化，要求合理消费、节约能源……2012 年，党的十八大提出要将生态文明建设贯穿经济、社会、文化建设的全过程，建设美丽中国。随着我国环境规制法律制度的不断成熟完善，环境规制法律制度已经成为社会发展的重要制度之一，为社会经济发展保驾护航。

这时期是我国政治经济发生巨大变化的时期，环境规制法律制度也随之逐渐完善。我国正式进入社会主义市场经济，环境规制法律制度逐渐成熟，环境规制体制也日渐完善，规制机构不断升级，逐渐从集权向分权转变。这一阶段，生态环境保护理念得到更新，逐渐从人本主义向生态主义转变，可持续发展理念逐渐映射，环境规制从污染治理向资源利用和污染治理并重发展，市场激励型环境规制法律制度受到关注，环境规制法律制度从简单多数向复合多样转变，非强制性的环境规制法律制度越来越多，但随之，政出多门、多头管理、部门协调难、规制效率低下等问题日趋突出。

（四）我国环境规制法律制度的深化

2013 年党的十八届三中全会之后，生态文明建设被摆到了治国理政的突出位置，国家提出要全面深化改革，推进经济体制改革，加快建立系统完整的生态文明体系。生态文明概念的提出者罗伊·莫里森（Roy Morrison）对中国政府提出的一系列生态文明体制改革表示肯定。他在其著作中明确提到"从 2070 年到 2090 年，在世界的可持续发展过程中，中国将起着引领作用"[1]。一方面，我国已经逐步认识到改善生态环境对经济发展的重要影响；另一方面，在全球生态文明建设中，中国不仅追求自身经济发展、国民幸福，而且，作为负责任的大国，要对世界生态环境承担应尽的责任。2016 年 5 月，在第二届联合国环境大会上，联合国环境规划署发布了《绿水青山就是金山银山：中国生态文明战略与行动》，这是对我国环境保护理念和可持续发展战略的高度认可。党的十八届四中全会指出，在全面建成小康社会的决定性阶段，要用严格的法律保护生态环境。党的十八届五中全会把生态文明写入"十三五"规划，提出以生态文明引领我国经济发展的绿色发展理念。党的十八大将生态文明写入《中国共产党章程》，提出统筹推进"五位一体"布局，生态环境保护工作成为生态文明建设的主阵地和主战场。党的十九大报告明确了我国经济已由高速增长阶段转向高质量发展

---

〔1〕 薛颖：《中国将把生态文明建设承诺付诸实践——访美国生态文明专家罗伊·莫里森》，载《河南日报》2013 年 11 月 18 日，第 6 版。

阶段，要加快生态文明体制改革。2017 年 12 月召开的中央经济工作会议进一步强调"绿水青山就是金山银山，保护环境就是保护生产力，改善环境就是发展生产力"。2018 年 3 月，第十三届全国人大第一次会议通过《宪法修正案》，首次将生态文明写入宪法，号召全党、全国人民一定要更加自觉地珍爱自然，更加积极地保护生态，努力走向社会主义生态文明新时代。生态文明入宪，使环境规制法律制度具有了更高的法律地位，从根本大法的高度给生态文明建设以法律依据，彰显了顶层设计对生态文明建设的高度重视。2018 年 3 月中共中央印发了《深化党和国家机构改革方案》，规定新组建的生态环境部统一负责生态环境检测和执法工作，组建生态环境保护综合执法队伍。这就从整体上完善和规范了政府在生态环境保护方面的职能，优化了职能配置，也实现了生态环境保护管理权和执法权的有效分离。党的十九届四中全会将生态文明制度建设作为中国特色社会主义制度建设的重要内容和不可分割的有机组成部分。2020 年 3 月由中共中央办公厅、国务院办公厅印发的《关于构建现代环境治理体系的指导意见》，指出要推进生态环境治理体系和治理能力现代化。

　　这一时期我国经济高速增长，经济发展方式从高速增长转变为注重环境质量的高质量发展，环境规制法律制度进入深化时期。历经多次行政体制改革，我国环境规制法律制度的弊端和实施困境越来越明显。引发环境问题的经济根源引起学者们普遍关注，高消耗的经济增长方式最终给生态环境带来了巨大的压力，环境规制又一次被推上改革的浪潮，生态环境问题被提高到前所未有的高度，环境规制法律制度也逐渐从政府强制转变为政府引导、市场合作、公众参与的多元规制模式，环境规制法律制度进入深化时期。

从上述我国环境规制法律制度的历史沿革不难看出，我国环境规制法律制度的发展与社会政治经济发展密切相关。随着经济社会的发展，市场失灵引发的环境污染问题越来越严重，政府开始关注环境规制，通过政策、法律、文件等加强环境保护，但因制度本身的缺陷、规制者的信息不对称、实施过程中的规制俘获等因素影响，难免产生政府失灵。科学合理的环境规制法律制度体系是矫正市场失灵和政府失灵的必然要求，将市场机制和法律制度相结合，用市场激励性价值衡量和检验环境规制法律制度是完善我国环境规制法律制度的有效供给最优路径。

二、我国环境规制法律制度的现实考察

（一）我国环境规制法律制度立法现状

1. 我国环境规制法律制度体系

我国现行的环境规制法律制度体系是一个由宪法、法律、行政法规、地方性法规、部门规章等组成的，包括环境污染防治、自然资源保护及管理、生态建设和保护、资源节约与综合利用等诸多方面的法律系统。随着 2014 年《环境保护法》的修订，我国生态环境保护法律体系初步形成，并进入了新的发展阶段。从法律位阶、效力上看，环境规制法律体系是在宪法统领下，以《环境保护法》为基本法，以《森林法》《草原法》《水法》等生态资源保护类单行法和《水污染防治法》《大气污染防治法》《固体废物污染环境防治法》等污染防治类单行法为一般法，并以丰富的行政法规、地方

性法规、自治条例、单行条例、部门规章、地方规章为有力
配合的综合法律体系。

我国现行环境规制法律体系以绿色转型发展、国土空
间规划、资源利用、环境保护等为立法核心，涉及宪法、
民法、商法、行政法、经济法、刑法、诉讼法等七个法律
部门，分别从民事、行政、刑事以及经济等方面对涉及生
态环境保护的方方面面做了详细的规定，现已形成以行政
规制制度为主，市场激励制度和社会自愿参与制度为辅的
法律制度体系框架。整体自上而下的环境规制法律体系框架
结构如图 3.1 所示。

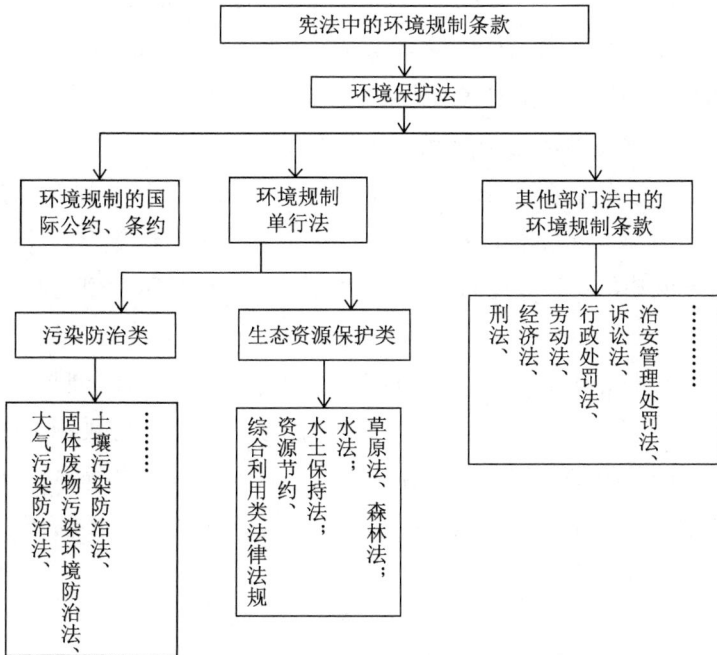

图 3.1　我国环境规制法律体系示意图

2. 我国环境规制法律制度内容

环境规制法律制度是指关于保护生态环境和自然资源、防治污染和其他公害的法律规范的总称，是被规制者在生态环境保护方面的行为准则和追究其违法责任的法律依据，包含的内容十分广泛。我国早在《秦律·田律》中就有环境规制的雏形。"春二月，毋敢伐材木山林及雍（壅）堤水。不夏月，毋敢夜草为灰，取生荔麛（卵）鷇，毋……毒鱼鳖，置穽（阱）罔（网）"[1]，意指春天不允许砍树、建堤堵水，不入夏不可以焚烧草叶，不能采摘不成熟的植物，不准捕杀年幼的动物，等等。改革开放以来，我国的环境规制法律制度经历了一个不断完善的过程。各个阶段的环境规制法律制度既与国家的总体发展战略紧密相关，又体现出各个时期社会经济与政治环境的特点。随着社会的发展，环境规制立法也发展迅速，当前我国环境规制方面的法律制度较多，已基本涵盖生态环境保护领域的各个方面。《环境保护法》作为环境规制最重要的法律，分别规定了环境规制制度、环境规制措施、环境管理制度。常用的具体各项环境规制制度又分为三类，命令控制型法律制度，包含环境信息公开制度、环境影响评价制度、"三同时"制度、污染限期治理制度、环保督察制度等；市场激励型法律制度，包含排污收费制度（环境保护税）、排污许可制度等；公众参与型（自愿型）法律制度，包含环境标准制度、公众参与制度等。主要的环境规制措施包含环境行政处罚、查封扣押、按日连续处罚、限

---

〔1〕 睡虎地秦墓竹简整理小组编：《睡虎地秦墓竹简》，文物出版社 1978 年版，第 26 页。

产停产、移送行政拘留、移送环境污染犯罪案件等，此外还有环境管理制度，含环境行政制度、环境监察制度、环境监测制度等（见表3.1）。

表3.1 我国常用的环境规制法律制度立法概况表

类型	名 称	立法依据
具体环境规制制度	环境信息公开制度	《环境保护法》《环境信息公开办法（试行）》《企业事业单位环境信息公开办法》，法律以及各地区制定的地方性法规和实施细则等
	环境影响评价制度	《环境保护法》《环境影响评价法》《建设项目环境保护管理条例》，水、大气、固废、土壤等污染防治法律以及各地区制定的地方性法规和实施细则等
	"三同时"制度	《环境保护法》《建设项目环境保护管理条例》《关于保护和改善环境的若干规定（试行草案）》，水、大气、固废、土壤等污染防治法律以及各地区制定的地方性法规和实施细则等
	污染限期治理制度	《环境保护法》，水、大气、固废、土壤等污染防治法律以及各地区制定的地方性法规和实施细则等
	环保督察制度	《中央生态环境保护督察工作规定》等
	排污许可制度	水、大气、固废、土壤等污染防治法律以及各地区制定的地方性法规和实施细则等
	排污收费制度	《环境保护法》《环境保护税法》等
	环境标准制度	《环境保护法》《环境标准管理办法》，水、大气、固废、土壤等污染防治法律以及各地区制定的地方性法规和实施细则等

续表

类型	名　称	立法依据
	公众参与制度	《环境保护法》《环境保护公众参与办法》《环境影响评价法》，水、大气、固废、土壤等污染防治法律以及各地区制定的地方性法规和实施细则等
环境管理制度	环境行政制度	《环境保护法》《环境影响评价法》，水、大气、固废、土壤等污染防治法律以及各地区制定的地方性法规和实施细则等
	环境监测制度	《环境保护法》《环境影响评价法》，水、大气、固废、土壤等污染防治法律以及各地区制定的地方性法规和实施细则等
	环境监察制度	《环境保护法》《环境影响评价法》，水、大气、固废、土壤等污染防治法律以及各地区制定的地方性法规和实施细则等
环境规制措施	环境行政处罚、查封扣押、按日连续处罚、限产停产、移送行政拘留、移送环境污染犯罪案件	《环境保护法》《行政处罚法》《行政强制法》《环境行政处罚办法》《环境保护主管部门实施按日连续处罚办法》《环境保护主管部门实施查封、扣押办法》《环境保护主管部门实施限制生产、停产整治办法》等，及水、大气、固废、土壤等污染防治法律以及各地区制定的地方性法规和实施细则等实体法

3. 我国环境规制法律制度立法分析

虽然近年来，我国环境规制立法规模增长迅速，国家生态环境保护领域法律法规的制定、修订工作如火如荼，对生态环境保护工作的重视也前所未有，相继修订了《环境保护法》，大气、水、固废、环评等相关法律，出台了《环境保护税法》等法律。各省也逐渐加强环境规制法治建设，出台相关法规和规章，如《山西省环境保护督察实施方案（试行）》《山西省环境保护工作职责规定（试行）》《山西省环境保护条例》等。据《中国环境年鉴》数据显示，2006—2016年，全国颁布的环境规制相关的法规和规章呈波动性增长态势（见图3.2），2012—2016年现行有效的法规、规章数量增长明显（见图3.3），尤其是2015年，随着2014年《环境保护法》的修订，相关法规、规章数量剧增，各地区与之相配套的规范性文件甚多，为全国生态环境保护领域法律法规实施、制度落地发挥了非常重要的作用。但实际操作中，一方面，目前地方环境规制立法粗线条化、原则化、笼统化情况较为普遍，缺乏相应的制度支撑，无法真实落地。当前环境规制法律依据中，很多法律法规没有具体的量化标准，实务操作中自由裁量权过大，执行中无法真正落实，还有一些只规定了禁止性条款，却没有规定具体的惩罚措施，导致法条执行上的两难。另一方面，某些地区立法的修订和清理工作不够及时，也严重影响环境规制效率。而且，基层环境执法实践中，规范性文件的使用较之法律、法规更为频繁，而地方的立法资源又极其有限，生态环境领域涵盖范围较广，许多法规、文件不能得到及时清理、修订，在执法过程中也形成较大障碍。面对我国高污染、高耗能的生产模式以及生态环境领域出现的新问题、新情况，必须要有合理完善的环境规制法律制度作为基础，提升环境规制法律制度的可操作性和执行效果，真正使环境规制法律制度为生态文明建设发挥指导和规范作用。

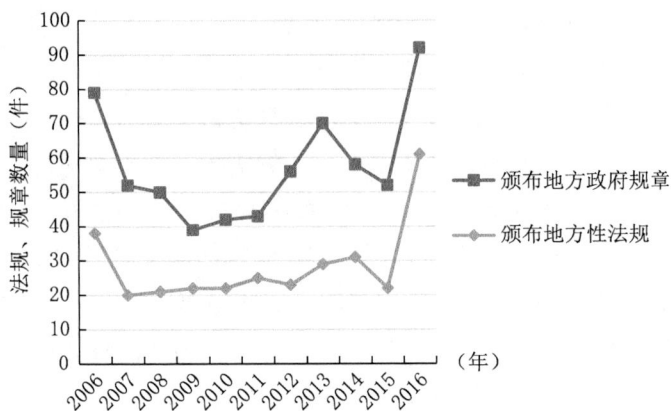

资料来源：根据《中国环境年鉴》数据由作者绘制。

图 3.2　2006—2016 年全国当年颁布的环境规制法规、规章数量图

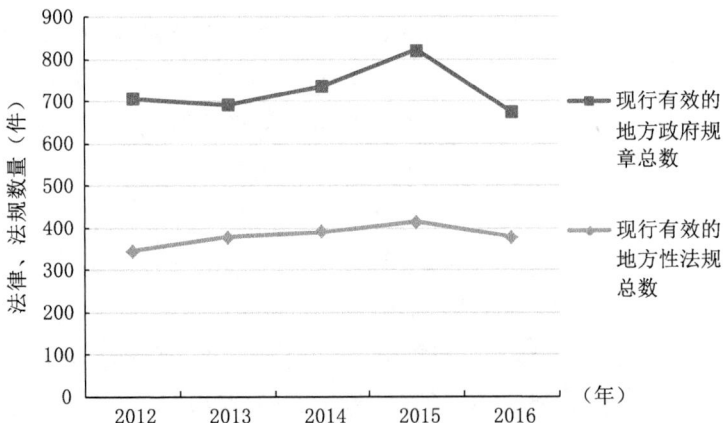

资料来源：根据《中国环境年鉴》数据由作者绘制。

图 3.3　2012—2016 年全国现行有效的环境规制法规、规章数量图

（二）我国环境规制法律制度实施现状

经济高速发展致使自然生态环境遭到巨大破坏，面对

"市场失灵"和"政府失灵",环境规制法律制度的有效实施是环境治理的重要路径。环境规制效果很大程度取决于相关制度、政策的实施情况。本部分经过大量的调研、统计、测算研究,就我国近几年常用的几项环境规制制度、环境规制措施以及环境规制的司法保障实施现状展开分析研究。

1. 环境规制制度实施现状

(1) 环境信息公开制度。环境信息公开是以《政府信息公开条例》为基础,专门针对环境规制领域所规定的、为保障公民环境知情权和监督权,要求政府和企业等其他主体依法向社会公开相关环境信息的制度。我国专门制定了《环境信息公开办法(试行)》,对环境信息公开制度的具体事项予以明确。随着公众整体环境意识的提高,环境信息公开制度对环境质量的"倒逼效应"越来越明显。同时,环境规制的透明、公正,有利于生态环境的治理和保护,对加强政府、企业、社会公众之间的良性互动具有重要意义。《环境保护法》第53~55条明确规定应当对环境质量、环境监测、突发环境事件、环境行政许可、行政处罚、排污费的征收和使用情况、建设项目环境影响报告书等依法公开。环境信息公开包括国家或各省级的生态环境状况公报、污染事故通报等形式。《企业事业单位环境信息公开办法》还规定应当公开各区域的重点排污单位名录。信息公开制度对环境规制具有极其重要的意义,本书对 2018 年全国 31 个省(自治区、直辖市)的环境信息公开制度履行情况进行了详细调研(见表3.2~表3.7),发现 2018 年全国各省级环境信息公开制度基本执行情况良好,但也存在一些问题:

第一,建设项目环境影响公开情况。《环境保护法》规定，除了涉及国家秘密和商业秘密的事项之外，所有建设项目环境影响报告书都要全文公开。通过查询全国各省级生态环境部门官网，作者对 2018 年全国各省级建设项目环境影响评价报告全文公开情况进行整理（见表 3.2），31 个省（自治区、直辖市）生态环境部门中，依法全文公开的有 27 个，占比 87%，其中，吉林、安徽、河南、西藏的官网能查询到建设项目影响报告的审批情况，但没有报告书全文公开的链接。总体而言，《环境保护法》修订后，省级环境规则部门建设项目环境影响报告书全文公开情况整体良好。

表 3.2　2018 年全国省级建设项目环境影响评价报告书全文公开情况表

省　级	是否依法公开	备　注	省　级	是否依法公开	备　注
北　京	√	查询日期：2019.10.31	湖　北	√	查询日期：2019.10.31
天　津	√	查询日期：2019.10.31	湖　南	√	查询日期：2019.10.31
河　北	√	查询日期：2019.10.31	广　东	√	查询日期：2019.10.31
山　西	√	查询日期：2019.10.31	广　西	√	查询日期：2019.10.31
内蒙古	√	查询日期：2019.10.31	海　南	√	查询日期：2019.10.31
辽　宁	√	查询日期：2019.10.31，有链接，可点击，但无法打开	重　庆	√	查询日期：2019.10.31

续表

省　级	是否依法公开	备　注	省　级	是否依法公开	备　注
吉　林	×	查询日期：2019.10.31，有公告，无链接	四　川	√	查询日期：2019.10.31
黑龙江	√	查询日期：2019.10.31	贵　州	√	查询日期：2019.10.31
上　海	√	查询日期：2019.10.31	云　南	√	查询日期：2019.10.31，链接无法打开
江　苏	√	查询日期：2019.10.31	西　藏	×	查询日期：2019.10.31，只有审批情况，无报告书全文
浙　江	√	查询日期：2019.10.31	陕　西	√	查询日期：2020.02.09
安　徽	×	查询日期：2019.10.31	甘　肃	√	查询日期：2019.10.31
福　建	√	查询日期：2019.10.31	青　海	√	查询日期：2019.10.31
江　西	√	查询日期：2019.10.31	宁　夏	√	查询日期：2019.10.31
山　东	√	查询日期：2019.10.31	新　疆	√	查询日期：2019.10.31
河　南	×	查询日期：2019.10.31，只有基本情况，无全文			

资料来源：本表根据各省级生态环境部门官网公布由作者绘制。

此外，对建设项目环境影响的相关审批决定要求公开。《环境保护法》规定各级环境规制部门应当公开环境行政许可决定等政府信息。通过对建设项目环境影响评价的审批公开情况和建设项目竣工环境保护验收审批公开情况的调查统计发现：2018年，全国各省级环境规制部门对环境影响报告书（表）的公开情况整体良好（表3.3），大部分地区均能对本辖区的环境影响报告审批决定进行公开，个别的如广东、浙江部分审批项目没有打开链接，辽宁有链接但无法查看，吉林则只有审批公告，没有具体的各项目审批链接。整体而言，各省级环境规制部门较好地履行了行政许可的公开义务，但仍有一些地区环境信息公开制度实施欠佳。

《环境信息公开办法（试行）》明确规定环境规制部门要对受理的建设项目环境影响评价报告的审批结果和建设项目竣工环境保护验收结果进行公开。通过表3.4可以看出，2018年全国省级规制部门建设项目竣工环保验收审批决定公开情况一般，全部公开的只有19个，占比不足60%，较之其他公开项目履行情况欠佳，湖南、湖北、四川、云南、贵州等11个地方官网均未查询到建设项目竣工环保验收审批决定，此项政府信息公开义务的履行仍需加强。

表3.3　2018年全国省级环境影响报告书（表）审批决定公开情况表

省　　级	是否公开	备　　注	省　　级	是否公开	备　　注
北　　京	√		湖　　北	√	
天　　津	√		湖　　南	√	
河　　北	√		广　　东	√	个别无链接

续表

省 级	是否公开	备 注	省 级	是否公开	备 注
山 西	√		广 西	√	
内蒙古	√		海 南	√	
辽 宁	√	有链接，可点击，但无法打开	重 庆	×	2018 年度仅有两个不予行政许可决定书，原因为建设单位自动撤回
吉 林	√	有公告，无链接	四 川	√	
黑龙江	√		贵 州	√	
上 海	√		云 南	√	
江 苏	√		西 藏	√	
浙 江	√	个别项目无审批决定链接	陕 西	√	
安 徽	√		甘 肃	√	
福 建	√		青 海	√	
江 西	√		宁 夏	√	
山 东	√		新 疆	×	
河 南	√				

资料来源：本表根据各省级生态环境部门官网公布由作者绘制。

表 3.4 2018 年全国省级建设项目竣工环保验收审批决定公开情况表

省 级	是否公开	备 注	省 级	是否公开	备 注
北 京	√		湖 北	×	
天 津	√		湖 南	×	

省　级	是否公开	备　　注	省　　级	是否公开	备　　注
河　北	√		广　东	√	
山　西	×		广　西	√	
内蒙古	×		海　南	√	
辽　宁	√		重　庆	√	
吉　林	√		四　川	×	
黑龙江	√		贵　州	×	
上　海	×		云　南	×	
江　苏	√		西　藏	√	
浙　江	√		陕　西	×	
安　徽	×		甘　肃	√	
福　建	√	仅找到 2018 年 10 月关于建设项目竣工验收的监测报告两份	青　海	√	
江　西	√	有公告，无链接	宁　夏	√	
山　东	×		新　疆	×	
河　南	×				

资料来源：本表根据各省级生态环境部门官网公布由作者绘制。

　　第二，环境监测信息公开情况。环境监测是环境规制的基础，是生态环境保护的重要方面。监测信息是社会公众了解污染排放，监督环境规制部门的重要途径。某种程度上，环境监测信息是一个地区环境规制部门规制水平的重要标尺，也是地方政府履行生态环境保护职能的重要体现。《环境保护法》规定环境规制部门有公开环境监测信息的义务。作者选取了最具代表性的国控污染源监督性监测信息公开情况进行研究（见表3.5），根据《国家重点监控企业污染源监督性监测及信息公开办法（试行）》等规定，县级以上生态环境部门主要对各国控重点污染源实施监督性监测。表3.5可以看出，2018年全国31个省（自治区、直辖市）环境监测信息公开情况欠佳，只有部分能及时地按月公开，如天津、黑龙江、贵州等，多数按季度公开，青海则是半年公开，但内蒙古、辽宁、江苏、安徽、江西等地的国控污染源监督性监测信息公开信息无法查询到，即没有做到及时公开监测信息。

表3.5 2018年全国省级国控污染源监督性监测信息公开情况表

省　级	是否公开	公开形式	备　注	公开是否及时
北　京	×	月报/季报等	查询日期2019.11.2	
天　津	√	月报	查询日期2019.11.2	及时
河　北	√	季报	查询日期2019.11.2	及时
山　西	√	季报	查询日期2019.11.2	及时
内蒙古	×		查询日期2019.11.2	
辽　宁	×		查询日期2019.11.2	
吉　林	√		查询日期2019.11.2	及时
黑龙江	√	月报	查询日期2019.11.2	及时
上　海	×		查询日期2019.11.2	
江　苏	×		查询日期2019.11.2	
浙　江	√		查询日期2019.11.2 链接无法打开	

续表

省　级	是否公开	公开形式	备　注	公开是否及时
安　徽	×		查询日期 2019.11.2	
福　建	√	季报	查询日期 2019.11.2	及时
江　西	×		查询日期 2019.11.2	
山　东	√	季报	查询日期 2019.11.2	及时
河　南	√	季报	查询日期 2019.11.2	及时
湖　北	×		查询日期 2019.11.2	
湖　南	×		查询日期 2019.11.2	
广　东	√	季报	查询日期 2019.11.2	及时
广　西	√	季报	查询日期 2019.11.2	及时
海　南	√	季报	查询日期 2019.11.2	否，仅有第一季度
重　庆	×		查询日期 2019.11.2	
四　川	×		查询日期 2019.11.2	
贵　州	√	月报	查询日期 2019.11.2	及时
云　南	√	季报	查询日期 2019.11.2	及时
西　藏	×		查询日期 2019.11.2	
陕　西	×		查询日期 2019.11.2	
甘　肃	√	季报	查询日期 2019.11.2	一、四季度及时，二、三季度不及时
青　海	√	半年报	查询日期 2019.11.2	及时
宁　夏	√	季报	查询日期 2019.11.2	及时
新　疆	√	季报	查询日期 2019.11.2	否，仅有第一季度

资料来源：本表根据各省级生态环境部门官网公布由作者绘制。

　　前述重点污染源主要包括国控重点污染源和市控重点污染源，二者合称为"重点排污单位"，各重点排污单位由设区的市级人民政府生态环境部门每年 3 月 31 日之前向社会发布。本书对全国 74 个重点城市 2018 年的重点排污单位名录公开情况进一步进行查询统计（见表 3.6），2018 年，全国重点城市中能公开重点排污单位名录的有 63 个，占比 85% 以上，而依法在 2018 年 3 月 31 日前公开的城市只有 32 个，占比 50%，其他部分城市公开时间集中在 4 月至 6 月，而无锡、金华、衢州的公布时间都在 11 月，衡水市在 2018 年 12 月 6 日才公开重点排污单位，没有按法定时限公开。同时，还有拉萨、保定、成都等 11 个城市没有依法依时限公开。整体而言，各城市的重点排污单位名录公开情况履行不佳，一半以上的城市都没有依法在规定时间内向社会公开，严重影响公众对环境规制制度实施情况的监督。

表 3.6　2018 年全国重点城市重点排污单位名录公开情况表

城　　市	是否公开	公开时间	城　　市	是否公开	公开时间
拉　萨	×	-	无　锡	√	2018.11.15
呼和浩特	√	2018.04.12	青　岛	√	2018.03.30
银　川	√	2018.02.26	宁　波	√	2018.06.07
南　宁	√	2018.03.14	邯　郸	×	-
乌鲁木齐	√	2018.05.30	常　州	√	2018.03.30
石家庄	√	2018.03.26	南　通	√	2018.03.31
太　原	√	2018.03.21	连云港	×	-
沈　阳	√	2018.03.30	淮　安	√	2018.07.02

续表

城　市	是否公开	公开时间	城　市	是否公开	公开时间
秦皇岛	√	2018.03.09	盐　城	√	2018.04.20
邢　台	√	2018.09.02	扬　州	√	2018.03.30
保　定	×	－	镇　江	√	2018.04.10
张家口	√	2018.08.22	泰　州	√	2018.04.10
承　德	√	2018.01.05	宿　迁	√	2018.06.20
沧　州	√	2018.03.13	温　州	√	2018.03.30
廊　坊	√	2018.03.22	嘉　兴	√	2018.03.20
衡　水	√	2018.12.06	湖　州	√	2018.03.29
长　春	√	2018.06.08	绍　兴	√	2018.03.30
哈尔滨	√	2018.08.15	金　华	√	2018.11.19
南　京	√	2018.03.31	衢　州	√	2018.11.28
杭　州	√	2018.03.16	舟　山	√	2018.03.22
合　肥	√	2018.09.29	台　州	√	2018.03.21
福　州	√	2018.03.01	丽　水	√	2018.04.16
南　昌	√	2018.01.18	厦　门	√	2018.04.11
济　南	√	2018.01.23	深　圳	√	2018.04.26
郑　州	√	2018.03.27	珠　海	√	2018.04.10
武　汉	√	2018.01.26	佛　山	×	－
长　沙	√	2018.05.23	江　门	√	2018.03.23
广　州	√	2018.03.23	肇　庆	√	2018.07.22
海　口	√	2018.05.23	惠　州	×	－
成　都	×	－	苏　州	√	2018.06.26
贵　阳	×	－	徐　州	√	2018.04.24

续表

城　　市	是否公开	公开时间	城　　市	是否公开	公开时间
昆　　明	√	2018. 05. 23	北　　京	√	2018. 03. 30
西　　安	×	–	天　　津	√	2018. 03. 22
兰　　州	√	2018. 07. 19	东　　莞	√	2018. 09. 07
西　　宁	√	2018. 02. 05	中　　山	×	–
唐　　山	√	2018. 09. 10	上　　海	√	2018. 03. 26
大　　连	×	–	重　　庆	√	2018. 04. 18

资料来源：本表根据各省级生态环境部门官网公布由作者绘制。

综上，全国环境监测信息公开义务 2018 年整体履行情况一般，部分地区没有依法履行公开义务。按照《环境监测管理办法》《企业事业单位环境信息公开办法》《国家重点监控企业污染源监督性监测及信息公开办法（试行）》《国家重点监控企业自行监测及信息公开办法（试行）》等相关规定，环境监测应当包含环境质量监测、污染源监督性监测等监测活动。但是，目前国家规定必须公开的监测信息只有国控重点污染源监测和重点排污单位的法定公开。其余的诸多污染性监督均没有列入法定公开名列。而实质上，各地有许多企业并没有列入重点排污单位名录，尤其是诸多散、乱、污小企业完全游离在环境监测监管之外，为环境规制部门的环境监管和社会公众的环境监督造成极大的障碍。环境监测是环境规制的源头和重要依据。加强环境监测工作，不仅要建立健全监测设备和监测信息系统，环境监测的信息公开也极为重要。

第三，环境行政处罚决定公开情况。《环境保护法》和

《环境信息公开办法（试行）》均规定环境规制部门应当公开环境行政处罚、实施行政强制措施等的相关情况。环境行政处罚是环境规制的重要手段，是最具代表性的公权力保障的环境规制措施。实践中，环境行政处罚包含诸多案件类型，关于各类环境行政处罚案件的具体执行情况将在后文中详细介绍，本部分主要探讨环境行政处罚决定的公开情况。

鉴于实践中为了防止违法行为的持续，针对环境违法行为，除了做出环境行政处罚决定之外，依据相关法律法规可能还会同时做出"责令停止生产""责令停止违法排污"等的行政强制措施。严格意义而言，这些行政强制措施不属于行政处罚，而是一种行政命令，但为了方便讨论，本书将行政处罚决定和责令改正命令的公开情况一起研究。

通过对2018年全国各省级环境规制部门的环境行政处罚决定公开情况和责令改正决定的公开情况进行查询统计（见表3.7），发现2018年全国各省级环境规制部门行政处罚公开履行情况参差不齐，针对环境行政处罚案件和责令改正决定，能够做到处理决定全文公开和案件公开的有北京、天津、河北、山西、内蒙古等共17个，占比53%，完全没有公开的有辽宁、福建、湖南、西藏、宁夏，占比16%，其余只履行了部分公开义务，如上海、浙江、江西、四川、陕西等地能查询到2018年共做出的行政处罚决定案件，但没有对行政处罚决定书进行公开。另外，从表3.7可以看出，各地环境规制部门公开的行政处罚处理相关决定中，适用行政处罚决定较多而适用责令改正的处理决定较少，甚至存在用行政处罚决定来作责令停止建设、责令停止违法排污的情形。两种行政处理决定分别属于行政处罚和行政命令，所依据的法律不同，行政处罚依据《行政处罚法》，而行政命令的做出依据的是《行政强制法》。因而，各级环境规制部门在实践中，要注意区分适用，依法规制，严格规制，同时，切实履行相关行政处理决定的信息公开义务。

表 3.7　2018 年全国省级环境行政处罚等决定公开情况表

省　级	公开的案件数量	公开行政处罚决定的数量	公开责令改正决定的数量	是否公开行政处理决定全文	案件是否全部公开	备　注
北　京	239	168	71	√	√	－
天　津	51	42	9	√	√	－
河　北	106	105	1	√	√	－
山　西	46	46	0	√	√	－
内蒙古	1	1	0	√	√	－
辽　宁	－	－	－	－	－	只能查询到 2015 年的行政处罚信息
吉　林	28	17	11	√	√	－
黑龙江	19	11	8	√	√	－
上　海	241	241	0	×	×	未公开 241 份行政处罚决定
江　苏	16	16	0	√	√	－
浙　江	1	1	0	×	×	未公开 1 份行政处罚决定
安　徽	3	1	2	√	√	
福　建	－	－	－	－	－	只能查询到 1—11 月的案件数量统计

续表

省　级	公开的案件数量	公开行政处罚决定的数量	公开责令改正决定的数量	是否公开行政处理决定全文	案件是否全部公开	备　注
江　西	6	6	0	×	×	未公开6份行政处罚决定
山　东	5	5	0	√	√	－
河　南	5	5	0	√	√	－
湖　北	14	14	0	√	√	－
湖　南	－	－	－	－	－	只能查询到2016年以前的行政处罚信息
广　东	11	11	0	√	√	－
广　西	3	3	0	√	√	－
海　南	2	2	－	－	－	无法打开连接，没法判断是否公开
重　庆	216	152	64	√	√	－
四　川	1	1	0	×	×	未公开1份行政处罚决定
贵　州	3	3	0	√	√	－
云　南	15	15	0	√	√	－
西　藏	0	0	0	×	×	未检索到
陕　西	15	15	0	×	×	未公开15份行政处罚决定
甘　肃	显示："国办印发《关于省以下环保机构监测监察执法垂直管理制度改革试点工作的指导意见》和生态环境部相关工作要求，执法重心下移，行政处罚案件主要以属地为主，省级重点开展环保督察。故省本级自2016年11月至今，无直接查处的环境行政处罚案件，无需更新内容。"					

续表

省　级	公开的案件数量	公开行政处罚决定的数量	公开责令改正决定的数量	是否公开行政处理决定全文	案件是否全部公开	备　注
青　海	5	3	2	√	×	未公开 2 份行政处罚决定
宁　夏	-	-	-	-	-	只能查询到 2019 年的行政处罚信息
新　疆	20	20	0	√	×	未公开 1 份行政处罚决定

资料来源：本表根据各省级生态环境部门官网公布由作者绘制。

综上，2018 年全国各省级环境规制部门的信息公开义务履行情况还存在较大的改进空间。部分地区能做到各项信息公开工作都严格依法按时向社会公众公开，但也有一些地区存在不完全公开或者完全不公开的现象。环境信息公开是环境规制的重要措施和基础，因而，要完善信息公开的程序，加强落实督导，提升环境规制效率，也为公众参与环境监督提供重要依据。

（2）环境影响评价制度。环境影响评价制度是环境规制实务中最重要的一项制度，在实践中问题也最突出。根据《环境影响评价法》的规定，环境影响评价是对拟建设项目、区域开发计划及国家政策实施后可能对环境造成的影响进行测评和评估。环境影响评价的形式根据对象不同，可以分为报告书、报告表和登记表等形式。环境影响评价制度一直是环境规制实务中的顽疾，尤其建设项目的环境影响评价制度更是问题频频。"未批先建"是影响环境影响评价制度实施效果的最大障碍。《环境保护法》明确规定了未依法环评的规划不得组织实施，项目不得开工。擅自开工建设的，责令停止，并处罚款。《环境保护法》于2014年修改，《环境影响评价法》经历了2016年和2018年两次修正，因中间存在时间差，在法律适用上，环境影响评价制度"未批先建"的状况，近年来一直层出不穷，重点集中在"限期补办"和处罚数额上。为了更好地对该制度的实施情况进行介绍，本书将相关的法律制度专门做了梳理（见表3.8），以便对条文进行清晰解读。

表 3.8 关于"未批先建"的法条解读表

法条名称	施行时间	处罚方式	罚款金额
《环境保护法》	2015.1.1	责令停止建设，处以罚款，并可以责令恢复原状	
旧《环境影响评价法》	2003.9.1	责令停止建设，限期补办手续	5万元以上20万元以下的
《关于〈环境保护法〉（2014修订）第六十一条适用有关问题的复函》（环政法函〔2016〕6号）	2016.1.8	责令停止建设	5万元以上20万元以下
新《环境影响评价法》	2016.9.1（第一次）2018.12.29（第二次）	责令停止建设；并可以责令恢复原状	根据违法情节和危害后果，处建设项目总投资额1%~5%的罚款

续表

法条名称	施行时间	处罚方式	罚款金额
《关于生态环境执法中建设项目"总投资额"认定问题的指导意见（试行）》（环政法〔2018〕85号）	2018.8.27	按不同情形分别认定	
《关于建设项目"未批先建"违法行为法律适用问题的意见》（环政法函〔2018〕31号）	2018.2.22	取消了"限期补办手续"；同时构成"未批先建"和违反"三同时"规定的，应当分别依法做出相应处罚	

资料来源：本表根据相关法条规定由作者绘制。

从上表可以看出，从 2015 年至 2016 年 9 月，因为法律对"未批先建"的规定不一致，在适用上存在诸多问题。根据对 2015 年环境影响评价制度实施情况评估结果显示，全国 31 个省（自治区、直辖市）环境规制部门中有 8 个部门没有严格按照《环境保护法》规定对"未批先建"的建设项目直接处以罚款，而是依据旧《环境影响评价法》，要求限期补办环评手续，逾期的才处以罚款[1]。长期以来，由于环境影响评价的相关法律规制之"软"，对企业违法没有威慑力，尤其是"限期补办"的规定，对企业而言违法行为即使被发现也仅需在限期内补办手续即可，堪称零风险违法，因而没

---

〔1〕 王灿发主编：《〈环境保护法〉实施评估报告（2016）》，中国政法大学出版社 2016 年版。

有办理环评文件的内在动力。纵然逾期补办，也仅需要承担5万元~20万元的罚款，不足以造成威慑。直至2016年9月1日《环境影响评价法》的修正施行，罚款金额改为"建设项目总投资额1%~5%"。表面上看，这加大了处罚力度，完善了执法依据。根据《环境保护法》实施情况评估课题组对2016年各地《环境影响评价法》实施前后的"未批先建"的罚款金额调研发现，环境影响评价制度的实施并未出现显著的变化，实际上并没有超过20万元的罚款[1]。而且，部分地区在处罚依据上习惯适用地方性法规而不是《环境影响评价法》，地方性法规由于修改不及时，很多处罚规定与新《环境影响评价法》不一致，处罚金额多是依据修订以前的《环境影响评价法》制定。综合分析原因，一方面是由于相关法律法规修订的时间差；另一方面，就《环境保护法》和《环境影响评价法》修改之后对"总投资额"的认定，实践中一直存有争议。2018年8月，生态环境部和国家发展改革委专门出台了《关于生态环境执法中建设项目"总投资额"认定问题的指导意见（试行）》（环政法〔2018〕85号）对《环境影响评价法》第31条"总投资额"的认定做出解释。对比2016—2018年《中国生态环境状况公报》的数据，2016年全国各级环境保护部门行政处罚罚款金额为66.3亿元，比2015年增长了56%；2017年全国实施行政处罚罚款金额为115.8亿元，比《环境保护法》修订实施前的2014年增长265%；2018年全国实施行政处罚罚款数额达到152.8

---

〔1〕 王灿发主编：《〈环境保护法〉实施评估报告（2016）》，中国政法大学出版社2016年版。

亿元，比 2017 年上升 32%。[1]

此外，《环境保护法》和《环境影响评价法》均规定了"责令恢复原状"的行政决定，但通过对各地环境规制部门行政处罚案件研究发现，这一处罚形式很少被使用，很多一线执法人员称，这一规定不具备现实的使用条件，执法人员难以承受压力。究其原因，其一，条文中规定"可以责令恢复原状"给地方环境规制部门以法律适用的选择权，并非强制性条款，没有执行的动力；其二，对于已建成的项目，建设单位已经投入大量的资金、设备等，恢复原状的阻力和压力都较大，很多项目不乏是当地的经济产业。而且，即使不考虑经济利益，该规定的执行也可能会造成失业等社会问题，因而地方规制部门对法条的适用难免谨慎；再者，部分规制部门在实践中更多会按照其他相关法律法规、政策之规定选择执法。如某些违法行为符合"确实不符合国家产业政策、国家需要淘汰的违法项目"情形的，依据国家发展改革委、经信委等部门制定的落后产能目录，采用淘汰落后产能等强制淘汰机制解决。由此，"可以责令恢复原状"的条文在实践中执行效果不理想。

鉴于实践中环境影响评价制度在建设项目实施中问题最为突出，而且《中国环境年鉴》及各年的《中国生态环境状况公报》只对建设项目环境影响评价文件数量进行统计公布。本书对《环境保护法》和《环境影响评价法》修订前后各地每年审批的建设项目环境影响评价文件的数量进行了统计分析（见表 3.9），不难发现，无论是全国的评价文件总数

---

[1]　数据来源：2016—2018 年《中国生态环境状况公报》。

还是各省级环境规制部门的评价文件数量，基本在 2015 年达到峰值。环境影响评价制度作为环境规制法律制度中十分重要的制度，长期以来，"未批先建""未验先投""批建不符"等问题十分严重，违法违规建设项目总量巨大。国务院办公厅 2014 年印发《关于加强环境监管执法的通知》（国办发〔2014〕56 号）要求 2016 年底前要全面清理违法违规建设项目。原环境保护部 2016 年发布《关于进一步做好环保违法违规建设项目清理工作的通知》（环办环监〔2016〕46 号）要求各省级环境规制部门应当在 2016 年 11 月 30 日前在网站公开清理结果，同时要求 2017 年 1 月 1 日起违法违建项目"清零"[1]。据原环境保护部公布，截至 2016 年 7 月底，全国 32 个省级（包括新疆生产建设兵团）共排查发现违法违规建设项目 62.4 万个，已完成清理整顿任务 19.1 万个，约占总数的 31%[2]。这说明，随着环境保护法律法规的不断完善，环境影响评价制度的执行和实施效果得到有效提升。根据表 3.9 数据显示，在立法力度逐渐加大的背景下，2015 年的环境影响评价审批数量剧增，但实践中也发现诸多地区在清理工作中重"规范整顿""完善备案"，轻"淘汰关闭"。总之，各地环境规制部门在环境影响评价制度执行效果上仍然存在诸多问题。

---

〔1〕 王灿发主编：《〈环境保护法〉实施评估报告（2016）》，中国政法大学出版社 2016 年版，第 144~170 页。

〔2〕《环保部：前 7 月排查发现违法违规建设项目 62.4 万个》，载中国经济网，http://finance.sina.com.cn/roll/2016-08-24/doc-ifxvitex8810104.shtml，最后访问日期：2021 年 10 月 24 日。

表 3.9 2012—2017 年审批的建设项目环境影响评价文件数量表

	2012 年	2013 年	2014 年	2015 年	2016 年	2017 年
全　国	427 573	476 241	441 951	440 087	166 614	124 997
北　京	9480	8769	8672	10 139	2921	1564
天　津	3264	3330	2567	1842	1505	64
河　北	23 453	18 155	21 316	19 247	1961	1075
山　西	7935	9120	8117	8145	3604	497
内蒙古	8756	11 733	10 530	10 463	9418	2979
辽　宁	15 976	19 024	16 681	11 174	868	4338
吉　林	2923	15 322	10 664	8594	4668	2592
黑龙江	6914	9752	8421	8528	5222	1374
上　海	12 830	11 706	17 843	8959	4501	6518
江　苏	37 455	40 131	33 251	30 104	22 122	6609
浙　江	31 152	32 562	30 851	29 370	2270	14 875
安　徽	13 971	20 078	15 891	15 316	3082	2147
福　建	13 921	16 682	1131	10 375	3780	235
江　西	7016	7205	7242	7803	5241	4923
山　东	35 702	34 475	30 865	28 860	11 215	2439
河　南	17 061	14 537	15 166	14 715	7611	11 674
湖　北	9086	10 476	10 712	11 293	8191	2372
湖　南	9827	10 871	10 408	10 820	1541	7127
广　东	56 040	50 139	53 455	59 594	21 854	20 972
广　西	15 013	15 170	11 879	8873	3493	1861
海　南	3006	2928	2150	2253	2231	752
重　庆	5617	5057	5153	5030	3046	3580

续表

	2012 年	2013 年	2014 年	2015 年	2016 年	2017 年
四　川	14 564	17 049	17 990	21 349	1958	13 029
贵　州	12 666	15 398	19 192	15 578	5137	1160
云　南	16 571	31 110	25 677	26 205	18 870	801
西　藏	4919	2951	3626	11 492	1405	2660
陕　西	5191	9712	9103	10 573	1670	378
甘　肃	4967	5801	8379	10 818	784	1679
青　海	1998	2227	2068	2538	571	714
宁　夏	2484	3037	2264	3058	1810	173
新　疆	17 569	21 491	20 450	16 820	3997	3792

资料来源：本表根据《中国环境年鉴》及各地方官网由作者绘制。

（3）"三同时"制度。"三同时"制度是指所有单位在进行新建、改建、扩建的基本项目投资时，必须将有关的环保设施与主体工程同时设计，同时施工，同时投产。"三同时"制度是我国重要的环境规制法律制度，是控制污染和生态破坏的重要保证，也是我国独创的一项环境管理制度。"三同时"制度和环境影响评价制度都是环境规制的事前制度，目的在于源头控制，两者相互补充，执法实践中常常会有交叉。

本书对全国 31 个省（自治区、直辖市）2012—2017 年完成"三同时"环保验收项目的环保投资情况进行统计分析（见图 3.4）。不难看出，各地的"三同时"环保投资整体呈现上升趋势，2016 年诸多地区出现最高值，全国来看，2016 年的投资总额达到 7151.21 亿元，比 2015 年提升 131%，

2017 年则下降了 21%。各地情况也基本相似，都在 2016 年大幅增加，这和《环境保护法》的修订实施和严格环境执法有很大关系。上海市 2016 年呈现样本期内最高值，"三同时"环保验收项目环保投资额达到 868.85 亿元。地区差异而言，上海、江苏、浙江、山东、山西等地"三同时"制度的环保投资更多，而海南、青海、贵州、西藏、宁夏等地的投资情况相对较少。这可能和各地区的资源禀赋和经济发展情况有关，经济发展水平较高的地区，工业企业等建设项目数量明显高于经济相对落后地区，因而，实际执行"三同时"的建设项目的环保投资额就高于欠发达地区。

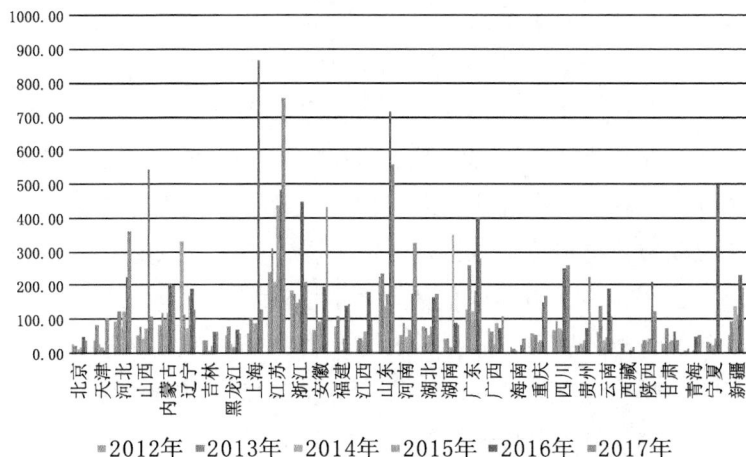

资料来源：本图根据《中国环境年鉴》数据由作者绘制。

图 3.4　2012—2017 年完成"三同时"环保验收项目环保投资情况图

（4）公众参与制度。公众参与制度是环境规制法律制度的一项重要制度。随着公众生态环境保护意识的提高，公众参与制度逐渐完善，参与形式也越来越多样。《环境保护法》专门用一章对信息公开和公众参与进行规定，对公民获取环境信息、参与和监督环境保护等权利给予法律确认，为完善信息公开制度和公众参与提供了制度依据和权利保障。自2015年9月《环境保护公众参与办法》实施以来，引导和约束社会公众参与环境规制取得了一定成效。2018年4月，生态环境部通过了《环境影响评价公众参与办法》，该办法的实施对社会公众的环境知情权、监督权、参与权等环境自治权提供了有力保障，畅通了公众诉求表达渠道。随着社会公众环保意识的加强，生态环境保护中公众参与的作用越来越明显，参与方式日趋多元化，有效调动了公众参与生态环境保护的积极性和主动性。

当前，公众参与环境规制的主要渠道有来访、来信、"12369"热线以及网络平台、微信平台等，形式多样，渠道通畅，对政府的环境规制形成有效监督。从2006—2015年全国环境公众参与中来信、来访情况以及承办人大建议数和政协提案数统计情况（见图3.5）来看，随着公众参与方式的转变，2006—2010年来信情况基本呈现增长趋势，2011年出现明显下滑，后逐年减少，来访人数2006—2015年基本呈现稳定增长趋势。而承办的人大建议数2012年实现激增，达到峰值。承办生态环境保护类的政协提案数10年来基本呈现稳定增长趋势，2014年后有所下滑。整体而言，随着社会的发展，除了来信参与方式作用逐渐减弱之外，其他公众参与方式样本期内都实现明显提升，公众参与制度对我国的环境规制的影响程度越来越明显。

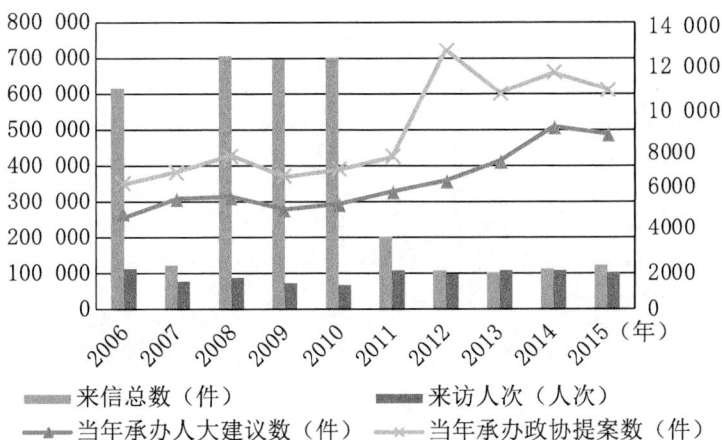

资料来源：本图根据生态环境部公布数据由作者绘制。

图3.5 2006—2015年全国生态环境保护公众参与情况图

分区域而言，图3.6与图3.7显示了2015年各地的生态环境保护公众参与情况。以来访、来信、电话/网络投诉数为例，广东省和江苏省都位于全国前五名之列，来访人数中湖南省位于全国第一，达到了12 507人次，来信和电话（网络）投诉数广东省都位列全国第一名，此外安徽、浙江、湖北、福建等省份公众参与程度也较高，这和地区经济发展水平和人口数量都有密切关系。从承办生态环境保护类人大建议和政协提案情况来看，辽宁、贵州、湖南、山西、云南等省份的数据较高，最高的是辽宁省，2015年承办的人大建议数达到861件，承办的政协提案数也最多，达到960件，说明这些省份公众政治参与度较高。

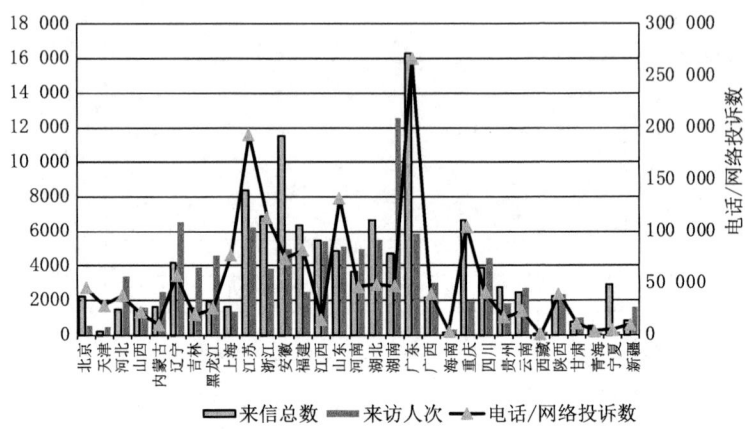

资料来源：本图根据生态环境部公布数据由作者绘制。

图 3.6 2015 年全国各地公众来信、来访、来电（网络）情况图

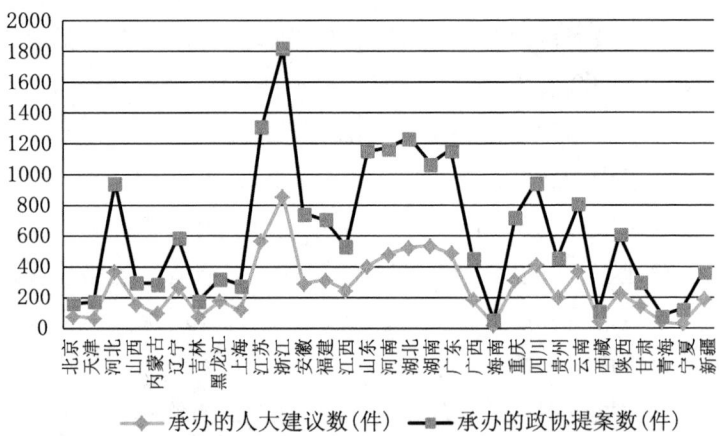

资料来源：本图根据生态环境部公布数据由作者绘制。

图 3.7 2015 年全国各地的人大建议、政协提案情况图

根据生态环境部对 2018 年全国"12369"举报热线情况通报数据显示（表 3.10），2018 年全国"12369"共接到群众举报 710 117 件，同比增长 14.7%，其中电话举报 365 361 件，微信举报 250 083 件，网上举报 80 771 件。其中，江苏、广东、重庆、河南、辽宁、山东、上海等东中部地区举报最为集中[1]。如表 3.10 所示，2018 年的电话举报与 2017 年相比出现下滑，同比下降了 10.8%，与此同时，微信举报同比增长了近一倍，网络举报也实现了 1.1% 的增长。说明随着网络科技的发展，公众越来越依托新媒体方式参与生态环境保护，参与形式越来越丰富。

表 3.10　2018 年环境规制公众参与情况表

参与方式	数量（件）	占比（%）	同比增长（%）
电　话	365 361	51.5	−10.8
微　信	250 083	35.2	93.2
网　络	80 771	11.4	1.1

数据来源：本表根据生态环境部公布数据由作者绘制。

（5）环保督察制度。2015 年出台了《环境保护督察方案（试行）》和《党政领导干部生态环境损害责任追究办法（试行）》，为我国环境保护督察工作提供了政治指引，明确了中央环境保护督察组对省、自治区、直辖市党委和政府开展环境督察职权。该项工作被纳入《生态文明体制改革总体方案》中，这对生态文明建设和环境保护具有里程碑的意义。2019 年，中办、国办印发《中央生态环境保护督察工作规定》，党中央批准成立中央生态环境保护督察领导小组。

---

〔1〕《生态环境部通报 2018 年度全国"12369"环保举报情况》，载《中国环境报》2019 年 4 月 25 日，第 4 版。

中央生态环境保护督察制度已经成为社会主义生态环境法治制度的重要内容。环保督察制度的设立极大地推动了"党政同责、一岗双责"生态环境保护责任的贯彻落实，进一步提高地方各级党委和政府对生态环境保护工作的重视程度。自2016 年中央启动环境保护督察机制以来，对环境规制中长期存在的形式主义、互相推诿、敷衍整改等问题进行了严格整治，环保督察制度实施四年多来成效显著（见表 3.11）。其中 2017 年制度实施效果最突出，完成了第三、四批对 15 个省份的环保督察，实现了第一轮中央环境保护督察的全覆盖。据统计，第一轮中央环保督察及"回头看"共受理群众举报21.2 万余件，绝大多数已办结，直接推动解决群众身边生态环境问题 15 万余件[1]。环保督察制度自建立以来，有效推动了环境规制监督工作进程，提升地方政府环境责任履行意识和领导干部的责任担当。环保督察制度的制度化、规范化，实现了从运动式治理向长效化治理的转变，有效减弱了环境规制的"政府失灵"。

表 3.11　2016—2019 年中央环保督察反馈结果（件）

年　份	立案侦查	立案处罚	罚　款	约　谈	问　责
2016 年	800	8500	4.4 亿	6307	6454
2017 年	651	16 267	8.02 亿	10 289	9781
2018 年	543	7375	7.1 亿	3695	6219

---

〔1〕《第二批中央生态环境保护督察"回头看"完成督察反馈工作》，载中华人民共和国生态环境部官网，https://www.mee.gov.cn/xxgk2018/xxgk/xxgk15/201905/t20190515_703050.html，最后访问日期：2021 年 10 月 8 日。

续表

年　份	立案侦查	立案处罚	罚　款	约　谈	问　责
2019 年	238	4016	3.2 亿	2159	2571

资料来源：本表根据生态环境部公布数据由作者绘制。

（6）排污收费制度（环境保护税）。2018 年 1 月 1 日我国首部《环境保护税法》实施，结束了排污费的征收时代。原来对污水、废气、固废、危废、噪声超标和挥发性有机物征收的排污费以及针对海洋工程污水、生活垃圾和污水等污染物征收的排污费全部改为由税务部门征收环境保护税。《环境保护税法》被称为中国首部"绿色税法"，即根据企业所排放污染物的浓度不同实行差别化征税。原来的排污费征收制度中只规定了对排放的大气、水污染物浓度低于国家或地方标准 50%以上的减半征收，为了更好地激励企业改进技术、节能减排，《环境保护税法》根据污染物排放浓度实行差别化征税政策，规定了两档减税优惠。纳税人排污浓度值低于规定标准 30%的，减按 75%征税；排污浓度低于标准 50%的，减按 50%征税。通过费改税，加大了对排污单位的激励作用。通过不同的税收征收标准引导排污单位加大自身节能减排的动力，同时增加了环境规制手段，丰富了环境规制法律制度，使市场激励型环境规制法律制度更完善，有利于打好环境治理组合拳。

为方便分析，本书针对 2012—2016 年全国排污费收费情况进行统计（见表 3.12～表 3.13），从缴纳排污费的单位数来看，表 3.12 显示，全国排污费缴纳单位数 2012—2016 年波动性较大。全国层面而言，样本期内呈现先增后降的趋势，

2013 年全国缴纳排污费单位总数最高，达到 352 316 家，之后数量逐年减少。排污费缴纳单位的减少和企业数量有直接关系，随着环境执法力度的加强，很多企业被淘汰、关停整合等；区域层面而言，河北、辽宁、江苏、浙江、广东等的缴纳排污费单位数量各年都排名靠前，青海、海南、西藏的排污费缴纳单位数全国最少，变化趋势和全国的趋势基本一致，先增后降，这和当地的环境和资源禀赋相关。

表 3.12　2012—2016 年全国缴纳排污费单位统计表（家）

	2012 年	2013 年	2014 年	2015 年	2016 年
北　京	1718	1890	3611	4155	5666
天　津	3673	3285	3619	3870	3970
河　北	21 735	19 515	18 839	17 112	15 875
山　西	10 261	9975	8887	6999	6537
内蒙古	4664	4223	3137	2702	3165
辽　宁	22 645	22 370	18 636	12 816	12 796
吉　林	12 985	16 373	14 464	10 970	9055
黑龙江	9553	8999	7015	6320	5426
上　海	4710	4535	4169	2825	2992
江　苏	30 684	31 153	28 379	24 084	21 449
浙　江	24 584	20 557	20 724	17 585	19 265
安　徽	11 574	9804	8885	6927	6815
福　建	13 873	13 340	13 696	12 192	12 539
江　西	8094	7285	7314	7698	7237
山　东	14 591	13 710	13 169	12 932	12 115

续表

	2012 年	2013 年	2014 年	2015 年	2016 年
河　南	17 812	18 056	16 744	15 232	14 774
湖　北	7577	6679	6809	8855	8354
湖　南	12 872	15 786	15 953	14 630	12 769
广　东	57 653	56 083	46 704	39 671	42 426
广　西	7195	6753	5706	5324	6275
海　南	969	544	730	698	611
重　庆	6798	6595	6824	6426	6314
四　川	9448	10 629	10 024	9041	8980
贵　州	7725	7977	7977	5468	5277
云　南	7416	7409	7317	2802	2995
西　藏	–	3012	2288	3000	0
陕　西	4934	4814	4226	3602	3089
甘　肃	5253	5131	3782	3488	3318
青　海	878	808	753	597	543
宁　夏	1845	1804	1630	1363	1217
新　疆	7607	6611	5891	4170	5380
全　国	351 326	352 316	317 902	277 724	267 224

资料分析：本表根据《中国环境年鉴》数据由作者绘制。

对排污费征收金额进行分析，表3.13显示，全国的排污费征收金额呈现较明显的波动性，2013年达到最高金额204.81亿元，后出现明显下降，2014年的下降幅度为8.8%，在2016年又呈现增长趋势。全国其他省份的变化趋势也基本和全国的整体趋势相同，排污费征收制度实施情况良好。区域而言，和表 3.12 情况相似，排污费缴纳单位数较突出的省份征收金额也较多，基本分布在重工业产业密集地区。可以推测，环境规制法律制度的实施和地区经济发展、资源禀赋有很密切的关系，因此，环境规制法律制度的制定和实施要充分考虑地区差异。

表 3.13　2012—2016 年全国排污费征收金额表（亿元）

	2012 年	2013 年	2014 年	2015 年	2016 年
北　京	0.31	0.31	2.47	2.56	5.29
天　津	1.92	1.87	3.60	5.54	5.31
河　北	16.65	16.65	15.11	16.38	16.87
山　西	12.65	15.13	11.45	9.40	11.11
内蒙古	9.84	10.05	8.79	7.07	9.76
辽　宁	12.86	14.13	12.59	8.72	10.33
吉　林	3.36	3.44	3.25	3.05	3.66
黑龙江	4.33	4.69	3.48	3.46	4.28
上　海	1.90	2.24	1.76	2.38	3.52
江　苏	19.06	20.00	18.40	17.09	22.34
浙　江	8.63	7.46	9.45	8.26	9.31
安　徽	5.69	5.43	5.67	5.30	5.62
福　建	3.41	3.37	3.21	3.81	4.39
江　西	8.43	8.41	8.58	8.36	7.76
山　东	14.76	15.83	14.46	13.56	15.92
河　南	10.44	9.54	8.16	7.90	8.69
湖　北	4.01	4.06	4.24	5.16	5.97

	2012 年	2013 年	2014 年	2015 年	2016 年
湖　南	6.01	5.70	5.56	5.21	4.93
广　东	8.74	9.29	8.56	7.12	7.83
广　西	2.70	2.76	2.35	2.27	3.63
海　南	0.35	0.45	0.44	0.44	0.57
重　庆	3.63	3.86	3.56	3.91	4.03
四　川	5.53	7.33	5.48	4.93	5.61
贵　州	5.12	5.45	4.36	3.69	4.39
云　南	3.64	3.58	3.47	1.89	2.18
西　藏	－	0.16	0.13	0.18	0.00
陕　西	5.47	6.02	6.21	5.89	5.72
甘　肃	2.33	2.33	1.97	2.31	2.74
青　海	0.68	0.69	0.73	0.75	0.89
宁　夏	1.78	1.69	2.59	2.02	2.24
新　疆	4.69	6.44	6.74	4.92	6.00
全　国	188.92	204.81	186.83	178.46	200.89

资料分析：本表根据《中国环境年鉴》数据由作者绘制。

（7）环境标准制度。环境标准是为了保护公众健康，防治环境污染、保证生态安全以及合理利用生态资源，依据相关法律法规，对有关环境规制的各项工作所进行的规范环境活动和结果的准则，具有法律效力。目前的环境标准根据制定主体的不同可以分为国际认可的环境标准、国家环境标准，地方环境标准以及相关行业和部门的环境标准。根据环境标准的适用对象不同又分为：环境质量标准、污染物排放标准、环境监测方法标准、环境标准样品标准、环境基础标准、环境保护行业标准等。1996 年发布的 ISO14000 系列环境标准，是国际标准化组织（ISO）起草的系列环境管理标准。该标准融合了世界上多数发达国家环境管理方面的经验，可操作性强，是当前环境管理体系的主要标准，主要包括环境标志、环境审核、环境管理体系等国际环境管理领域内的焦点问题，堪称"贸易的绿色通行证"。它的制定宗旨是指导各经济主体开展正确的环境活动，促进企业加强节能减排，减少环境压力。此外，还有一些常用的专门领域的环境标准，如环境空气质量标准（GB3095-2012）、污水综合排放标准（GB8978-1996）、声环境质量标准（GB3096-2008）等。

本书对 2012—2017 年全国各省（自治区、直辖市）当年备案的地方环境标准数量进行统计（见表 3.14）发现，全国范围而言，当年备案的地方标准基本呈现逐年上涨的趋势。和其他制度的实施情况相似，2016 年的备案环境标准数实现激增，到 2017 年趋于正常增长趋势。可见，环境执法的加强对环境规制法律制度实施效果影响明显。分区域而言，河北、上海、广东、江苏、重庆等地备案的标准较明显，环境标准制度的实施情况较好，贵州、云南、青海、山西等地样本期内没有环境标准备案，对环境标准制度的贯彻落实尚有待加强。

表 3.14 2012—2017 年当年备案的地方环境标准统计表（份）

	2012 年	2013 年	2014 年	2015 年	2016 年	2017 年
全 国	19	31	14	38	58	48
北 京	1	6	6	8	5	10

续表

	2012 年	2013 年	2014 年	2015 年	2016 年	2017 年
天　津	1	0	0	5	2	3
河　北	4	4	2	0	5	5
山　西	0	0	0	0	0	0
内蒙古	0	0	0	0	1	1
辽　宁	0	0	0	1	1	0
吉　林	0	0	0	0	5	3
黑龙江	0	0	1	0	0	0
上　海	1	0	2		4	2
江　苏	0	0	0	1	1	0
浙　江	3	1	1	2	2	1
安　徽	0	0	0	0	1	0
福　建	2	4	0	0	1	5
江　西	0	0	0	3	0	1
山　东	4	6	0	0	6	0
河　南	2	5	1	0	3	1
湖　北	0	0	0	0	0	2
湖　南	0	0	0	0	1	4
广　东	0	0	0	2	4	0
广　西	0	1	0	1	1	0
海　南	0	2	0	2	0	0
重　庆	0	2	0	1	7	2
四　川	0	0	0	0	1	1
贵　州	0	0	1	0	0	0

续表

	2012 年	2013 年	2014 年	2015 年	2016 年	2017 年
云　南	0	0	0	0	0	0
西　藏	0	0	0	0	0	1
陕　西	1	0	0	0	3	0
甘　肃	0	0	0	2	0	0
青　海	0	0	0	4	0	0
宁　夏	0	0	0	0	0	0
新　疆	0	0	0	0	4	6

资料分析：本表根据《中国环境年鉴》数据由作者绘制。

2. 环境规制措施实施现状

（1）行政处罚措施。环境行政处罚是环境规制部门依照环境保护相关法律法规，对一般环境违法行为做出的具体的行政制裁措施，是最直接也是使用频率最高的规制措施。当前，国家大力推进生态文明建设，不断加强生态环境保护力度，出台了诸多严格的环境执法法律法规和规范性文件，如2014 年印发的《关于加强环境监管执法的通知》、2014 年 12月出台的《环境保护法》四个配套办法，以及《"十三五"生态环境保护规划》《生态文明体制改革总体方案》等，都对生态环境执法提出新的要求。2018 年《深化党和国家机构改革方案》，首提"生态环境保护综合执法"概念，强调要整合组建生态环境保护综合执法队伍。2018 年 12 月，中办、国办印发了《关于深化生态环境保护综合行政执法改革的指导意见》，对生态环境综合执法进行了整体改革规划和部署。2018 年底，生态环境部组建了生态环境执法局，统一负责生态环境监督执法，监督生态环境法律制度、政策、规划、标准的执行，指导全国生态环境综合执法队伍建设和业务工作。2019 年 5 月，生态环境部公布《关于进一步规范适用环境行政处罚自由裁量权的指导意见》，指导环境规制部门进一步规范生态环境行政处罚自由裁量权的适用和监督。2019 年 6 月，生态环境部对行政执法"三项制度"具体实施意见进行规范，要求各级环境规制部门对环境行政处罚、行政许可等行为进一步规范，保障执法队伍文明执法，促进生态环境保护综合执法队伍建设。截至 2019 年 4 月底，全国 16 个省份已印发生态环境综合行政执法改革意见[1]。生态环境执法不仅涉及公民环境权的顺利实现，还涉及国家生态环境改革方针的贯彻实施。

　　本书对 2015—2018 年全国行政处罚案件情况进行统计分析（见表 3.15），《环境保护法》修订以来，被称为"长着钢牙的法"，执法力度空前。根据表 3.15 数据显示，2015 年全国各环境规制部门下达行政处罚决定 10 万余份，罚款 42.5 亿元，比 2014 年增长了 34%，2016—2017 年的行政处罚案件数均实现了年 51.5% 左右的增加。尤其是 2017 年，行政处罚案件达到 23 万余件。这两年国家密集出台了一系列针对环境违法行为处罚的法律、法规，不断加大规制力度，效果显著。处罚金额方面，2017 年的处罚金额较之 2016 年增加了近一倍，而 2015 年和 2016 年的处罚金额并没有较大增加，原因在前面环境影响评价制度的论述中稍有涉及。在

---

〔1〕《生态环境部：16 省份已印发生态环境综合行政执法改革意见》，载中国新闻网，https://www.chinanews.com/gn/2019/04-29/8823753.shtml，最后访问日期：2021 年 10 月 8 日。

《环境影响评价法》第一次修正实施前（2016 年 9 月 1 日），
虽然国家加大环境违法行为处罚力度，但罚款金额依据旧
《环境影响评价法》的规定，仍是 5 万元以上 20 万元以下。
2016 年 9 月 1 日以后，虽然处罚依据更新为"处建设项目总
投资额 1% 以上 5% 以下的罚款"，但如何认定修正后的《环
境影响评价法》第 31 条中规定的"总投资额"却是实践中
极难解决的问题，为执法造成障碍和阻力。因而，在《环境
影响评价法》修订后一段时间内，处罚金额并没有出现"井
喷式"增加，直至 2017 年，环境行政处罚的罚款金额出现大
幅度增长。2018 年 8 月，生态环境部和国家发展改革委专门
出台了《关于生态环境执法中建设项目"总投资额"认定问
题的指导意见（试行）》对《环境影响评价法》第 31 条涉
及的"总投资额"做出解释，环境行政处罚行为越来越规
范，可操作性强，随着 2016—2017 年对诸多环境违法行为的
集中清理，2018 年处罚案件数实现下降。

表 3.15　2015—2018 年全国行政处罚案件数及罚款金额表

年　份	案件数（件）	处罚金额（万元）
2015 年	102 084	425 000
2016 年	166 210	663 270
2017 年	233 167	1 158 048.50
2018 年	124 706	1 359 692.97

资料来源：本表根据 2016—2018 年《中国环境年鉴》，2015—
2018 年《中国生态环境状况公报》由作者绘制。

（2）四类配套规制措施。为了方便分析比较，本书对查

封扣押、按日计罚、限产停产、环境违法移送措施四类环境
规制措施进行集中研究（以下简称"四类案件"）。2015 年
实施的《环境保护法》规定了按日计罚和查封扣押制度，大
大提高了环境规制的强制力。为进一步规范这些制度的实施，
原环境保护部 2014 年底对按日计罚、查封扣押、限产停产等
环境规制措施专门发布了相关配套实施办法，加强对这些措
施在实施中的规范和监督，切实打好保护生态环境的"组合
拳"。

第一，查封扣押。根据生态环境部公开的数据（见表
3.16），2016—2018 年全国范围内适用查封、扣押案件总数
呈稳步增长趋势。2016 年案件数最少，有 7413 件，到 2017
年增加了 122%，全国适用查封、扣押案件数达到了 16 429
件，后增速逐渐减缓。以 2018 年上半年数据和 2019 年上半
年公布数据推测，2019 年全国查封扣押案件数量较之 2018
年将会下降。这说明查封扣押制度实施已初见成效，对生态
环境保护起到积极推动作用。

表 3.16 2016—2019 年全国省级查封扣押案件情况表[1]（件）

	2016 年	2017 年	2018 年	2018 年 1—6 月	2019 年 1—6 月
北 京	228	663	808	230	430
天 津	27	124	221	87	41

---

〔1〕 数据说明：因官网公布的 2016 到 2018 年的数据均为各年 1—11 月的
数据，均未查询到各年 12 月份数据，为文章中比较研究的方便，暂将各年 1—
11 月案件数据视为全年数据。另外，截至作者行文时生态环境部公布至 2019 年
上半年数据，故作者专门统计了 2018 年上半年的数据整理比较。

续表

	2016 年	2017 年	2018 年	2018 年 1—6 月	2019 年 1—6 月
河　北	24	218	428	226	683
山　西	171	455	804	240	240
内蒙古	171	191	307	191	77
辽　宁	87	230	255	133	41
吉　林	19	224	273	167	38
黑龙江	23	237	243	177	61
上　海	51	166	137	58	66
江　苏	669	1541	2561	1541	900
浙　江	1161	2452	2031	863	159
安　徽	532	1681	2092	1059	616
福　建	1033	1553	2095	1005	550
江　西	181	283	345	214	74
山　东	264	407	119	66	209
河　南	619	252	652	413	506
湖　北	260	492	497	252	187
湖　南	92	420	354	165	104
广　东	1018	1963	2015	1076	687
广　西	18	142	498	387	97
海　南	14	17	55	39	6
重　庆	45	120	191	138	52
四　川	82	246	351	206	105
贵　州	53	129	99	45	25

续表

	2016 年	2017 年	2018 年	2018 年 1—6 月	2019 年 1—6 月
云 南	27	141	145	92	49
西 藏	0	0	0	0	0
陕 西	306	1227	1802	892	675
甘 肃	102	389	245	148	109
青 海	4	39	26	8	21
宁 夏	5	43	69	46	8
新 疆	124	331	182	47	24
新疆生产建设兵团	3	53	3	1	1
总 计	7413	16 429	19 903	10 212	6841

资料来源：本表根据生态环境部官网公布数据由作者绘制。

通过对以上数据进行分析（见图 3.8）发现，各地适用查封、扣押案件数量差异较大，其中浙江、江苏、广东、安徽、福建等地案件数量较大，几乎每年都排在全国前五名。而案件较少的地区为西藏、青海、海南、宁夏和新疆生产建设兵团。地区差异明显，案件数量多的地区多为经济较发达的沿海地区，企业数量较多，涉及环境违法行为也较多，相应的规制部门通过执法倒逼企业的创新转型。而欠发达区域的查封、扣押措施适用较少，一方面有可能地区环境质量本身较高，另一方面也可能这些地区考虑经济发展压力，环境规制动力不足导致。

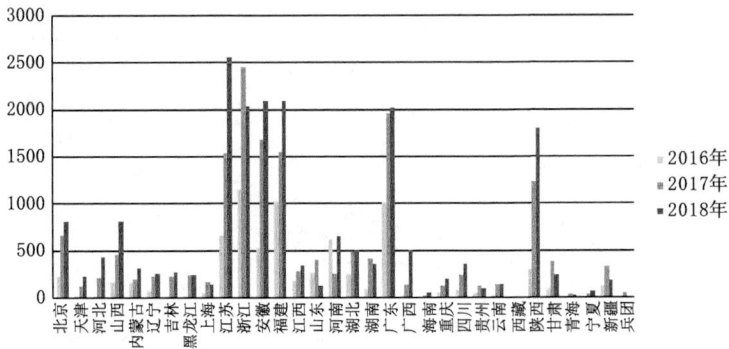

资料来源：本图根据表 3.16 由作者绘制。

图 3.8 2016—2018 年全国省级查封扣押案件情况图

第二，按日连续处罚，也称"按日计罚"。该制度是《环境保护法》新规定的环境规制措施，旨在对环境执法领域一直存在的"违法成本低，守法成本高"问题做出正面回应。通过提高违法成本来遏制企业的违法行为。按日计罚制度实施以来，取得显著效果。通过对生态环境部公布的各年数据进行统计分析（见表 3.17 ~ 表 3.18），如表 3.17 显示，2017 年全国各地适用按日计罚的案件数为 1046 件，与 2016 年同期相比，案件数量增长了 31%，罚款数额达到107 540.3 万元，比起 2016 年同期增长了 43.4%。再看 2017 年和 2018 年的全国适用按日计罚的案件数和处罚金额的增长情况，2018 年案件数量较之 2017 年降低了 34%，而罚款金额也相应减少，减少比例为 8.4%。

通过数据分析可以发现，按日计罚制度实施力度从 2015 年至 2017 年持续加强，罚款总额的变动趋势和案件数量的变动趋势一致。但无论是案件数量还是罚款总额从 2017 年开始都出现下降。再通过对生态环境部公布的 2019 年上半年的按日计罚的案件情况分析（见表 3.18），案件数为 150 件，罚款总额 19 440.37 万元，和 2018 年同期的数据（案件数为 420 件，罚款总额为 70 038.82 万元）相比较，不难估计，2019 年全年的全国适用按日计罚的案件数和罚款总额也会出现下滑，可见，该制度实施以来成效显著，逐渐从急剧增长到趋于稳定。

表 3.17　2016—2018 年全国省级按日计罚适用情况表[1]

	案件数（件）			处罚金额（万元）		
	2016 年	2017 年	2018 年	2016 年	2017 年	2018 年
北　京	4	4	6	90.25	43.59	2210
天　津	4	9	5	270.5108	1043.3	3136
河　北	16	16	106	3399.859	5710.29	25 550
山　西	40	50	47	2643.152	8163.3	1240.6
内蒙古	74	29	41	7086.92	4451.07	6930.03
辽　宁	73	100	19	11 093.58	20 547.67	4072.87
吉　林	29	34	19	2199.21	1707.93	5054.33
黑龙江	36	31	31	4077.511	13 428.54	7251.28
上　海	3	54	8	245	8138.8	2021.80
江　苏	109	101	49	4862.27	3514.47	10 242.66
浙　江	50	57	45	793.2675	2962.8	2697.49
安　徽	13	13	2	1483.084	916.47	509.00

---

〔1〕　数据说明同上。

续表

	案件数（件）			处罚金额（万元）		
	2016 年	2017 年	2018 年	2016 年	2017 年	2018 年
福　建	42	31	7	615. 3228	286. 27	14. 85
江　西	18	17	5	1772. 199	4011. 83	619. 81
山　东	44	29	30	3317. 781	5506. 67	4078. 71
河　南	47	23	21	12 962. 52	2741. 05	971. 03
湖　北	35	32	8	2077. 853	2441. 98	296. 56
湖　南	15	44	6	389. 8927	1101. 35	638. 66
广　东	43	84	82	10 058. 12	4924. 86	3609. 72
广　西	10	34	12	635. 9767	224. 94	1202. 99
海　南	2	20	4	1. 55171	793. 75	58. 3
重　庆	5	8	6	129	435. 15	999. 4
四　川	14	85	30	219. 2246	5126. 22	8385. 55
贵　州	11	14	5	232. 0149	1569. 96	400. 83
云　南	3	14	2	49	2588. 91	13. 3
西　藏	0	0	0	0	0	0
陕　西	12	66	75	373. 14	759. 61	923. 74
甘　肃	5	9	5	1161. 199	186. 59	1906. 01
青　海	6	12	0	657. 2644	1525. 65	0
宁　夏	3	10	6	218. 75	1534. 71	3103. 2
新　疆	25	14	9	1762. 096	917. 59	355. 52
新疆生产建设兵团	7	2	0	135. 3	235	0
总　计	798	1046	691	75 012. 82	107 540. 3	98 494. 26

资料来源：本表根据生态环境部官网公布数据由作者绘制。

表 3.18　2018 年和 2019 年上半年全国省级按日计罚适用情况表

	案件数（件）		处罚金额（万元）	
	2018 年上半年	2019 年上半年	2018 年上半年	2019 年上半年
北　京	2	0	970	0
天　津	2	0	338	0
河　北	87	27	21 055	1846
山　西	13	10	660.6	152
内蒙古	25	12	3256.43	2452
辽　宁	10	1	2873.87	1900
吉　林	16	5	4196	1235
黑龙江	21	5	6138.73	1266.09
上　海	4	2	1618	122.7
江　苏	34	9	8721.57	759
浙　江	31	3	932.78	475.9
安　徽	1	3	190	210
福　建	4	1	6.65	30
江　西	4	1	617.66	40
山　东	21	8	3349.28	1390
河　南	16	12	747.03	1716
湖　北	3	4	76.56	347
湖　南	5	0	518.66	0
广　东	47	14	1040.16	378.34
广　西	8	4	944.25	4438
海　南	2	1	78.22	210

续表

	案件数（件）		处罚金额（万元）	
	2018 年上半年	2019 年上半年	2018 年上半年	2019 年上半年
重　庆	0	4	0	140
四　川	20	3	6124.04	74
贵　州	0	3	0	140.5
云　南	1	0	7.3	0
西　藏	0	0	0	0
陕　西	29	15	246.14	68.03
甘　肃	5	0	1906.01	0
青　海	0	0	0	0
宁　夏	6	0	3104	0
新　疆	3	1	321.88	5
新疆生产建设兵团	0	2	0	44.8
总　计	420	150	70 038.82	19 440.37

资料来源：本表根据生态环境部官网公布数据由作者绘制。

经过分析发现（见图 3.9），2016—2018 年全国各省级按日计罚适用情况呈现较明显的地区差异，江苏、广东、辽宁、陕西等地各年无论是案件数量还是罚款金额都位于全国前列，尤其是江苏，案件数量每年都位居全国首位。而西藏、新疆生产建设兵团、云南等地的案件数量和罚款金额都位于全国末位，区域差异和增长趋势和前面分析的查封扣押制度的实施情况相似。此外，研究中发现，按日计罚制度的适用实践中存在较多问题，基层环境规制部门面临的压力仍然存在，特别是经济欠发达地区更为明显。而且，按日计罚制度本身的设计和适用范围也存在一些争议，比如，起算时间，连续处罚和单个案件处罚如何界定等问题，在以后的实施中还需进一步清晰界定。

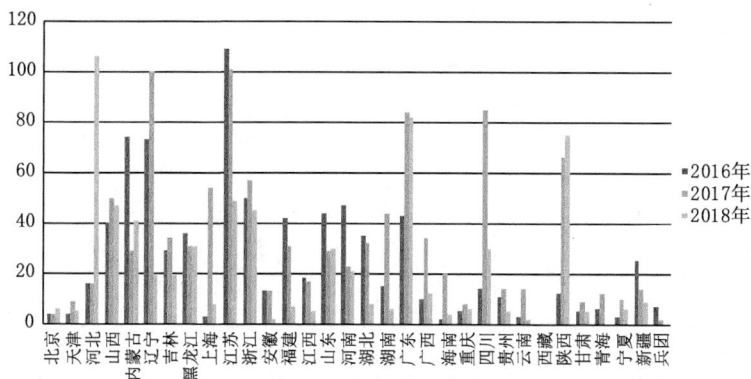

资料来源：本图根据生态环境部公布数据由作者绘制。

图 3.9 2016—2018 年全国按日计罚适用情况图

第三，限产停产。这一制度是指限制生产、停产整治。根据生态环境部公开的数据（见表 3.19）显示，2017 年全国各地区适用限产停产的案件总数为 7842 件，2016 年同期全国范围内实施限产停产的案件数量为 4410 件，增长了77.8%，执法力度明显加大。到 2018 年，案件数量出现下滑，下降了 21%，全国范围内案件总数为 6196 件。根据2019 年上半年数据和 2018 年同期数据分析，2019 年全国范围内适用限产停产的案件总数较之 2018 年会出现明显下降。整体而言，"十三五"期间生态环境规制力度加强，2016—

2017 年全国环境执法力度空前，尤其是 2017 年，达到峰值，从 2018 年开始，逐渐进入环境规制常态化。

表 3.19 2016—2019 年全国省级限产停产案件情况表[1] （件）

	2016 年	2017 年	2018 年	2018 年上半年	2019 年上半年
北 京	0	10	4	2	1
天 津	5	15	49	12	20
河 北	22	186	95	156	46
山 西	247	701	606	359	97
内蒙古	175	106	87	56	7
辽 宁	56	158	79	53	6
吉 林	26	333	138	60	8
黑龙江	52	107	132	97	20
上 海	14	26	9	1	6
江 苏	830	1079	1004	548	130
浙 江	304	315	203	88	19
安 徽	710	830	462	257	88
福 建	147	225	155	65	39
江 西	190	301	275	180	58
山 东	177	716	51	28	15
河 南	267	153	115	96	12
湖 北	195	130	222	147	26

---

〔1〕 数据说明同上。

续表

	2016 年	2017 年	2018 年	2018 年上半年	2019 年上半年
湖　南	83	201	183	121	16
广　东	269	275	365	201	80
广　西	52	203	310	205	74
海　南	0	6	13	3	3
重　庆	34	52	167	106	51
四　川	145	515	470	296	96
贵　州	21	95	78	44	19
云　南	39	119	138	72	46
西　藏	0	0	0	0	0
陕　西	110	472	499	194	130
甘　肃	156	218	135	87	62
青　海	4	16	8	3	2
宁　夏	31	88	62	46	20
新　疆	48	162	78	4	17
新疆生产建设兵团	1	29	4	2	0
总　计	4410	7842	6196	3589	1214

资料来源：本表根据生态环境部公布数据由作者绘制。

经过分析发现，近年来，全国范围内实施限产停产措施呈现出较大的地区差异（见图 3.10），说明地区之间有可能存在较大的环境规制差异，江苏、安徽、浙江、广东、山西

等适用限产停产措施的案件数量较多，案件总数几乎占当年
全国总数的 50% 左右。而西藏、北京、海南、青海、新疆生
产建设兵团等案件数量非常少，即使是 2017 年上述地区案件
总和都不足 100 件，2016 年和 2018 年，案件总数不足 50 件。
不难发现，该制度的实施程度与各地区的经济发展水平和经
济发展结构有很大的关系，适用案件数较多的地区多为经济
发展快且多依赖重工业的地区，因而产生污染物排放量较大，
适用限产停产的情形相对较多。而像新疆、海南、西藏等地，
因其区域特点，生态条件相对较好，加之经济欠发达，工业
水平落后，自然案件数量相对就少。但同时也不排除各地区
环境规制强度的差异。

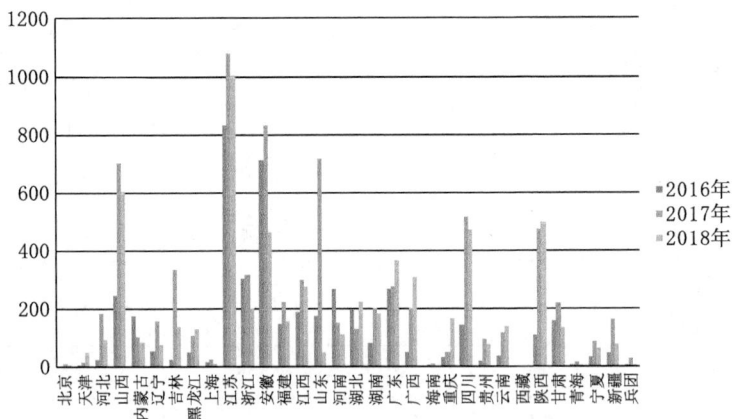

资料来源：本图根据生态环境部公布数据由作者绘制。

图 3.10　2016—2018 年全国省级限产停产实施情况图

第四，环境违法移送措施实施情况。环境污染方面的违
法行为，情节轻微的，可仅处以行政处罚，但对于涉嫌环境

犯罪的，根据相关法律法规，环保部门需将案件材料递交公安机关，对涉嫌犯罪的人调查追究刑事责任，从而为保护环境，保护公民生存健康提供保障。本部分分别对环境违法案件移送行政拘留和移送涉嫌环境污染犯罪案件进行讨论。环境规制部门和公安部门的衔接协作是惩处环境违法行为的又一重要措施。尤其是《环境保护法》实施以来，对环境规制部门移送公安机关的案件范围做了扩大，环境违法案件行政执法与刑事司法衔接（简称"行刑衔接"）逐渐被学界重视。自 2007 年《关于环境保护行政主管部门移送涉嫌环境犯罪案件的若干规定》发布以来，诸多法规、司法解释[1]均对环境违法的行刑衔接做了规定。

　　通过对生态环境部公开的环境违法案件移送行政拘留和移送涉嫌环境污染犯罪案件的数据进行统计分析（见表 3. 20～表 3. 21），表 3. 20 数据显示，2016 年全国移送行政拘留案件数为 3274 件，2017 年同期全国移送拘留的案件数增加了139%，达到 7827 件，到 2018 年案件数量有小幅下降，为 7145件；2016 年到 2018 年涉嫌犯罪移送公安机关的案件数量呈现快速增长后下降的趋势，整体而言，2016—2018 年全国移送行政拘留和涉嫌环境污染犯罪案件数量在 2017 年都实现最

----

　　[1]　2007 年，原国家环境保护总局、公安部、最高人民检察院就联合发布了《关于环境保护行政主管部门移送涉嫌环境犯罪案件的若干规定》（环法[2007] 78 号，现已失效）；2013 年，环境保护部、公安部发布《关于加强环境保护与公安部门执法衔接配合工作的意见》（环发 [2013] 126 号）；2014 年修订了《环境保护法》；2014 年，公安部、工业和信息化部、环境保护部等联合印发《行政主管部门移送适用行政拘留环境违法案件暂行办法》（公治 [2014] 853 号）；2017 年，环境保护部、公安部、最高人民检察院共同研究制定了《环境保护行政执法与刑事司法衔接工作办法》（环环监 [2017] 17 号）等。

大增长幅度（见图 3.11）。

表 3.20 2016—2018 年全国省级环境违法案件移送案件情况表[1]

	移送行政拘留案件（件）			移送涉嫌环境污染犯罪案件（件）		
	2016 年	2017 年	2018 年	2016 年	2017 年	2018 年
北　京	2	122	55	2	42	14
天　津	6	55	87	36	47	55
河　北	174	638	816	70	125	141
山　西	107	375	242	25	34	31
内蒙古	135	140	185	7	17	34
辽　宁	92	136	96	47	47	76
吉　林	51	130	142	6	7	9
黑龙江	22	23	78	1	5	28
上　海	5	18	21	24	62	35
江　苏	208	303	496	201	333	390
浙　江	505	676	383	392	465	220
安　徽	109	222	286	37	57	73
福　建	242	392	352	161	116	105
江　西	136	211	214	29	70	48
山　东	380	1322	558	161	270	167
河　南	112	848	661	55	92	95
湖　北	124	139	181	29	44	40
湖　南	166	477	381	45	65	64

[1] 数据说明同上。

续表

	移送行政拘留案件（件）			移送涉嫌环境污染 犯罪案件（件）		
	2016 年	2017 年	2018 年	2016 年	2017 年	2018 年
广　东	176	317	605	271	377	503
广　西	39	75	90	6	29	33
海　南	0	37	46	0	3	0
重　庆	65	80	179	49	35	74
四　川	111	473	308	18	66	44
贵　州	104	174	130	11	15	20
云　南	37	56	123	3	11	12
西　藏	0	0	0	0	0	0
陕　西	100	189	285	21	26	21
甘　肃	14	85	83	4	30	13
青　海	4	19	6	1	2	1
宁　夏	12	28	19	3	10	15
新　疆	36	52	33	8	15	6
新疆生产 建设兵团	0	15	4	2	6	0
总　计	3274	7827	7145	1725	2523	2367

资料来源：本表根据生态环境部公布数据由作者绘制。

2018 年和 2019 年上半年制度实施情况和前面几项措施变化趋势相类似，表 3.21 显示，2019 年上半年环境违法案件移送行政拘留和移送涉嫌环境污染犯罪的案件数量较之2018 年同期均出现下降。就全国而言，两类案件分别下降了

46.2%和52.8%，降幅明显；具体各地区而言，两类案件数量也基本是2019年较2018年同期出现下降。可见，经过几年严格的环境规制法律制度实施，环境规制各项制度的实施效果逐渐趋于稳定。

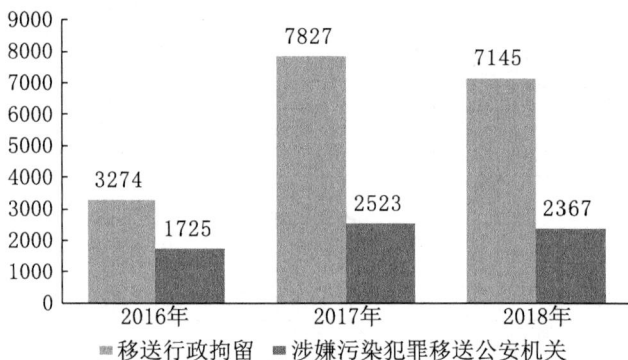

资料来源：本图根据生态环境部公布数据由作者绘制。

图3.11 2016—2018全国环境违法移送案件情况图

表3.21 2018年和2019年上半年全国省级环境违法案件移送案件情况表[1]

	移送行政拘留案件（件）		移送涉嫌环境污染犯罪案件（件）	
	2018年上半年	2019年上半年	2018年上半年	2019年上半年
北　京	31	21	8	5
天　津	28	20	28	9
河　北	352	277	84	40

---

[1] 数据说明同上。

续表

	移送行政拘留案件（件）		移送涉嫌环境污染犯罪案件（件）	
	2018 年上半年	2019 年上半年	2018 年上半年	2019 年上半年
山　西	79	69	19	7
内蒙古	113	24	16	4
辽　宁	35	40	54	19
吉　林	41	21	2	10
黑龙江	40	18	13	5
上　海	8	6	22	15
江　苏	268	110	263	105
浙　江	230	74	142	32
安　徽	120	91	37	8
福　建	180	93	48	30
江　西	128	64	35	16
山　东	285	232	81	50
河　南	474	128	64	32
湖　北	93	40	25	19
湖　南	225	88	38	19
广　东	299	176	256	183
广　西	52	23	31	11
海　南	26	12	0	3
重　庆	121	40	50	23

续表

	移送行政拘留案件（件）		移送涉嫌环境污染犯罪案件（件）	
	2018 年上半年	2019 年上半年	2018 年上半年	2019 年上半年
四　川	159	121	21	7
贵　州	61	22	10	1
云　南	55	41	8	3
西　藏	0	0	0	0
陕　西	131	114	16	3
甘　肃	41	17	10	3
青　海	6	1	0	1
宁　夏	13	5	0	0
新　疆	4	6	2	0
新疆生产建设兵团	1	4	0	0
总　计	3699	1998	1383	663

资料来源：本表根据生态环境部公布数据由作者绘制。

分区域而言，全国环境违法案件移送情况呈现较明显的地区差异。根据图 3.12 数据显示，移送拘留案件排名靠前的为浙江、山东、广东、江苏、河北、河南。这些地区各年的移送拘留案件数量都明显高于其他地区，而西藏、青海、上海、新疆生产建设兵团、海南等的移送拘留案件数量明显较少，尤其是西藏、海南，有的年份甚至出现零移送。针对移送涉嫌环境污染犯罪案件数量（图 3.13），区域规制差异相似，浙江、山东、广东、江苏、河北等数量突出，海南、西藏、青海、黑龙江、新疆生产建设兵团移送案件数量较少。环境违法案件移送措施执行的两类案件区域间执行情况相似，均呈现明显区域差异。

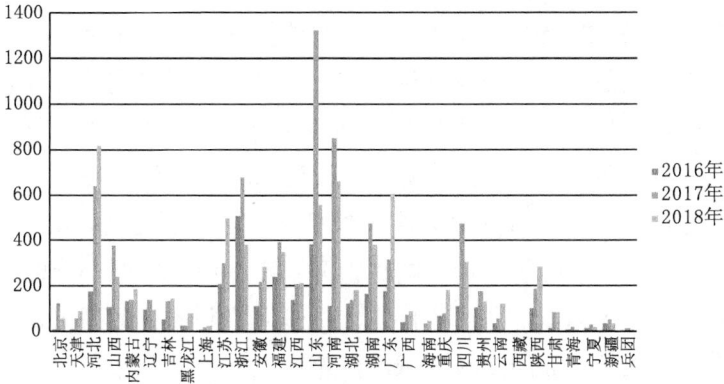

资料来源：本图根据生态环境部公布数据由作者绘制。

图 3.12　2016—2018 年全国省级移送拘留案件实施情况图

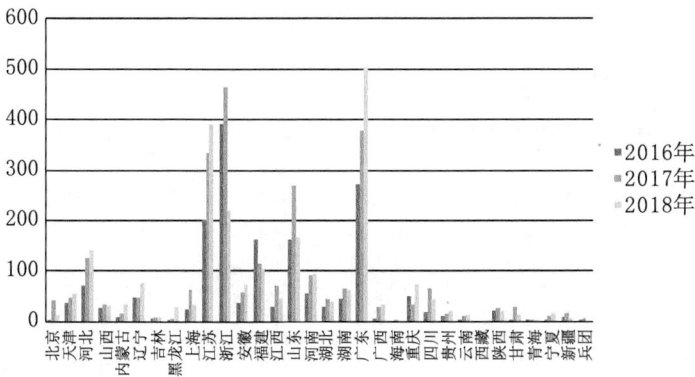

资料来源：本图根据生态环境部公布数据由作者绘制。

图 3.13　2016—2018 年全国省级移送涉嫌环境污染犯罪案件实施情况图

综上分析，四类案件是《环境保护法》规定的进行环境规制的主要法律制度，对环境违法行为惩治具有重要作用，生态环境部还专门颁布了四项配套办法，针对各项环境规制措施的具体适用情形和程序做了详细规定。根据之前的数据分析，四类案件得到较好的实施，全国范围内环境执法力度持续加强，2016—2017 年，各类案件数量得到大幅增加，执法力度空前。从 2018 年开始，各项环境规制措施实施力度逐步减弱，趋于稳定。根据 2016—2018 年全国四类案件执行情况分析（见图 3.14），四类案件数量基本呈现先上升后下降的趋势，但查封扣押类案件数量呈现直线上升趋势，而且，在各年四类案件执行中，查封扣押制度适用最为广泛。以案件数量最多的 2017 年为例（图 3.15），查封扣押适用数量最多，占案件总数的 46%，限产、停产案件数量和移送行政拘留案件数量相同，均占当年案件总数的 22%，再者是按日计罚，案件数量占比 7%，最后是涉嫌污染犯罪移送公安机关类，只占案件总数的 3%。

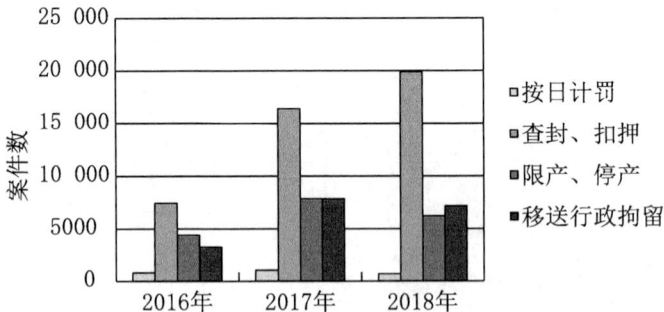

资料来源：本图根据生态环境部公布数据由作者绘制。

图 3.14　2016—2018 年全国四类案件执行情况图

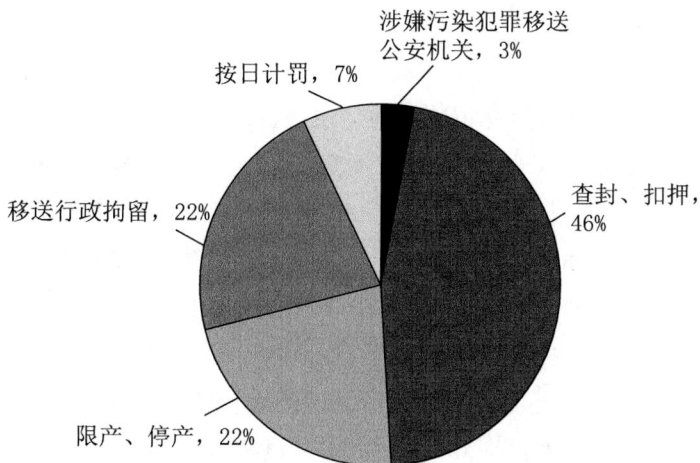

资料来源：本图根据生态环境部公布数据由作者绘制。

图 3.15　2017 年全国四类案件数量占比图

此外，四类案件环境执法效果的地域性差异较大，而且地区差异基本表现一致，江苏、浙江、广东、山东、安徽等经济发达地区，环境规制力度较大，四类案件数量突出，而西藏、海南、青海、新疆等地区，因经济发展、资源禀赋等原因，四类案件数量较少。可见，调整产业结构，转变经济发展方式，完善环境规制相关法律制度的实施细则，强化基层环境规制法律制度的有效实施，对提升环境规制效果具有重要作用。

（三）我国环境规制法律制度司法保障现状

1. 人民法院的环境规制职能

法的生命在于实施，环境规制法律制度的实施重点在于执法和司法。党的十八大以来，在生态环境保护力度日渐加强的背景下，法院部门加强环境司法专门化，设立专门的审判机构，针对环境诉讼的业务性、技术性、涉及学科和领域较广等特点，不断加强培养专门的审判队伍，完善环境资源司法专门化。

第一，环境资源审判机构建设。贵州省清镇市 2007 年设立我国首个环保法庭（2017 年 8 月更名为"环境资源审判庭"），开启了环境司法专门化的新篇章。截至 2019 年 6 月，清镇市环境资源审判庭共受理各类环境案件 2205 件，其中刑事案件 840 件、民事案件 407 件、行政案件 142 件、行政非诉案件 470 件、执行案件 346 件，已审结 2174 件[1]。2014 年 6 月，最高人民法院设立了环境资源审判庭，之后全国各级法院逐渐加强环境资源审判机构建设，纷纷建立专门的审判庭，没有条件的法院也指定了专门的合议庭负责该类案件的业务指导。目前全国各高级人民法院中，共 23 家设立了环境资源审判庭。据最高人民法院发布的数据，截至 2019 年 6 月，全国共有环境资源审判机构 1201 个[2]。如图 3.16 所示，2014—2019 年，全国设立专门环境资源审判机构数量持续增加，2018 年达到峰值，一共有 1271 个。2019 年机构数量有所下滑，原因是全国整体进行司法体制改革，有效配置了司法审判资源。从图 3.17 可以看出，2019 年全国环境资源审判机构中，合议庭占比最大，达到 65%，数量为 779 个，而巡回法庭只有 70 个，占环境资源审判机构总数的 6%，审判庭数量为 352 个，占比 29%。目前全国针对重点区域、重

---

[1] 黄娴：《贵州清镇市先行先试环境公益诉讼司法呵护绿水青山》，载《人民日报》2019 年 10 月 7 日，第 4 版。

[2] 《全国法院五年审结环资一审案件过百万》，载中华人民共和国最高人民法院官网，http://courtapp.chinacourt.org/zixun - xiangqing - 174132.html，最后访问日期：2021 年 10 月 8 日。

点流域要求环境资源审判专门机构全覆盖，在京津冀、长三角以及福建、贵州、江西、海南等国家生态文明试验区要求实现环境资源审判专门机构体系化，全面推进环境资源审判专门化。

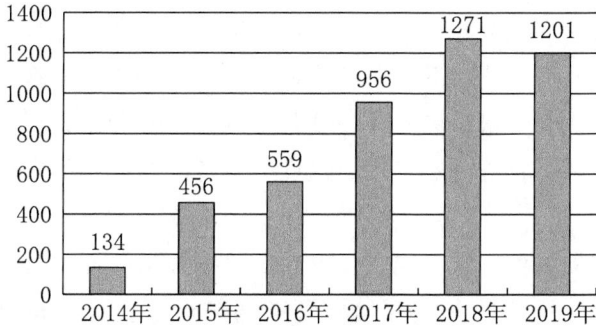

资料来源：根据最高人民法院公布数据由作者绘制。

图 3.16　2014—2019 年全国环境资源审判机构数量图

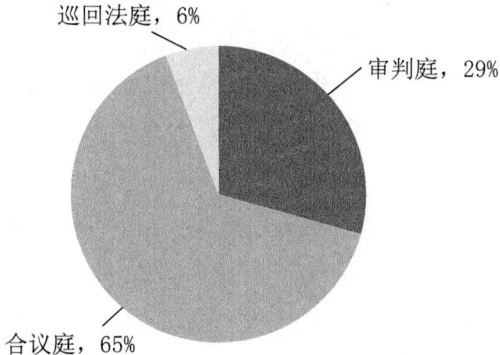

资料来源：根据最高人民法院公布数据由作者绘制。

图 3.17　2019 年环境资源审判机构类型图

第二，环境资源司法案件审判情况。最高人民法院 2014

年6月成立环资庭以来，三次发布环境资源审判白皮书[1]，对各年的环境资源司法审判进行阶段性总结，将各阶段人民法院的司法审判成效向社会公布。

环境资源类案件基本可以分为两大类：普通环境资源类案件和环境公益诉讼案件。其中，普通环境资源类案件又可分为民事环境资源案件、刑事环境资源案件和行政环境资源案件；而环境公益诉讼案件依据提起诉讼的主体不同，又可以分为由社会组织提起的环境公益诉讼案件和由人民检察院提起的环境公益诉讼案件。白皮书对各阶段的各类案件分别进行统计。

本书根据三次白皮书公布数据对我国2014年6月至2019年6月各阶段的各类环境资源案件进行了统计分析（见表3.22）。每期白皮书公布的案件时间段不同，《中国环境资源审判（2014—2016）》公布的案件时间段是2014年1月至2016年6月；《中国环境资源审判（2016—2017）》公布的则是2016年7月至2017年6月案件数量；《中国环境资源审判（2017—2018）》专门做了时间跨度调整，公布的数据为2017年7月至2018年12月的环境资源审判工作内容，这样方便以后公布的白皮书按年度进行统计、梳理和总结，也更符合审判规律、更有利于统计研究。此外，最高人民法院2019年7月30日召开了环境资源审判庭成立五周年发布会，并就最高人民法院成立环境资源审判庭五周年工作情况进行通报。

---

〔1〕 分别是2016年7月发布《中国环境资源审判（2014—2016）》；2017年7月发布《中国环境资源审判（2016—2017）》；2019年3月2日发布《中国环境资源审判（2017—2018）》。

表 3.22　2014—2019 年各阶段环境资源类案件审理情况表

时间阶段	环境资源民事类案件		环境资源刑事类案件		环境资源行政类案件		由社会组织提起的环境公益诉讼		由检察院提起的环境公益诉讼		生态环境损害赔偿案件	
	受理	审结	受理	审结	受理	审结	受理	审结	受理	审结	受理	审结
2014.1—2016.6	–	195 141	–	37 216	–	57 738	937	–	21	–	–	–
2016.7—2017.6	187 753	151 152	16 373	13 895	39 746	29 232	57	13	791	381	3	1
2017	177 501	181 265	22 729	22 637	39 342	40 511	58	28	1304	975	–	–
2018	192 008	182 691	26 481	25 623	42 235	41 725	65	16	1737	1252	20	8
2014.6—2019.6	776 658	743 250	113 379	108 446	191 074	179 747	298	119	3964	2796	30	25

资料来源：本表根据各期《中国环境资源审判》（白皮书）数据由作者绘制。

通过表 3.22 不难看出，随着最严密的法律制度实施，生态环境保护工作不断加强，2014—2016 年我国环境资源审判工作稳步推进，各类环境资源类案件数量持续增长。为方便比较，以 2017 年和 2018 年的案件数量为例，2018 年全国法院共受理各类环境资源民事类一审案件 192 008 件，比 2017 年同期增加 14 507 件，增长率为 8.17%，案件审结数为 182 691 件，比 2017 年同期增加 1426 件，上升 0.79%；2018 年全国法院共受理各类环境资源刑事类一审案件 26 481 件，比 2017 年同期增加 3752 件，增长率为 16.51%，案件审结数为 25 623 件，比 2017 年同期增加 2986 件，上升了 13.19%；环境资源行政类案件，2018 年全国法院共受理各类环境资源行政一审案件 42 235 件，比 2017 年同期增加 2893 件，增长率为 7. 35%，案件审结数为 41 725 件，比 2017 年同期增加了 1214 件，上升了 3%。环境公益诉讼案件，2017 年和 2018 年，人民检察院提起的环境公益诉讼案件较之 2016 年实现了井喷式增长。近年来，环境司法的专门化和专业化不断发展完善，审判队伍的逐渐加强，我国环境资源司法审判进入快车道。此外，自 2015 年底生态环境损害赔偿诉讼试点开展以来，全国生态环境损害赔偿诉讼案件也不断增多。截至 2019 年 6 月，全国各法院共受理省、市政府提起的生态环境损害赔偿诉讼案件 30 件，审结 25 件，依法保障生态环境损害赔偿制度改革的全面试行。

此外，本书还对 2016 年公布的 203 份环境行政判决文书进行搜集分析（见表 3. 23），发现基层环境规制部门是环境行政案件中的主要被告，近 50% 的被告均是县级环境保护局，说明环境规制部门在实际履职中其合法性和合理性有待考证。地区而言，203 份判决书中，广东的最多，达 55 份，占判决书总数的 27%，江苏、浙江、河南、山东、安徽等地判决书数量也相对较多，这与之前分析的环境类行政处罚案件和《环境保护法》四类案件区域分布特征相符。

表 3. 23　2016 年环境行政案件判决书情况表

被　告	判决书数量	占　比
环境保护部	1 份	0. 49%
省环境保护厅	23 份（其中省环保厅与省政府共同被告 1 份；省环保厅与市环保局共同被告 11 份）	11. 33%

续表

被　告	判决书数量	占　比
市环保局	78 份（其中市环保局与市政府共同被告 9 份；市环保局与县环保局共同被告 14 份）	38.42%
县环保局	101 份（其中县环保局与县政府共同被告 14 份）	49.75%
合　计	203 份	100%

数据来源：本表根据中国裁判文书网公布判决由作者绘制。

　　第三，典型案例的发布。2010 年 11 月 26 日，最高人民法院印发了《关于案例指导工作的规定》，2015 年 5 月印发了《〈最高人民法院关于案例指导工作的规定〉实施细则》，对指导性案例在司法审判中的指导价值给予规定。自 2011 年 12 月 20 日发布第一批指导性案例以来，最高人民法院陆续公布了 24 批共 139 个指导性案例。其中，2020 年 1 月发布的第 24 批指导性案例是生态环境保护专题，包含最高人民法院从 100 多件涉生态环境保护案例中遴选出来的 13 个具有指导价值的案例。而且，近年来最高人民法院还陆续公布了 15 批共 135 起典型环境案例[1]。通过指导性案例和典型案例的发布，弥补环境规制法律司法审判的不足，可以增强司法能动性。在我国目前尚未形成专门的环境案件审理机制的前提下，充分发挥典型环境案例对环境审判工作的指导适用作用，能够作为指导性案例的补充协调。近年来公布的环境资源类典

---

　　[1]　《最高法：五年来先后发布 15 批 135 个环境资源典型案例》，载中国环境网，https://www.cenews.com.cn/legal/201907/t20190730_903337.html，最后访问日期：2021 年 10 月 8 日。

型案例增多，发布机制逐步完善。在诉讼类型上，既有侵犯特定对象环境资源权益的私益诉讼，也有为生态环境公共利益而引发的公益诉讼，还有生态环境损害赔偿类诉讼；既有环境民事诉讼，也有环境刑事诉讼和环境行政诉讼；涉及领域，涵盖了大气、土壤、矿产、水、渔业、林业等诸多环境要素领域，还有专门针对京津冀、长江经济带等区域性生态环境规制方面。

指导性案例和典型案例的发布，一方面向社会公众集中公布了我国在环境资源诉讼方面具有代表性和示范性的案件审理情况；另一方面，对于法院在以后相关案例的立案、受理、审判等工作起到指导作用，对完善环境资源案件审理规则、充分发挥司法能动性和引导性具有重要意义，从而提升统一我国司法机关环境资源类案件裁判规范，更好地保障生态环境公益与私益，推动绿色司法发展。

2. 检察机关的环境规制职能

近年来，检察机关在环境资源司法中的作用越来越明显。2018 年以来，最高人民检察院先后出台了《关于加强协作推进行政公益诉讼促进法治国土建设的意见》《关于充分发挥检察职能为打好"三大攻坚战"提供司法保障的意见》《关于在检察公益诉讼中加强协作配合依法打好污染防治攻坚战的意见》和《关于充分发挥检察职能作用助力打好污染防治攻坚战的通知》等规范性文件，不断推进检察机关在环境规制中的作用。2019 年 2 月 14 日，国务院新闻办公室举行新闻发布会，公布了我国生态环境检察工作情况。2019 年初，最高人民检察院正式组建第八检察厅，具体负责承办公益诉讼检察业务。根据法律规定，检察机关负责涉及生态环境和资源保护的民事公益诉讼和行政公益诉讼案件。目前，我国诸多省份的检察机关均成立了专门的生态环境检察处（局）、生态环境保护检察科或者检察机关驻环保局的工作处等机构。检察机关作为国家法律监督机关，在促进生态文明建设和生态环境治理改善中起着积极重要的作用。

据最高人民检察院发布数据显示（见图 3.18），2018年，全国检察机关共立案办理自然资源和生态环境类案件59 312件，在刑事领域，共批准逮捕涉嫌破坏环境资源保护罪9470件，起诉26 287件。经检察机关建议，行政执法机关共移送涉嫌破坏环境资源保护犯罪案件3550件，监督公安机关立案涉嫌污染环境犯罪案件3140件，提起相关民事公益诉讼和刑事附带民事公益诉讼1732件[1]。从图 3.18可以看出，在环境规制领域，检察院积极发挥检察职能，提起环境类诉讼的案件范围越来越大，占检察院全年环境司法业务的60%，检察院提起环境类案件的增加对最大限度保障社会公共利益具有重大意义。"公益诉讼"是近年来检察院的高频词，2018年由检察机关提起的公益诉讼仅占比4%，检察院在环境公益诉讼中的作用越来越明显，而且，从表 3.17可以看出，检察院的检察监督权得到有效保障。2018年监督公安机关立案达到3140件，占比7%。检察机关检察监督职责的有效行使，对环境规制法律制度的实施起到监督作用，进而有效提升环境规制效果。

---

〔1〕《国新办举行中国生态环境检察工作新闻发布会（直播实录）》，载中华人民共和国最高人民检察院官网，https://www.spp.gov.cn/spp/tt/201902/t20190214_408034.shtml，最后访问日期：2021年10月8日。

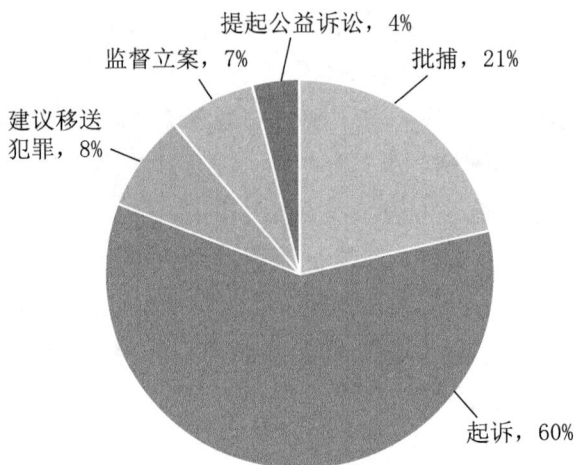

资料来源：根据最高人民检察院公布数据由作者绘制。

图 3.18   2018 年检察院生态环境检察成果图

在生态文明建设环境司法专门化的指导下，检察机关在环境规制工作中职责越来越明确，作用越来越突出，环境检察的专门化趋势日趋增强。应当充分发挥检察机关的作用，加快环境检察专门化体系建设。此外，还要加强检察院环境司法职能的拓展，不断完善检察公益诉讼制度，加强检察机关与行政部门、司法审判部门的协作，打好环境规制的"组合拳"，着力推动建立跨行政区域生态环境保护行政公益诉讼等工作机制，为深入推进生态文明建设提供有力司法保障，提升环境规制整体效果。

三、小结

本章主要对我国环境规制法律制度的历史演变和制度实施现状进行梳理分析。我国的环境规制法律制度经历了起步—发展—成熟—深化四个阶段，其演变与政治经济的发展变革紧密相关，环境规制法律制度实现了从无到有，从单一到混合，从以污染防治为主到生态资源和环境保护综合治理，环境规制体制也逐渐由集权到分权再到综合执法，环境规制理念从人本主义到人与自然和谐发展。生态就是经济，生态优势就是经济优势。环境问题的市场失灵和政府失灵最终要依据法律制度来干预和规范，科学有效的环境规制法律制度是推进我国生态环境治理体系和治理能力现代化建设的重要保障。

当前我国环境规制法律制度设计基本合理，基本形成国家强力推动、地方积极回应的规制合力，整体生态环境质量改善明显。但同时也有一些不足和困境，如在环境规制管理制度建设、环境信息公开、环境影响评价、公众参与以及环境规制措施的运用等制度的实施中仍存在问题，这与环境规制管理体制不完善，环境规制法律制度的建立和实施中经济性因素考量不足等密切关联，急需对我国环境规制法律制度整合提质，实现环境规制法律制度的有效供给和实施。

通过第三章对我国环境规制法律制度发展沿革和实施现状的调研、统计、梳理，发现受社会经济发展、制度缺陷和规制者的有限理性等因素影响，当前我国环境规制法律制度仍然面临诸多困境。本章主要对我国环境规制法律制度实施情况进行定性规范分析，试图通过构建企业之间策略选择博弈模型、规制机构和被规制企业的博弈模型来深入分析市场失灵的博弈体现、政府实施环境规制的必要性以及政府失灵在现实博弈中的反映等，论证和解释市场失灵在各方环境规制利益主体之间博弈体现；在没有政府环境规制的情形下，单纯依靠市场调节机制能否使企业主动选择节能减排的策略？政府的环境规制能否影响企业的行为决策，从而对环境治理有助力？用模型检验政府环境规制法律制度的制定、实施、监管成本以及社会对政府环境规制的关注程度对企业的策略选择的影响，进而对我国环境规制法律制度的现实困境进行检视，从而寻找更有力的证据来规范和完善环境规制法律制度体系。

一、环境规制法律制度的博弈分析

（一）不同主体策略选择对环境规制的影响

环境规制主要源于环境问题产生的复杂性和经济社会发

展的必然性，环境规制实质是多方利益主体相互博弈的过程。环境规制中涉及政府、规制部门、企业、社会公众等多方利益相关主体（如图4.1），由于各方所掌握的信息不同，利益追求不同，不同环境规制情形下，各方策略选择也不尽相同。环境规制法律制度制定和实施过程中，会存在各利益相关人策略博弈的问题，环境规制的各方主体因各自追求利益不同，故在博弈中的策略选择直接影响环境规制的效率。因而，在制定环境规制法律制度时，要充分考虑各相关方的策略选择，提高环境规制效率，进而提升社会福利，实现各方主体的良性博弈。

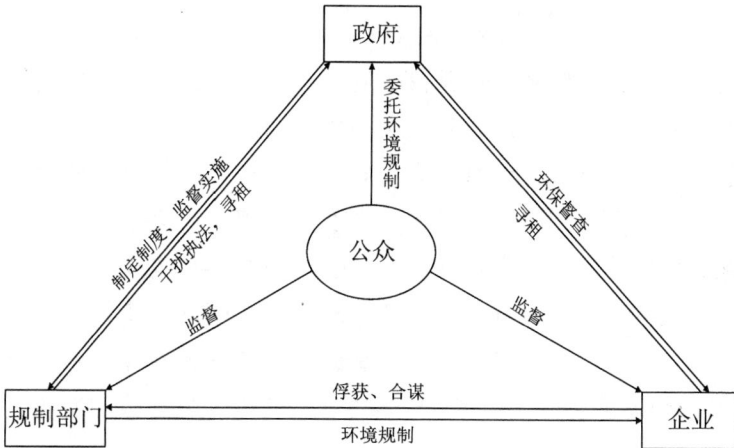

资料来源：本图由作者绘制。

图4.1 环境规制相关利益主体关系图

根据第二章政府失灵部分相关理论，环境规制博弈中各相关主体的不同策略选择对环境规制产生不同的影响：其一，政府和规制部门的策略影响。环境规制法律制度由政府制定并监督实施，但是政府并不是环境规制法律制度具体的实施和执行主体，专业知识的缺失和实践执行参与的不到位，难免出现信息不对称的问题。同时，政府作为政治、经济、社会发展的综合承载体，要考虑诸多因素，不可避免地出现为经济利益而降低环境规制标准和处罚力度，甚至妨碍规制部门执法的情形。而规制部门作为信息优势方，也不排除会为政治晋升的利益与政府发生"零和"和"寻租"的现象，引发不同程度的规制失灵，降低环境规制效率。其二，规制部门和企业的策略影响。二者是环境规制中最直接的博弈主体，规制部门负责具体环境规制法律制度的实施，企业接受规制部门的监管。但由于现实中双方信息不对称以及规制部门的种种劣势，可能会导致规制部门和排污企业的规制俘获，出现"合谋"，影响环境规制质量。其三，社会公众策略选择的影响。一直以来社会公众在环境规制领域不受重视，作为监督主体，社会公众对政府、规制部门和企业都具有监督作用，近年来，伴随着公众参与制度的完善，社会公众在环境规制领域的参与程度日渐加深。公众是否参环境规制以及参与的成熟度直接影响双方博弈策略选择，因此，要加强政府对公众参与的引导和激励，提高公众参与积极性和成熟度以提高环境规制效率，同时发挥其对各种环境规制法律制度实施的监督作用。

（二）环境规制对企业环境行为策略的影响

第二章基础理论部分提到，环境规制是基于市场失灵产生的。在政府不参与规制时，单纯依靠市场调节机制能否促使企业主动选择节能减排策略，政府的环境规制的约束能否真的对环境治理有助力？本书将通过构建企业之间策略选择博弈模型来试图寻找更有力的证据。

假设市场上有两个生产相同产品的企业，记为甲企业和乙企业，产量分别为 q_1，q_2，两个企业的成本分别为 $C_1 = aq_1$，$C_2 = aq_2$，假设两企业均无固定成本，市场产量 $Q = q_1 + q_2$，市场价格 $p = t - Q$，两个企业的收益分别记为 r_1，r_2。如果企业要采取节能减排措施，则企业成本变为 $C_3 = a_0 q_1$，$C_4 = a_0 q_2$，（$a_0 > a$），那么在政府不采取任何环境规制措施的情形下，构建两企业的策略选择收益矩阵（图4.2）。以策略组合（任意排放，节能减排）为例计算各自的收益情况：

$$r_1 = p \times q_1 - c_1 = [t - (q_1 + q_2)] \times q_1 - aq_1$$
$$= (t - q_2 - a) q_1 - q_1^2 \tag{4.1}$$

$$r_2 = p \times q_2 - c_4 = [t - (q_1 + q_2)] \times q_2 - a_0 q_2$$
$$= (t - q_1 - a_0) q_2 - q_2^2 \tag{4.2}$$

各企业均以收益最大化为目标，根据拉格朗日定理分别对（4.1）与（4.2）两式对 q_1，q_2 求导，得出实现收益最大化时各自产量：

$$q_1 = \frac{t + a_0 - 2a}{3},$$

$$q_2 = \frac{t + a - 2a_0}{3} \tag{4.3}$$

此时，$r_1 = \dfrac{(t - 2a + a_0)^2}{9}$，$r_2 = \dfrac{(t - 2a_0 + a)^2}{9}$。

同理，计算出其余策略组合时两个企业的收益情况，构建收益矩阵见图4.2。

乙

	任意排放	节能减排
甲　任意排放	$(\dfrac{(t-a)^2}{9}, \dfrac{(t-a)^2}{9})$	$(\dfrac{(t-2a+a_0)^2}{9}, \dfrac{(t-2a_0+a)^2}{9})$
甲　节能减排	$(\dfrac{(t-2a_0+a)^2}{9}, \dfrac{(t-2a+a_0)^2}{9})$	$(\dfrac{(t-a_0)^2}{9}, \dfrac{(t-a_0)^2}{9})$

资料来源：本图根据收益情况由作者绘制。

图 4.2　无环境规制时企业收益矩阵图

利用完全信息的静态博弈分析方法，在政府不采取任何环境规制措施的情形下，企业以追求收益最大化为目标，此时的纳什均衡解为（任意排放，任意排放）。两个企业均实现了收益最大 $r_1 = r_2 = \dfrac{(t-a)^2}{9}$，以及产量最大 $q_1 = q_2 = \dfrac{t-a}{3}$。此时，没有政府环境规制的约束，单纯依靠市场调节机制，企业一定不会采取任何环境保护措施和技术，即出现了市场调节机制在环境保护上的失灵，亦说明政府进行环境规制的必要性。

将政府环境规制约束纳入模型分析。假设政府采取环境规制措施，严格规定企业的排污量，实行排污收费制度，对企业征收排污费 A，则两个企业的收益矩阵将发生变化（见图4.3）。

乙

	任意排放	节能减排
甲　任意排放	$(\dfrac{(t-a)^2}{9}-A, \dfrac{(t-a)^2}{9}-A)$	$(\dfrac{(t-2a+a_0)^2}{9}-A, \dfrac{(t-2a_0+a)^2}{9})$
甲　节能减排	$(\dfrac{(t-2a_0+a)^2}{9}, \dfrac{(t-2a+a_0)^2}{9}-A)$	$(\dfrac{(t-a_0)^2}{9}, \dfrac{(t-a_0)^2}{9})$

资料来源：本图根据收益情况由作者绘制。

图 4.3　实施环境规制时企业收益矩阵图

利用完全信息静态博弈的纳什均衡理论求解，当排污费 $A>\dfrac{4}{9}$（a_0-t）（a-a_0）时，图4.3中的博弈矩阵得到唯一的纳什均衡解（节能减排，节能减排），收益情况为（$\dfrac{(t-a_0)^2}{9}$，$\dfrac{(t-a_0)^2}{9}$）。此时，企业为了获得更多的收益，会千方百计加强环境保护设施开发，减少节能减排成本。这说明应该适当提高对排污费的征收标准，以刺激和倒逼企业履行环境治理义务。但同时也需要考虑如果规制标准制定过高会给企业造成过大压力，影响产业绩效。当排污费 $A<\dfrac{4}{9}$（a_0-t）（a-a_0）时，图4.3中的博弈矩阵得到唯一的纳什均衡解（任意排放，任意排放），此时政府规制无效。

由此说明从长期收益而言，政府实施环境规制不仅有利于生态环境的保护，也有利于激励企业更新技术，加强创新，节能减排，提高产业绩效。但同时，也要合理设置政府环境规制制度，避免产生政府环境规制无效的情形。而且各项环境规制法律制度的设置要充分考虑市场因素，如上述模型中，排污费的确定和市场价格因素以及企业节能减排成本因素 a，a_0密切相关。

（三）规制俘获对环境规制效果的影响

1. 无规制俘获下的博弈分析

假设企业在博弈模型中的策略选择为任意排放和节能减排，当企业选择节能减排时，因为要运行环保设施，企业成本会增加。将环保设施运行成本记为 a_0，如果选择任意排放，则会节省采用节能减排设备等相关费用，收益增加 a_0（可以认为企业选择任意排放获得的额外收益）。环境规制部门在博弈模型中策略选择为（严格规制，放松规制），当规制部门严格规制时，产生规制成本 c，因为环境规制使环境变好，也可能获得嘉奖、好声誉等记为 k；选择放松规制，则规制部门可能会受到政府惩罚及声誉受损等记为-k。假设企业的生产收益记为 r，若企业任意排放，被规制部门严格规制制裁，会面临罚款等处罚，损失记为 A。其中，r>0，a_0>0，k>0，c>0。当企业选择任意排放时，可以获得 a_0 的额外收益，如果此时规制部门严格规制，企业必须承担因任意排放产生的被处罚损失 A，则企业的收益为 $r+a_0-A$；如果规制部门放松规制，企业逃脱规制惩罚，收益即为 $r+a_0$；当企业选择增加排污处理设备、节能减排时，无论规制部门是否严格规制，其收益均为 $r-a_0$。

接下来讨论规制部门不同决策选择的收益，当规制部门选择对企业进行严格规制，会产生规制成本 c，如果企业任意排污，规制部门因实施严格环境规制获得正效用，收益为 k-c，如果企业采用节能减排，规制部门所获得的收益则为 -c；当规制部门选择放松规制时，减少了规制成本 c 的支出，如果企业任意排污，规制部门会收到负效用-k，如果企业自身采用节能减排，则规制部门的收益为 0。得到规制部门和企业的收益矩阵见图 4.4。

规制部门

	严格规制	放松规制
任意排放	$(r+a_0-A,\ k-c)$	$(r+a_0,\ -k)$
节能减排	$(r-a_0,\ -c)$	$(r-a_0,\ 0)$

企业

图 4.4 规制部门与企业的收益矩阵图

由于规制部门和被规制企业之间的信息不对称，双方不可能完全了解对方的策略选择，因而构成混合策略博弈。假设企业采用任意排放策略的概率为 p，则采用节能减排策略的概率为 1-p；假设规制部门严格规制的概率记为 q，则放松规制的概率为 1-q。根据混合策略模型纳什均衡求解方法，图 4.4 的博弈矩阵中可以计算出企业的收益 U_1 和规制部门的收益 U_2：

$$U_1 = pq\ (r+a_0-A)\ +p\ (1-q)\ (r+a_0)\ +\ (1-p)\ (1-q)$$
$$(r-a_0)\ +\ (1-p)\ q_1\ (r-a_0)$$
$$=\ (2a_0-qA)\ p+r-a_0$$

企业期望收益最大化的条件是：

$$\frac{\partial U_1}{\partial p} = 2a_0-qA = 0$$

$$得\ q^* = \frac{2a_0}{A}$$

同理，规制部门的收益为：

$$U_2 = qp（k-c）+p（1-q）（-k）+（1-p）q（-c）+$$
$$（1-p）（1-q）0$$
$$=（2qk-c）q-pk$$

规制部门期望收益最大化的条件是：

$$\frac{\partial U_2}{\partial q} = 2pk-c = 0$$

$$得\ p^* = \frac{c}{2k}$$

因而，可以得到，该模型的混合策略均衡是：

$$p^* = \frac{c}{2k}$$

$$q^* = \frac{2a_0}{A}$$

即企业以 $1-\dfrac{c}{2k}$ 的概率选择节能减排，而规制部门以 $1-$ $\dfrac{2a_0}{A}$ 的概率放松监管。则该博弈的混合战略纳什均衡为：（r- a_0，$-\dfrac{c}{2}$）。从 p 解来看，政府规制成本越高，企业越有可能选择任意排放策略，而社会对政府的关注度越高，则越会降低企业任意排放的可能性，对规制部门的激励作用能够明显促进企业选择节能减排的策略。同时，政府的规制成本应当尽量降低，才有益于提高社会整体效益。从 q 解来看，企业被处罚的成本越高，越有可能选择节能减排策略，政府选择放松规制的概率就越高，从而提升激励企业采取环境保护措施，节约规制成本，增加社会整体收益；企业任意排放获得的收益越高，则规制部门越有可能加强规制，迫使企业进行节能减排，提升环境效益。

因此，政府环境规制法律制度的制定、实施、监管成本以及社会对政府环境规制的关注程度都会影响企业的策略选择。从博弈角度而言，对规制部门进行较大的利益激励，提高环境规制失职的惩处力度，会提升规制部门选择严格规制的概率，否则很容易发生规制俘获，出现规制企业和规制部门的"合谋"，损害社会整体收益。

2. 规制俘获下的博弈分析

前章有述，规制俘获是指规制主体与被规制对象之间合谋而损害社会公共利益的现象。规制俘获理论已经在第二章详细介绍，在此不再赘述。博弈策略选择中，规制机构作为公众利益和社会利益的代表者，应当尽可能地以社会利益最大化和实现环境资源的最优配置为目标。但是现实中，很多环境规制部门受自身利益等种种因素的影响，有可能出现规制部门被俘获，不严格实施环境规制的情形。

与图 4.4 的未出现规制俘获的博弈模型相比，发生规制俘获时，规制部门和被规制企业的收益矩阵会变化。当规制机构被俘获时，会获得来自被规制企业的俘获收益记为 n，此时，规制机构默认策略选择为放松规制，但对于被规制企业而言，无论规制机构是否进行监管，都会付出俘获成本（记为 m，m>n）以实施规制俘获。如果被规制企业选择任意排放，则不会受到处罚 A，此时被规制企业和规制部门的规制俘获博弈矩阵为图 4.5。

规制部门

		严格规制	放松规制
企业	任意排放	$(r+a_0-m, \ n-k-c)$	$(r+a_0-m, \ n-k)$
	节能减排	$(r-a_0, \ -c)$	$(r-a_0, \ 0)$

资料来源：本图根据收益情况由作者绘制。

图 4.5 规制俘获下规制部门与企业的收益矩阵表

求解图 4.5 模型的纳什均衡解得出，当 $a_0 > \dfrac{m}{2}$ 时，模型的纳什均衡解为（任意排放，放松规制），收益分别为（$r+a_0-m$，$n-k$）；当 $a_0 < \dfrac{m}{2}$ 时，模型的纳什均衡解为（节能减排，放松规制），收益为（$r-a_0$，0）。

可见，在发生规制俘获的情况下，无论企业如何选择，规制机构的最优策略均为放松规制，当俘获成本在可接受范围时，企业一定会选择实施俘获以任意排污来获取其自身收益最大。根据公共选择理论，规制机构也会利用手中的权力寻租，和被规制企业产生"合谋"，谋取各自利益。此时环境质量会因双方的策略选择而受损，造成整个社会福利的损害。同时，环境合规成本会对企业的策略选择产生影响，加强对政府环境规制的监督，减少规制俘获风险，激励企业改进技术，减少环境合规成本，有助于提升企业进行节能减排的策略选择[1]。

———————

[1] 冯莉、曹霞：《博弈论视角下环境规制法律制度的实证分析》，载《经济问题》2021 年第 4 期，第 49~55、77 页。

二、我国环境规制法律制度的检视

"正像和平、善意、互助和安全的状态同敌对、恶意、暴力和互相残杀的状态之间的区别那样迥然不同"[1]。由于地方政府部门是环境规制博弈中的参与者，因此，地方环保部门对环境问题置之不理，基于其对政治、经济和环境利益的理性权衡，并且会在种种因素影响下最终选择对环境利益的舍弃。此即环境保护部门在环境规制上的"囚徒困境"，进而产生了"政府失灵"。"囚徒困境"是博弈理论中的经典案例，两囚徒在做决定时都以自己的利益最大化为基本目标，结果是无法实现利益最大化甚至是较大化。具体到环境规制上，地方政府面临"囚徒困境"的两难状态。如果自己加强环境监管而邻近地区放任的话，短期来看本地区 GDP 可能会落后，税收的减少直接影响政府开支、社会就业机会与政绩等。因此，如果没有强有力的法律约束，从理性"经济人"的角度考虑，必然是牺牲环境质量。为了避免博弈过程中的政府失灵，就需要具有国家强制力保障的环境规制法律制度的有效实施。在我国特有的政治经济结构和产业发展结构影响下，我国环境规制法律制度的实施其实也是各方规制主体的博弈过程。如前节模型所示，受市场失灵、规制俘获、基层环境规制机构的有限理性等因素影响，环境规制法律制度实施过程中面临诸多问题：

（一）环境规制法律依据不系统

环境规制法律制度的目标在于避免环境规制的市场失灵

---

〔1〕［英］洛克：《政府论》（下篇），叶启芳、瞿菊农译，商务印书馆1964 年版，第 56 页。

和政府失灵，通过国家强制力保障进而实现环境规制法律制度的有效实施。然而，受诸多现实因素影响，我国环境规制法律的立法现状不甚理想：一方面，目前我国生态环境领域法律法规数量繁多、政策性明显、内容碎片化、可执行性差。环境规制法律制度的政策性根植于国家和政府对环境公共产品和环境公共利益的保护。保护生态环境日渐成为政府重要的工作职能和任务。由于环境规制法律法规需要根据环境质量、生态状况的变化而频繁修改，环境规制法律制度的执行又受国家宏观经济形势和经济政策的影响，生态环境保护领域的立法往往来自政府在应对生态环境问题、治理环境污染的过程中政策、方法的经验性总结。而且实践中环境规制类的政策性文件出台频率高，红头文件等政策性文件修改频繁、操作性强、内容丰富等原因导致我国环境规制法律具有浓重的政策性色彩。例如，《环境保护法》修订后，已经迅速形成以生态环境部为主、其他国家部委衔接配合的环境保护配套规章体系。另一方面，我国环境规制法律制度中各主体责任规定不明确。《环境保护法》第六章中共有 11 个法律责任条款，但真正涉及政府及其有关部门及人员的责任条款只有2 条，对于政府环境保护责任的规定并不完整。如第 26 条规定了环境保护目标责任制和考核评价制责任主体为各级政府，但在之后的条款中没有规定对应的如果政府没有履行责任的而如何惩罚的条文，等等。现行生态环境保护法律法规在权责对等方面尚需进一步完善。在行政职责的规定中，职能部门行政管理权与行政执法权不统一，政府部门管理与执法之间脱节、权力责任不对等的问题突出。此外，企业生态环境保护责任规定不足，法律法规对违法企业责任的规定和追究不全面。《环境保护法》虽然规定了"按日计罚"等几项加重处罚的措施，大幅度提高了企业环境违法成本，但生态破坏赔偿和治理尚无明确的规定。实际工作中，常常出现由于生态破坏认定难而导致的损害责任不明确、赔偿修复不到位等现象。

此外，虽然近年来，我国环境规制法律制度向市场激励型和公众参与型倾斜和补充完善，但在传统的环境规制理念影响下，在当前中国特有的政治经济结构发展背景下，仍然是以命令控制型规制手段为主导，整体环境规制法律制度的实施重事后、静态、单一规制手段，而轻事前预防、动态和综合性的规制手段，严重掣肘当前经济高质量发展目标。这种模式在实践中有着建立良好环境秩序的渴望，但囿于企业在运行中有自己独特的运作逻辑和价值取向，传统的以政府部门为主导、主力，主动出击干预或者强制规制的模式，已难以适应复杂的环境管理、环境规制现状。环境规制法律制度的实施需要科学合理的制度供给，通过对现有环境规制法律制度实施现状的分析，可以看出，环境规制法律制度的实施效果和经济发展水平和产业结构密切相关。因此要注重市场机制的引导，使环境规制符合经济发展规律，加强市场激励型和公众参与型规制制度的制定和实施，合理适用环境规制法律制度，加强监督，减少环境规制中的政府失灵。

（二）环境规制管理机制不健全

环境规制法律制度的实施效果很大程度取决于管理机制是否健全，通过合理的管理制度对环境规制各参与方的策略行为进行有效规范，方可实现环境规制的目的。和西方国家相比，我国的环境规制法律制度建立较晚，环境规制管理机

制整体不健全。国家环保机构经历了数次变革（见图 4.6），
环境规制机构设置越来越合理，重要性日益凸显。

1973年成立国务院环境保护领导小组办公室
1982年成立城乡建设环境保护部——下设环境保护局
1984年成立国家环境保护局（归建设部管理）
1988年成立国家环境保护局（直属国务院）
1998年成立国家环境保护总局
2008年成立环境保护部
2018年成立生态环境保护部

资料来源：本图由作者采用 Visio 软件绘制所得。

图 4.6　中国环境规制机构改革图

　　首先，从我国环境规制机构的数次变革不难发现，我国
长期实行的环境规制体制都是中央政府统一管理、地方政府
分级负责的模式，具有地方性和部门性双重性特点。国家和
地方分别设立环境保护部门作为"环境行政主管部门"，各
级人民政府对辖区环境质量负责。但是没有明确规定负政治
责任、经济责任还是法律责任，当出现需要依据法律追究责

任时，很难找到具体规定[1]。在双重管理体制下，地方环境规制的力度更直接取决于地方政府的价值取向和态度，而利益取向势必削弱环境规制的效果。其次，环境规制部门欠缺联动。因引发环境问题的原因具有综合性、交叉性，环境规制是一个实践性很强的命题，涉及部门众多，点多面广覆盖大，2019 年以前，除了中央和地方分别设立统一的环境保护主管部门之外，我国还在海洋、土地、林业、农业、建设、水利、矿业、发改、经信等部门设立了涉及环境规制的监督管理机构，形成了条块分割、"九龙治水"的环境规制管理体系。环境规制体制的特点决定了环境规制需要依靠诸多部门的协调配合，环保部门作为主要部门，实践中并未被赋予具体统筹的职权，各相关部门之间很难做到相互配合。而为维护各自利益，常常使地方环境规制政策在制定和执行中就已经带有很强的部门色彩。囿于当前环境规制体制不健全，环境规制理论欠缺，我国基层环境规制多头管理问题突出，职能交叉、职责不清、互相扯皮推诿、干预执法、执法主体和监测力量分散等问题层出不穷。环境规制的重要职责由市、县两级环境监察部门承担，而环境监察执法大队的编制、经费等都依赖地方政府，市、县级环境监察部门实践中实际权力受限，存在着权责不对等，较难保障环境保护法律法规的有效落地实施的情况。最后，我国基层环境规制队伍薄弱。虽然近年来我们一直努力加强生态环境治理机构和人员队伍建设，然而，基层地、市等环境执法部门队伍数量和质量仍

---

〔1〕　朱新力主编：《行政法律责任研究——多元视角下的诠释》，法律出版社 2004 年版，第 198~216 页。

十分薄弱，难以满足网格化执法要求。很多一线的执法人员编制短缺且专业素质有待提升，知识结构和专业结构不尽合理。执法队伍中，法律专业和环境工程专业的人员少之又少，各污染源企业的数量与环境执法人员数量相差甚远，基层执法人员常常面临无职权、无设备、无经费的执法困境，导致环境执法实效大打折扣。而且，基层环境规制中地方财政投入有限，环境监测设施供给、环境执法设施配备以及环境执法资金投入等方面都明显不足。很多一线环境执法人员还身兼数职，要处理很多日常性事务，近年来的各种环保执法大检查、环保督察，加之各种名目繁多的考核材料等，使得很多执法人员都疲于应付，稍不留神还要被追责。长此以往，不利于环境规制工作的有效开展。2019年进行的生态环境管理体制改革，初步实现了从孤立的环境问题管理到整体性框架管理的过渡，下一步如何在新设立管理体制下完善基层环境规制法律制度体系，丰富环境规制工具，提升基层环境规制效能，是一个亟待研究和回答的问题。

（三）环境规制监督问责不充分

受诸多现实因素的掣肘，我国目前环境分权制度下，环境规制法律制度实施中面临诸多无奈，其中环境保护与地方保护是突出的一组矛盾，在社会经济发展现阶段尤为突出。环境规制过程，环境污染的受害者往往人数多、范围广，但由于前面所介绍的集体行动原理等因素影响，每一个个体的行为对结果不足以产生显著影响，而其他个体即便不采取任何行动，也能"搭便车"享受其他人行动带来的好处。因此，集体的规模越大，个人的激励越小，导致在个体维权中参与者没有动力付出更多的努力。而根据公共选择理论对官僚的研究和我们日常生活的经验，人在经济活动中是自利的[1]。如果缺乏有效监督，无论是对行政规制权的滥用和还是对环境污染和损害行为的漠视，均会造成对公民、社会权益的侵犯，产生环境规制的政府失灵，引发更大的环境问题。环境规制法律制度由国家制定，但具体由各级地方政府分别执行，难免会出现落地不实的现象。《环境保护法》第 10 条第 2 款规定，各级政府环境保护部门负责本地区的环境保护监督管理。然而，当前部分地市仍面临行政干预。例如，某些地方政府存在优先考虑发展经济的思想，地方政府要实现政绩某种程度上还是要依赖 GDP 的增长，而环境污染较严重的企业一般都是各地方主要的纳税大户，因此，很多地市政府执法力度较弱。环境执法缺乏有效的监督，严重阻碍了基层环境执法的开展，影响了环境规制法律制度的实施效果。在 2018 年查处的山西三维集团违法倾倒工业废渣污染农田案件中，甚至有不法势力阻碍相关机关调查取证现象，基层环境执法工作举步维艰。无独有偶，山西省临汾市环保局环保数据造假事件[2]也同样暴露出基层环境规制的问题。这充分反映出一些地方和单位缺乏生态环境责任意识，触犯了法律"红线"，影响环境规制整体发展。在法治已经成为社会共识与社会目标的前提下，监督问责机制必须完善，以保证规制行为在制度的框架内。

---

〔1〕　杜万平：《环境行政权的监督机制研究——对环境法律实施状况的一种解释》，载《环境资源法论丛》2006 年第 6 卷，第 54 页。

〔2〕　2017 年 4 月至 2018 年 4 月，山西省临汾市 6 个国控站点 PM2.5、PM10、二氧化硫采集设备被人为干扰上百次，导致近一年内临汾市国控监测站监测数据严重失真 53 次，其中，2018 年 3 月 18 日至 26 日，共失真 20 次。

（四）环境规制配套体系不完善

生态环境治理是一个系统工程，除了需要完善的法律制度外，还要加强环境规制配套系统的建设。2020年3月公布的《关于构建现代环境治理体系的指导意见》指出要推进生态环境治理体系和治理能力现代化，要建立健全领导责任体系、企业责任体系、全民行动体系、监管体系、市场体系、信用体系、法律政策体系七大环境治理体系。目前我国的环境规制配套体系不够系统完善。首先，还需要有健全的环境规制评价体系、环境事件投诉反馈系统等相关配套系统。国家已经将生态环境保护纳入领导干部目标考核体系，要建立全面综合的绿色发展指标和量化的政绩考核机制，实行生态环境损害责任终身追究制。其次，缺乏科学高效共享的大生态环境规制法律信息系统。当前的环境监测还不是统一的生态一体监测网，而是主要依靠企业上报和各其他机构、部门的监测统计，未能统筹资源，形成合力，导致对生态环境监测的分析和判断缺乏科学、高效、透明的高质量生态环境监测大数据，实践中自己监测自己、干扰环境监测行为频发即是印证。最后，环境规制多元参与信息系统有待完善。要充分保障社会公众对环境规制执行信息的知情权、畅通参与和监督渠道，实现环境规制信息透明化，更好地规范政府的环境规制行为。

三、小结

本章通过构建企业和企业之间的博弈模型验证了市场失灵，有力论证了政府环境规制的必要性；进而分别构建无规制俘获下和规制俘获下规制机构和被规制企业之间的非合作博弈模型，分析政府的环境规制对企业行为策略的影响和规制俘获对环境效益的影响等，发现政府环境规制法律制度的制定、实施、监管成本以及社会对政府环境规制的关注程度都会影响企业的策略选择，而规制俘获会影响环境质量，损害社会整体收益，引发政府失灵。

因此，加强对政府环境规制的监督，减少规制俘获风险，激励企业改进技术，减少环境合规成本，有助于提升企业节能减排的策略选择。从博弈论视角对我国环境规制法律制度的现实困境进行检视，发现虽然目前我国的环境规制法律制度基本形成国家强力推动，地方积极回应的规制合力，生态环境质量改善明显，但具体实施过程中也反映出一些现实困境，法律依据不系统、环境规制管理机制不健全、监督问责不充分、配套体系不完善等都影响我国环境规制法律制度整体的实施效果。

第五章

成本收益视角下我国环境
规制效率分析

环境规制是一项重要的社会公共管理制度，是政府进行环境治理的重要手段。环境规制的价值选择是政府绩效的重要考量依据，所供给的公共价值呈碎片状且范围广泛[1]，本书重点从环境规制效率维度选取和环境规制法律制度密切相关的指标分析环境规制的价值选择。

制度经济学将制度、文化等"非经济性"因素引入分析框架，不同的制度将导致经济效率的变化，不同环境规制制度也将造成环境效率的变化和环境效果的差异[2]。环境规制效率是国家在行使环境规制活动时，所获得的收益和所投入的环境规制成本之间的比例关系[3]。成本收益分析的理论来源是帕累托最优和潜在的帕累托改进理论，是评价环境制度和政策是否可行的基本方法，也是提高公共政策制定和实施质量的工具[4]。

---

〔1〕 包国宪等：《中国政府环境绩效治理体系的理论研究》，载《中国软科学》2018年第6期，第181~192页。

〔2〕 罗勇：《生态环境制度的经济学分析与强化方向》，载《辽宁大学学报（哲学社会科学版）》2018年第6期，第57~62页。

〔3〕 汪斌：《环境管理的效率分析》，载《城市环境》2002年第5期，第39~42页。

〔4〕 赵红：《环境规制的成本收益分析——美国的经验与启示》，载《山东经济》2006年第2期，第115页。

因此，要想实现对环境规制法律制度的量化分析，进而完善环境规制法律制度体系、提高实施效果，最优途径是通过科学测算环境规制效率，检验环境规制法律制度的立法、实施和管理制度对环境规制效率的影响，从而得出优化资源配置，建立科学合理的环境规制法律制度体系的具体路径。

综合现有研究成果，对环境规制效率的衡量除了某些单一指标外[1]，学者基本上都采用"成本–收益"理论对环境规制效率进行测算。本书借鉴前人的研究方法[2]，采用数据包络分析法来测算我国环境规制效率。本部分旨在运用普通DEA、超效率 DEA 模型对我国 30 个省（自治区、直辖市）2006—2015 年的环境规制静态效率进行测算；通过 Malmquist 指数模型对环境规制效率的动态变化进行分析，同时，对环境规制效率的各分解因素进行分析，进而深入研究引起环境

〔1〕　P. Lanoie et al. ，"Environmental Regulation and Productivity：Testing the Porter Hypothesis"，*Journal of Productivity Analysis*，30（2008），pp. 121 – 128；S. B. Brunnermeier，M. A. Cohen，"Determinants of Environmental Innovation in us Manufacturing Industries"，*Journal of Environmental Economics and Management*，45（2003），pp. 278–293；B. R. Domazlicky，W. L. Weber， "Does Environmental Protection Lead to Slower Productivity Growth in the Chemical industry?"，*Environmental and Resource Economics*，28（2004），pp. 301–324.

〔2〕　R. Fare eet al. ，"Productivity Growth，Technical Progress，and Efficiency Change in Industrialized Countries"，*American Economic Review*，84（1997），pp. 66–83；Tu Yu，et al. "Regional Environmental Regulation Efficiency：Spatiotemporal Characteristics and Influencing Factors"，*Environmental Science and Pollution Research International*，12（2019），pp. 37152–37161；程钰等：《中国环境规制效率时空演化及其影响因素分析》，载《华东经济管理》2015 年第 9 期，第 79~84 页；原毅军等：《环境规制绩效及其影响因素的实证分析》，载《工业技术经济》2016 年第 1 期，第 92~97 页；徐成龙等：《山东省环境规制效率时空格局演变及影响因素》，载《经济地理》2014 年第 12 期，第 35~40 页；高青山：《河北省地级市环境规制效率研究》，中国地质大学 2017 年硕士学位论文，第 27~45 页。

规制效率动态变化的具体原因，力求能从时间序列演变和空间区域差异等方面测算出我国环境规制效率样本期内变化情况，总结出我国环境规制效率变化的规律和内在动因。

一、方法介绍

（一）DEA 模型

数据包络分析法（Data Envelopment Analysis，DEA）是美国运筹学家查恩斯（A. Charnes）等人提出的，是评价相对效率的非参数测算方法。它是一种针对多投入和多产出的决策单元（在 DEA 模型中，决策单元称为 DMU，即 Decision Making Unit）相对效率的评价方法，模型采用最优化方法对各 DMU 进行相对有效性评价，被广泛应用于不同行业和不同部门。DEA 最大的优点是不考虑决策单元的投入和产出的权重，是一种非参数分析方法，不需要对各生产函数的形式和各指标变量进行预先假定，测算结果不受主观意愿的影响。而且，所选择变量的单位不受限制。针对环境规制中各投入和产出指标相对较多、单位不一、很多成本收益内容无法量化的特点，要计算环境规制的绝对效率理论上几乎不可实现，而 DEA 方法的独特优势给环境规制效率的测度提供了新的视角和可能。

DEA 模型是一种线性规划模型，主要根据多项的成本投入和产出收益指标，利用线性规划方法建造一个非参数分段的前沿，然后相对这个前沿面计算效率，可以表示产出和投入的比率，反映的是相对效率。DEA 的两个基本模型是 CCR 模型和 BCC 模型。CCR 模型是最早的 DEA 模型，1978 年由查恩斯、库珀（Cooper）和罗兹（Rhodes）等学者提出，主要用于多投入多产出的同类决策单元的有效性评价，CCR 模型是基于规模报酬不变测算效率的方法。BCC 模型将规模因素剔除，建立规模报酬可变模型，测算出来的是纯技术效率。DEA 分析方法的具体模型是：假设有 m 个决策单元 DMU_j（j = 1，2，3，4，……，m），每个 DMU 都有 a 项投入（r = 1，2，……，a），b 项产出（q = 1，2，……，b），它们分别表示"投入的资源"和"产出的收益"。第 t 个 DMU 的效率测算模型：

$$\begin{cases} min\left[\theta - \varepsilon\left(\sum_{r=1}^{a} s_r^- + \sum_{q=1}^{b} s_r^+\right)\right] \\ s.t. \sum_{j=1}^{m} X_{rj}\lambda_j + s_r^- = \theta X_{rk} \\ \sum_{j=1}^{m} Y_{qj}\lambda_j - s_q^+ = Y_{qk} \\ \delta \sum_{j=1}^{m} \lambda_j = \delta \\ \lambda_j \geqslant 0, \ j = 1, 2, \cdots\cdots, m, \ s_r^- \geqslant 0, \ s_q^+ \geqslant 0 \\ r = 1, 2, \cdots\cdots, a; \ q = 1, 2, \cdots\cdots, b; \ j = 1, 2, \cdots\cdots, m \end{cases}$$

其中，ε 是一个常量，表示非阿基米德无穷小，X 和 Y 分别是投入和产出的变量指标，θ 反映的是所测算的 DMU 的综合效率值；λ 表示权重变量；s_r^+ 和 s_q^- 分别表示投入松弛变量和产出松弛变量。

（二）超效率 DEA 模型

传统的 DEA 测算出的效率值会出现多个效率值为 1 的

DMU，安德森（Andersen）等学者 1993 年提出了超效率DEA 模型（简写为"SE‑DEA"），该模型相比较传统的CCR 模型和 BCC 模型，能够对各有效的决策单元进行排序，能更清晰地反映同样环境因素下各 DMU 的效率高低。基本原理是在测算时，针对无效的决策单元，前沿面不变，运用超效率 DEA 模型测算出来的效率值和传统的 DEA 效率值一样，就传统效率值为 1 的有效决策单元，在效率值不变的前提下，将其本身从集合中排除，超效率 DEA 将投入和产出同比例增加，使生产前沿面后移，因此，可能用超效率模型测算出来的效率值较之传统 DEA 模型会偏大[1]。

超效率 DEA 的数学模型与 DEA 模型相似，具体为：

$$
\begin{cases}
min\left[\theta - \varepsilon\left(\sum_{i=1}^{m} s_i^- + \sum_{r=1}^{s} s_r^+\right)\right] \\
s.t. \sum_{\substack{j=1 \\ j \neq k}}^{n} X_j \lambda_j + s_i^- \leqslant \theta X_0 \\
\sum_{\substack{j=1 \\ j \neq k}}^{n} X_j \lambda_j + s_i^+ \leqslant Y_0 \\
\lambda_j \geqslant 0, \; j = 1, 2, \cdots\cdots, n, \; s_i^- \geqslant 0, \; s_r^+ \geqslant 0
\end{cases}
$$

式中：X，Y 分别为决策单元的投入变量和产出变量，s_r^+ 和 s_i^- 分别表示投入和产出的松弛变量；θ 是效率计算指数；λ_j 是权重向量。

---

〔1〕 付丽娜等：《基于超效率 DEA 模型的城市群生态效率研究——以长株潭"3+5"城市群为例》，载《中国人口·资源与环境》2013 年第 4 期，第 170 页。

如图 5.1 所示，假设运用超效率 DEA 计算决策单元 M 的效率值。传统 DEA 生产前沿面为 LMST，超效率模型及时将 M 从集合中排除，MM'则是原来的决策单元 M 的投入按比例增加的大小，新的生产前沿面则变成 LST，OM'/OM 即是决策单元 M 的超效率模型评价值，由图可以看该比值大于1，因而，一般情况，超效率 DEA 计算出的效率值被高估。

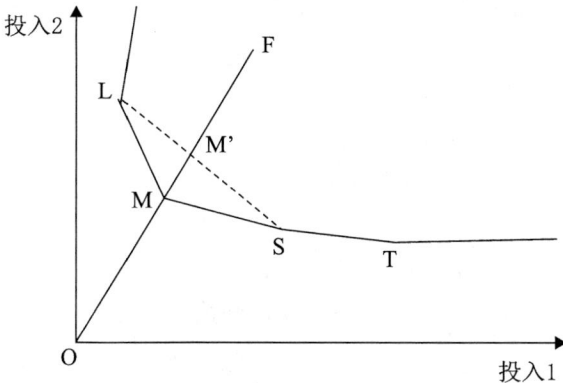

资料来源：本图根据研究情况由作者绘制。

图 5.1　规模报酬不变的超效率 DEA 模型图

（三）Malmquist 指数模型

DEA 方法评估的是静态的环境规制效率，建立在环境因素不变的基础上，即超效率 DEA 只能对截面数据进行效率高低的评价，不能进行年份之间的比较。瑞典统计学家、经济学家马尔奎斯特（Malmquist）于 1953 年首次提出了 Malmquist 指数法[1]。Malmquist 指数法是用面板数据通过距离函数的比

---

〔1〕　关伟、孙艺丹：《中国沿海 11 省市环境规制效率评价》，载《辽宁师范大学学报（自然科学版）》2018 年第 3 期，第 379 页。

率来计算全要素生产率的变化，可以用来测算动态的环境规制效率。Malmquist 指数变化（记为 TEPC）又可以分解为技术效率变化指数（EFFCH，简写为"EC"）和技术进步指数（TECHCH，简写为"TC"）两部分。

$$TFPC = TC \times EC \tag{5.1}$$

Malmquist 指数模型可以表示如下：

$$M\ (x_{t+1}y_{t+1},\ x_t,\ y_t)\ =$$
$$[\frac{d^t\ (x_t,\ y_t)}{d^t\ (x_t,\ y_t)} \times \frac{d^{t+1}\ (x_{t+1},\ y_{t+1})}{d^{t+1}\ (x_t,\ y_t)}] \tag{5.2}$$

上式中 $(x_t,\ y_t)$、$(x_{t+1},\ y_{t+1})$ 分别代表 t 期和 t+1 期的投入产出关系，$d^t\ (x_t,\ y_t)$ 为距离函数。公式 5.2 可以转变为：

$$M\ (x_{t+1},\ y_{t+1},\ x_t,\ y_t)\ =$$
$$[\frac{d^t\ (x_{t+1},\ y_{t+1})}{d^{t+1}\ (x_{t+1},\ y_{t+1})} \times \frac{d^t\ (x_t,\ y_t)}{d^{t+1}\ (x_t,\ y_t)}]^{\frac{1}{2}} \times \frac{d^{t+1}\ (x_{t+1},\ y_{t+1})}{d^t\ (x_t,\ y_t)} \tag{5.3}$$
$$= TC \times EC$$

上述公式 5.3 中，技术效率变化指数（EC）又可以进一步分解为纯技术效率变化（PE）和规模效率变化（SE）。则 5.3 式又可以转变为：

$$M\left(x_{t+1}, y_{t+1}, x_t, y_t\right) =$$

$$\left[\frac{d^t\left(x_{t+1}, y_{t+1}\right)}{d^{t+1}\left(x_{t+1}, y_{t+1}\right)} \times \frac{d^t\left(x_t, y_t\right)}{d^{t+1}\left(x_t, y_t\right)}\right]^{\frac{1}{2}} \times \frac{d^{t+1}\left(x_{t+1}, y_{t+1}\right)}{d^t\left(x_t, y_t\right)}$$

$$= TC \times EC = PE \times SE \times TC \qquad\qquad (5.4)$$

Malmquist 指数（TFPC）是测算从 t 期到 t+1 期的全要素生产率变动情况，反映的是政府效率的变化情况；技术进步变化指数（TC）是指生产前沿面的移动对生产率变化的贡献程度，表示各 DMU 的技术投入和技术创新等变化。大于 1 表示技术进步，小于 1 表示技术退步，技术效率变化指数（EC）指的是在投入不变的情况，被评价的决策单元获取最大产出的能力，反映的是生产技术的利用效率。纯技术效率变化（PE）是指在变化规模报酬假定情况下的技术效率变化，反映的是各 DMU 的管理水平，若大于 1 表示决策单位管理水平改进，小于 1 表示决策层经营管理不善；规模效率变化（SE）反映的是规模经济对生产率的影响，表示各 DMU 的投入规模情况，大于 1 表示各投入项投资规模向最优规模接近，小于 1 表示投入规模效率低。

Malmquist 指数表示某一 DMU 在第 t 期到第 t+1 期的生产率的变化程度。当 TFPC 大于 1 表示生产率增长，等于 1 表示生产率不变，小于 1 表示生产率下降。EC 大于 1，等于 1，小于 1 分别表示效率改进、效率不变、效率退化，TC 表示技术变化，大于 1、等于 1、小于 1 分别表示技术进步、技术保持不变、技术退步。

综上，传统 DEA 模型、超效率 DEA 模型和 Malmquist 模型各有特点，为环境规制效率的测算提供了不同的视角，各模型的区别见表 5.1。

表 5.1　各模型比较表

名称	具体模型	模型介绍	优点和不足
传统 DEA	CCR	基于规模报酬不变对效率的测算，计算出来的是技术效率值。	容易出现多个效率值为 1 的情形，不利于进行排序比较，测算出的效率值为静态效率，不能进行跨年度的时间序列的比较。
	BCC	剔除了规模因素的影响，主要衡量治理、创新等带来的效率。计算出来的是纯技术效率。但该模型也能同时计算出规模效率。规模效率是指当前规模与最优规模的差距。	
SE-DEA		对传统 DEA 模型的优化，能够对有效决策单元进行再排序。	测算出的效率为静态效率，不能进行跨年度的时间序列的比较。
Malmquist 模型		测算效率变动情况，还能将效率值进一步分解为纯技术效率变化、规模效率变化和技术进步变化影响。	测算的是效率变动情况。能够进行跨年度的时间序列效率值的动态比较。

资料来源：本表由作者绘制。

二、指标选取与数据来源

（一）指标体系

构建科学合理的环境规制投入产出指标体系对环境规制

效率的评估意义重大。结合现有文献成果[1]及本书的研究重点，充分考虑数据的高度相关性和可获得性构建我国环境规制效率投入产出指标体系。2014 年我国修订了《环境保护法》，加大了政府责任与环境规制力度，随着这部"长了钢牙"的法律面世，国家密集出台了一系列环境规制法律、法规、文件，如《关于加快推进生态文明建设的意见》《生态文明体制改革总体方案》等，修改完善了一大批环境法律法规，我国迎来了环境治理的关键之年。但由于 2015 年之后的污染物排放数据尚不完整，本书选择 2014 年为时间断点，选定样本期间为 2006—2015 年，以 30 个省（自治区、直辖市）为研究对象，考察环境规制法律制度的完善和规制力度的加强对环境规制效率的影响。

　　具体而言，成本投入指标选取资本投入、人力投入和物力投入三方面。资本投入选取相对客观的环境污染治理投资占 GDP 的比重；人力投入主要选取近年来环保机构环保人员

---

〔1〕　程钰等：《中国环境规制效率时空演化及其影响因素分析》，载《华东经济管理》2015 年第 9 期，第 79~84 页；原毅军等：《环境规制绩效及其影响因素的实证分析》，载《工业技术经济》2016 年第 1 期，第 92~97 页；徐成龙等：《山东省环境规制效率时空格局演变及影响因素》，载《经济地理》2014 年第 12 期，第 35~40 页；高青山：《河北省地级市环境规制效率研究》，中国地质大学 2017 年硕士学位论文，第 27~45 页；唐德才等：《中国环境规制效率与全要素生产率研究——基于 SBM - Undesirable 和 DEA - Malmquist 模型的解释》，载《干旱区资源与环境》2016 年第 11 期，第 7~12 页；M. L. Song et al. , "Review of Environmental Efficiency and Its Influencing Factors in China: 1998-2009", *Renewable and Sustainable Energy Reviews*, vol. 20, 4 (2013), pp. 8-14；任梅等：《中国沿海城市群环境规制效率时空变化及影响因素分析》，载《地理科学》2019 年第 7 期，第 1119~1128 页；H. Li et al. ,"Regional Environmental Efficiency Evaluation in China: Analysis Based on the Super-SBM Model with Undesirable Outputs", *Mathematical and Computer Modelling*, vol. 58, 5-6 (2013), pp. 1018-1031.

数量；物力投入，主要考虑环境规制过程中的环保机构的建设投入和各项环境污染治理设备投入，包括环保机构数量、无害化处理厂数和工业废气治理设施数、废水治理设施数。与投入指标相对应的收益产出指标的选取，本书将产出分为两类：反映环境规制效果的控制指标和质量指标。控制指标与投入指标相对应的选取工业二氧化硫去除量、工业固体废物综合利用率、生活垃圾无害化处理率、废水治理设施处理量。质量指标用建成区绿化覆盖率和人均公园绿地面积来反映。具体指标体系如表5.2所示。

表5.2 我国环境规制效率评估指标体系表

指标属性	指标种类	指标构成
投入指标	资本投入	环境污染治理投资占 GDP 比重（%）
	人力投入	年末环保人员总数（人）
	物力投入	环保机构数（个） 无害化处理厂数（座） 工业废气治理设施数（套） 废水治理设施数（座）
产出指标	控制指标	工业二氧化硫去除量（吨） 工业固体废物综合利用率（%） 生活垃圾无害化处理率（%） 废水治理设施处理量（万吨）
	质量指标	建成区绿化覆盖率（%） 人均公园绿地面积（平方米）

资料来源：本表根据研究情况由作者绘制。

（二）数据来源和解释

本书数据主要来自《中国统计年鉴》《中国环境统计年

鉴》《中国环境年鉴（2007—2016年）》。由于本书研究中使用的数据序列较长，涉及区域较广，加之环境类数据统计在2010年发生大的统计口径变化，难免会存在数据缺失和数据异常的问题。为保证数据的完整性，研究的准确性，本书对个别缺失数据和异常数据采用平均增长率补齐法、同类均值插补法、指数平滑法等方法对数据进行了修正和完善。其中，工业二氧化硫去除量因为2011年之后不做统计，2011年以后的数据是依据下面的公式计算所得：

工业二氧化硫去除量＝工业二氧化硫排放量－工业二氧化硫产生量。

考虑数据的可获得性，本书仅以我国的30个省（自治区、直辖市）作为研究对象（未将我国港、澳、台地区列入，因西藏统计数据的严重缺失，予以剔除）。

（三）投入产出指标分析

以《中国统计年鉴》对我国各省的东中西部区域划分为依据，对全国30个样本地区10年的投入、产出数据按东中西部取平均值，对各区域的环境规制部分投入产出指标进行分析。第一，投入指标趋势图（图5.2～图5.4）显示，从整体上看，样本期内全国各项环境规制投入指标基本呈现逐年增长趋势，除环境污染治理投资比重出现小幅波动外，其余指标基本稳定增长。区域层面，图中显示多数指标投入水平呈现东部地区优于中西部地区，西部地区环境规制投入最少的特征。这和各地区的经济发展水平与自身资源禀赋有密切关系，东部地区多经济水平较高，环境规制投入相对充分，而中部地区多为煤炭、钢铁等重工业集聚地，环境规制强度和投入也相对明显，西部地区多地广人稀，经济发展水平较低，环境规制的投入少于前二者。

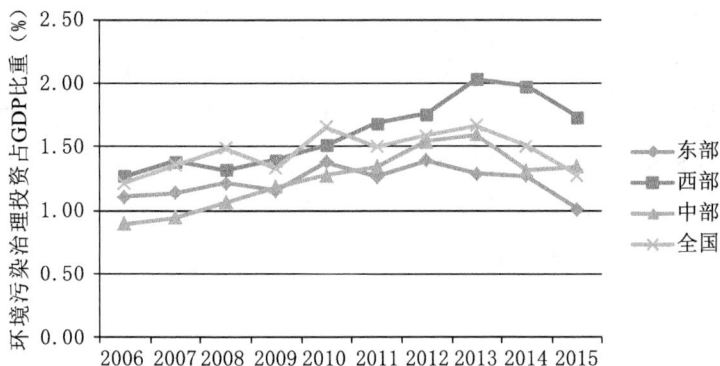

资料来源：本图根据基础数据及文章介绍的计算方法由作者绘制。

图 5.2　东中西部环境污染治理投资比重图

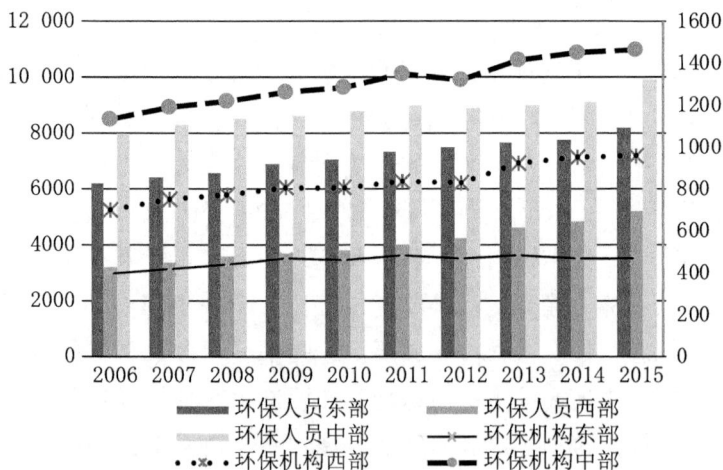

资料来源：本图根据基础数据及文章介绍的计算方法由作者绘制。

图 5.3　东中西部环境保护机构、人员投入水平图

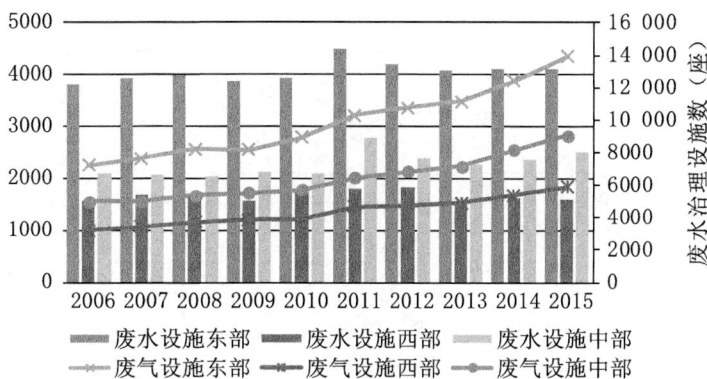

资料来源：本图根据基础数据及文章介绍的计算方法由作者绘制。

图 5.4　东中西部废水、废气治理设施投入图

第二，环境规制产出指标趋势图（图 5.5～图 5.6）显示，我国环境规制产出水平整体呈增长趋势。其中工业二氧化硫去除量指标增速极为明显，这和我国近几年对大气污染治理力度持续加大有关，其余产出指标基本呈稳定增长趋势。可见，随着国家环境规制力度的加强，环境规制的产出效果明显。但因各地区资源环境禀赋和经济发展水平和环境规制投入等因素的差异，各区域产出指标水平也存在差异，基本呈现东部最优、中部次之、西部最差的态势。可见，加强环境规制的投入直接影响环境规制效果。

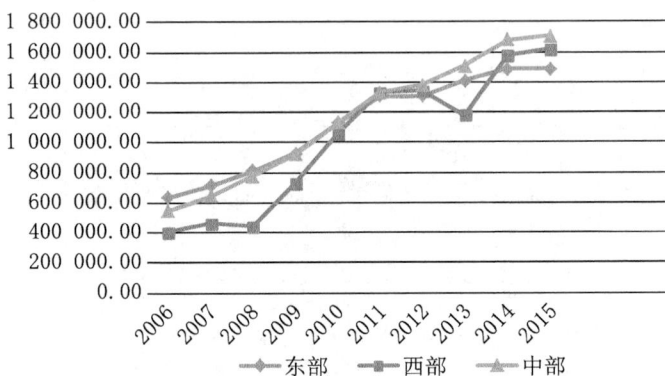

资料来源：本图根据基础数据及文章介绍的计算方法由作者绘制。

图 5.5　东中西部工业二氧化硫处理情况图

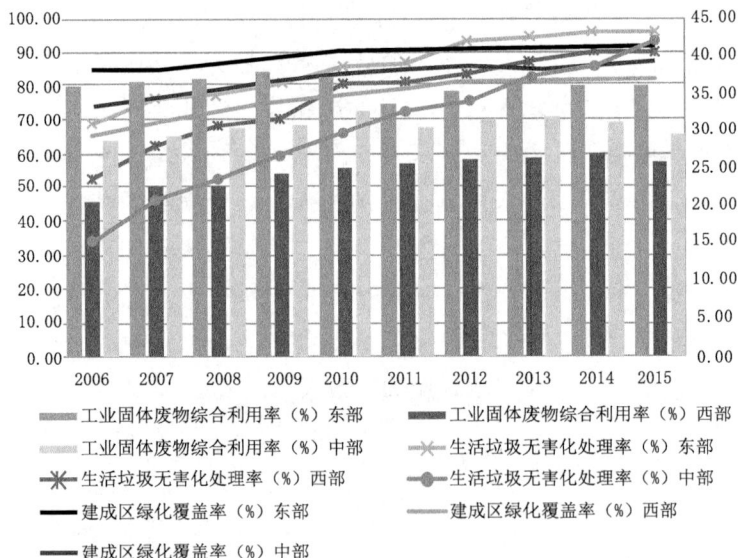

资料来源：本图根据基础数据及文章介绍的计算方法由作者绘制。

图 5.6　东中西部地区部分环境规制产出指标图

三、模型结果分析

（一）我国环境规制效率的静态分析

1. 传统 DEA 模型结果分析

本书采用 DEAP2.1 软件，运用 BCC 模型，将我国 30 个省（自治区、直辖市）2006—2015 年环境规制投入、产出各项指标数据代入，测算出各地 2006—2015 年环境规制效率的综合效率值及影响因素的分解指标值（结果见表 5.3~表 5.5）。

表 5.3　2006—2015 年我国 30 个省级环境规制综合效率值表

地区	省级	2006	2007	2008	2009	2010	2011	2012	2013	2014	2015
东	北京	1	1	1	1	1	1	1	1	1	1
东	天津	1	1	1	1	1	1	1	1	1	1
东	河北	1	1	1	1	1	0.868	1	1	1	1
东	辽宁	0.856	0.907	0.885	1	0.971	1	0.726	0.839	0.977	1
东	上海	1	1	1	1	1	1	1	1	1	1
东	江苏	0.83	1	1	1	1	1	1	1	1	1
东	浙江	1	1	0.918	1	0.845	1	1	1	1	1
东	福建	1	1	1	1	1	0.988	0.937	0.869	1	0.911
东	山东	1	0.996	0.981	1	1	1	1	1	1	1
东	广东	1	1	1	1	0.53	1	1	1	1	1
东	海南	1	1	1	1	1	1	1	1	1	1
东部平均		0.971	0.991	0.980	1.000	0.941	0.987	0.969	0.973	0.998	0.992
西	内蒙古	1	1	1	1	1	1	1	1	1	1
西	广西	1	1	1	1	1	1	1	1	1	1
西	重庆	1	1	1	1	0.764	1	1	1	1	1

地区	省级	2006	2007	2008	2009	2010	2011	2012	2013	2014	2015
西	四川	0.893	0.808	0.86	0.899	1	1	1	0.996	0.748	0.973
西	贵州	0.956	1	1	1	1	1	1	1	1	1
西	云南	1	1	0.898	0.817	0.814	0.974	0.934	0.732	1	1
西	陕西	0.835	0.957	0.687	0.691	0.626	0.993	0.98	0.894	0.78	0.882
西	甘肃	1	1	0.845	1	1	1	1	1	1	1
西	青海	1	1	1	1	1	1	1	1	1	1
西	宁夏	1	1	1	1	1	1	1	1	1	1
西	新疆	0.941	0.884	0.68	0.604	0.758	0.526	0.532	0.498	0.578	0.916
西部平均		0.966	0.968	0.906	0.910	0.906	0.954	0.950	0.920	0.919	0.979
中	山西	0.852	1	0.903	0.792	0.797	0.954	0.971	0.834	0.887	0.929
中	吉林	1	0.929	0.963	1	0.762	1	1	1	1	0.902
中	黑龙江	1	1	0.858	0.909	1	0.891	1	0.807	0.962	0.949
中	安徽	1	1	1	1	1	0.981	1	1	1	1
中	江西	1	1	1	1	0.922	0.897	0.958	1	1	1
中	河南	1	0.954	1	1	1	1	1	1	1	1
中	湖北	0.99	1	1	0.965	1	0.832	0.988	1	1	1
中	湖南	1	1	1	1	1	1	1	1	1	1
中部平均		0.980	0.985	0.966	0.958	0.935	0.944	0.990	0.955	0.981	0.973
全国平均		0.972	0.981	0.949	0.956	0.926	0.963	0.968	0.949	0.964	0.982

资料来源：本表根据 DEAP 结果由作者绘制。

第一，我国省级环境规制综合效率及演变趋势分析。综合效率反映的是各地环境规制效率的综合水平，综合效率等于 1 表明环境规制有效，小于 1 则表示该地区环境规制效率低。整体而言，我国环境规制效率趋势良好，18 个左右地区

10 年间基本每年的综合效率值都等于 1，表明测算期内我国 60%以上的地区环境规制投入都能得到有效利用，获得最具规模的环境规制产出。区域角度而言，如图 5.7 所示，不难看出，环境规制综合效率值呈现东高西低趋势，区域间综合效率值也差异明显，东部地区历年平均值都在 0.98 左右，最高值为 2009 年等于 1，表明东部地区环境规制效率较高，这是由于东部地区经济水平较高，技术进步，环境规制效率也相应较明显；中部地区历年平均值在 0.96 左右，较之东部地区效率不明显，但较之西部地区历年平均值保持在 0.94 左右而言，中部地区比西部地区规制效果明显。

这个结果与诸多学者研究结果一致[1]，也与人们的认知观念相匹配。东部地区较发达，技术进步，环境规制投入指标各方面都较突出，而西部地区资源环境较差，多为工业集聚地，环境规制投入不足，相应的规制效率较低。

此外，2010 年开始，各地区环境规制综合效率都出现不同程度的下降，最明显的是东部地区，从 2009 年的 1 下降到 2010 年的 0.96，西部地区下降 2 个点，从 0.95 降至 0.93。后 2011 年又实现了逐步增长。"十二五"时期，政府公共服务力度加强，强调各级政府的公共服务职能落实，随之环境规制效率出现提升。

---

〔1〕 程钰等：《中国环境规制效率时空演化及其影响因素分析》，载《华东经济管理》2015 年第 9 期，第 79~84 页；原毅军等：《环境规制绩效及其影响因素的实证分析》，载《工业技术经济》2016 年第 1 期，第 92~97 页；高青山：《河北省地级市环境规制效率研究》，中国地质大学 2017 年硕士学位论文，第 27~45 页；唐德才等：《中国环境规制效率与全要素生产率研究——基于 SBM-Undesirable 和 DEA-Malmquist 模型的解释》，载《干旱区资源与环境》2016 年第 11 期，第 7~12 页。

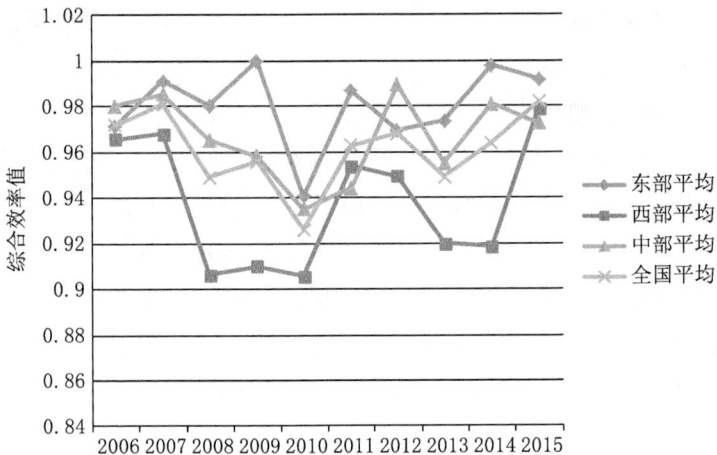

资料来源：本图根据 DEAP 软件运行数据结果由作者绘制。

图 5.7　区域环境规制综合效率趋势图

第二，影响我国省域环境规制效率的分解指标分析。其一，纯技术效率（表5.4）。纯技术效率反映的是规制者环境规制的管理、创新等情况。表中数据显示，纯技术效率对环境规制整体效率具有促进作用，各地的环境规制管理体制越完善，环境规制效率越高。分区域而言（图5.8），全国环境规制纯技术效率 10 年间虽有波动，但基本呈增长趋势，就区域差异而言，东中西部地区存在明显差异，与综合效率值趋势类似，纯技术效率水平也呈现东高西低的趋势。具体而言，东部地区和中部地区发展趋势差异不大，但西部地区的纯技术效率值明显偏低。表明与东部地区相比，西部地区环境规制自身管理水平和技术水平还有很大的提升空间。东部地区相对较好，几乎所有地方的各年效率值均在 1 左右，中部地区次之，只有湖南省各测算期内纯技术效率值均为 1，其余均有不同程度的效率偏低现象。可见，纯技术效率值是影响环境规制综合效率水平的重要因素。从演变趋势而言，无论全国整体趋势还是区域发展趋势，均基本趋于平稳，表明各地区的环境规制效率相对有效。

表 5.4　2006—2015 年我国 30 个省级环境规制纯技术效率表

地区	省级	2006	2007	2008	2009	2010	2011	2012	2013	2014	2015
东	北京	1	1	1	1	1	1	1	1	1	1
东	天津	1	1	1	1	1	1	1	1	1	1
东	河北	1	1	1	1	1	1	1	1	1	1
东	辽宁	1	0.913	0.886	1	1	1	0.745	0.842	0.988	1
东	上海	1	1	1	1	1	1	1	1	1	1
东	江苏	1	1	1	1	1	1	1	1	1	1
东	浙江	1	1	1	1	1	1	1	1	1	1
东	福建	1	1	1	1	1	1	1	1	1	1
东	山东	1	1	1	1	1	1	1	1	1	1
东	广东	1	1	1	1	0.829	1	1	1	1	1
东	海南	1	1	1	1	1	1	1	1	1	1
东部平均		1	0.992	0.990	1	0.984	1	0.977	0.986	0.999	1
西	内蒙古	1	1	1	1	1	1	1	1	1	1
西	广西	1	1	1	1	1	1	1	1	1	1
西	重庆	1	1	1	1	1	1	1	1	1	1
西	四川	0.911	0.835	0.865	0.902	1	1	1	1	0.76	0.977

地区	省级	2006	2007	2008	2009	2010	2011	2012	2013	2014	2015
西	贵州	0.986	1	1	1	1	1	1	1	1	1
西	云南	1	1	0.903	0.822	0.871	1	1	0.755	1	1
西	陕西	0.844	1	0.702	0.716	0.654	1	1	0.921	0.832	1
西	甘肃	1	1	0.961	1	1	1	1	1	1	1
西	青海	1	1	1	1	1	1	1	1	1	1
西	宁夏	1	1	1	1	1	1	1	1	1	1
西	新疆	1	1	0.765	0.631	0.766	0.586	0.543	0.511	0.579	0.921
西部平均		0.976	0.985	0.927	0.916	0.936	0.962	0.958	0.926	0.925	0.991
中	山西	0.853	1	0.909	0.809	1	1	1	0.945	1	0.961
中	吉林	1	1	0.982	1	0.813	1	1	1	1	0.931
中	黑龙江	1	1	0.928	0.91	1	0.913	1	0.839	1	0.949
中	安徽	1	1	1	1	1	1	1	1	1	1
中	江西	1	1	1	1	1	1	1	1	1	1
中	河南	1	0.959	1	1	1	1	1	1	1	1
中	湖北	1	1	1	0.965	1	0.84	1	1	1	1
中	湖南	1	1	1	1	1	1	1	1	1	1
中部平均		0.982	0.995	0.977	0.961	0.977	0.969	1.000	0.973	1.000	0.980
全国平均		0.986	0.990	0.963	0.958	0.964	0.978	0.976	0.960	0.972	0.991

资料来源：本表根据 DEAP 结果由作者绘制。

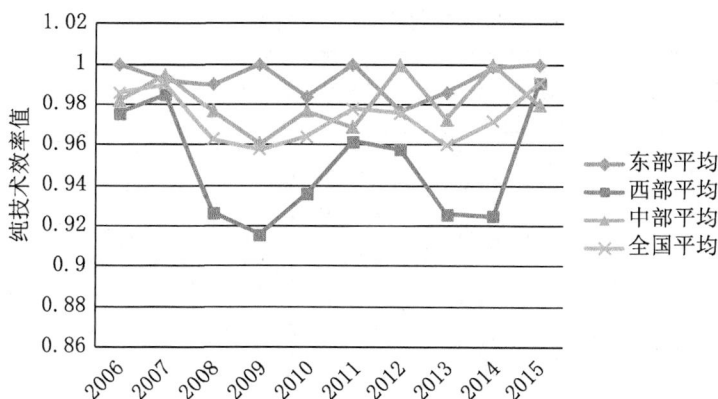

资料来源：本图根据 DEAP 结果由作者绘制。

图 5.8 我国环境规制纯技术效率趋势图

其二，规模效率（表 5.5）。规模效率反映的是环境规制所投入的人力、财力等是否达到最优状态。因此，分析环境规制规模效率有利于为政府各项环境规制的投入情况提出建议，以便能尽快做出调整，提高环境规制整体效率。整体而言，全国各地区规模效率平均值都在 0.95 以上，北京、天津、上海等 10 个地区每年的规模效率值都是 1，河北、广东、重庆等除个别年份小于 1 之外，规模效率值也都等于 1，表明这些地区的环境规制已经基本达到最优规模。区域差异而言，如图 5.9 显示，整体来讲，规模效率的区域差异较之综合效率和纯技术效率，东中西部各地区区域差异不明显，仍表现出东部地区环境规制规模效率最高，中部次之，西部地区最低。差异度而言，东中部不太明显，西部较之中东部差异较大，说明西部地区在环境规制方面离最优规模还有一定的差距。

表 5.5   2006—2015 年我国 30 个省级环境规制规模效率表

地区	省级	2006	2007	2008	2009	2010	2011	2012	2013	2014	2015
东	北京	1	1	1	1	1	1	1	1	1	1
东	天津	1	1	1	1	1	1	1	1	1	1
东	河北	1	1	1	1	1	0.868	1	1	1	1
东	辽宁	0.856	0.994	0.999	1	0.971	1	0.974	0.996	0.988	1
东	上海	1	1	1	1	1	1	1	1	1	1
东	江苏	0.83	1	1	1	1	1	1	1	1	1
东	浙江	1	1	0.918	1	0.845	1	1	1	1	1
东	福建	1	1	1	1	1	0.988	0.937	0.869	1	0.911
东	山东	1	0.996	0.981	1	1	1	1	1	1	1
东	广东	1	1	1	1	0.639	1	1	1	1	1
东	海南	1	1	1	1	1	1	1	1	1	1
东部平均		0.971	0.999	0.991	1.000	0.950	0.987	0.992	0.988	0.999	0.992

续表

地区	省级	2006	2007	2008	2009	2010	2011	2012	2013	2014	2015
西	内蒙古	1	1	1	1	1	1	1	1	1	1
西	广西	1	1	1	1	1	1	1	1	1	1
西	重庆	1	1	1	1	0.764	1	1	1	1	1
西	四川	0.981	0.968	0.994	0.997	1	1	1	0.996	0.984	0.996
西	贵州	0.969	1	1	1	1	1	1	1	1	1
西	云南	1	1	0.995	0.994	0.935	0.974	0.934	0.969	1	1
西	陕西	0.989	0.957	0.979	0.965	0.958	0.993	0.98	0.971	0.937	0.882
西	甘肃	1	1	0.879	1	1	1	1	1	1	1
西	青海	1	1	1	1	1	1	1	1	1	1
西	宁夏	1	1	1	1	1	1	1	1	1	1
西	新疆	0.941	0.884	0.889	0.958	0.99	0.896	0.98	0.974	0.997	0.994
西部平均		0.989	0.983	0.976	0.992	0.968	0.988	0.990	0.992	0.993	0.988

地区	省级	2006	2007	2008	2009	2010	2011	2012	2013	2014	2015
中	山西	0.999	1	0.994	0.98	0.797	0.954	0.971	0.882	0.887	0.966
中	吉林	1	0.929	0.98	1	0.937	1	1	1	1	0.969
中	黑龙江	1	1	0.925	0.999	1	0.976	1	0.962	0.962	1
中	安徽	1	1	1	1	1	0.981	1	1	1	1
中	江西	1	1	1	1	0.922	0.897	0.958	1	1	1
中	河南	1	0.995	1	1	1	1	1	1	1	1
中	湖北	0.99	1	1	1	1	0.99	0.988	1	1	1
中	湖南	1	1	1	1	1	1	1	1	1	1
中部平均		0.999	0.991	0.987	0.997	0.957	0.975	0.990	0.981	0.981	0.992
全国平均		0.985	0.991	0.984	0.996	0.959	0.984	0.991	0.987	0.992	0.991

资料来源：本表根据 DEAP 结果由作者绘制。

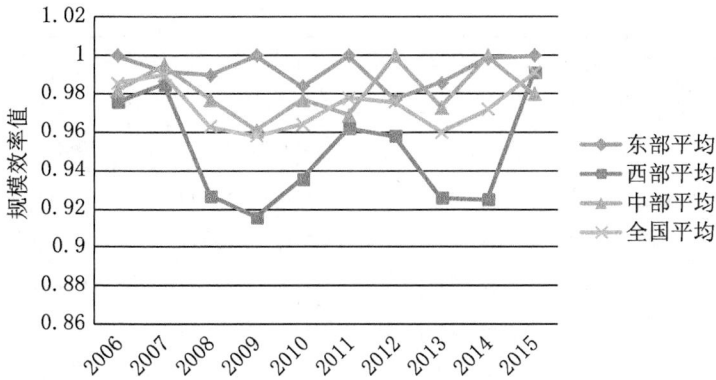

资料来源：本图根据 DEAP 结果由作者绘制。

图 5.9　我国环境规制规模效率趋势图

2. 超效率 DEA 模型结果分析

通过前面的分析可以看出，很多地区诸多年份的环境规制效率值均为 1。为了进一步对这些处于生产前沿面的规制效率进行比较分析，本部分运用超效率 DEA 模型，通过 Mydea1.0.5 软件测算了 2006—2015 年全国 30 个省（自治区、直辖市）的环境规制效率，将表 5.2 的 2006—2015 年的我国环境规制效率投入、产出指标带入超效率 DEA 模型，测算我国环境规制效率，测算结果见表 5.6。

表 5.6　2006—2015 年我国环境规制效率超效率值

地区	省级	2006	2007	2008	2009	2010	2011	2012	2013	2014	2015
东	北京	1.528	1.49	1.099	1.269	1.114	1.565	1.152	1.126	1.015	1.235
东	天津	1.678	1.577	1.539	1.451	1.283	1.697	1.295	1.242	1.344	1.417
东	河北	1.215	1.279	1.683	2.155	2.276	1.928	1.719	2.041	1.801	1.341
东	辽宁	0.856	0.902	0.968	0.992	0.918	0.917	0.697	0.837	1.026	1.251

地区	省级	2006	2007	2008	2009	2010	2011	2012	2013	2014	2015
东	上海	1.237	1.194	1.377	2.016	1.833	2.137	1.992	1.806	1.766	1.746
东	江苏	1.228	1.028	0.989	1.17	0.999	0.959	1.191	1.131	1.064	1.147
东	浙江	1.237	1.163	0.872	1.069	0.854	1.359	0.953	1.043	0.953	0.989
东	福建	1.13	1.184	1.323	1.502	1.145	1.038	0.952	0.903	1.147	0.98
东	山东	1.337	0.969	0.978	1.041	1.01	1.54	1.175	1.322	1.631	1.894
东	广东	1.49	2.046	1.761	1.501	0.521	1.45	2.456	2.319	2.409	2.452
东	海南	4.526	5.024	4.681	4.277	4.147	2.942	2.807	2.646	2.502	2.585
东部均值		1.5875	1.6233	1.57	1.6766	1.4636	1.5938	1.4899	1.4924	1.5144	1.5488
中	山西	0.791	1.1	0.936	0.86	0.821	1	0.974	0.833	0.887	0.929
中	吉林	1.739	0.929	0.974	1.186	0.772	1.158	1.477	1.263	1.127	0.889
中	黑龙江	0.826	0.975	0.838	0.829	0.88	0.962	0.729	0.648	0.809	0.879
中	安徽	1.456	1.362	1.36	1.236	1.041	1.051	0.952	1.238	1.166	1.166
中	江西	1.255	1.413	1.953	1.323	0.906	0.92	0.982	1.107	1.095	1.371
中	河南	1.009	0.949	1.217	1.25	1.232	1.405	1.282	1.041	1.042	0.993
中	湖北	1.02	1.337	1.322	0.984	1.135	0.932	1.101	1.244	1.057	1.215
中	湖南	1.298	1.041	1.146	0.978	1.31	1.4	1.294	1.236	1.258	1.31
中部均值		1.174	1.138	1.218	1.081	1.012	1.104	1.099	1.076	1.055	1.094
西	内蒙古	1.14	1.125	1.596	1.062	1.052	1.223	1.156	1.193	1.316	1.674
西	广西	1.48	1.908	1.767	1.419	1.317	1.809	2.193	1.91	1.292	1.172
西	重庆	1.516	1.275	1.271	1.044	0.764	1.043	1.261	1.118	0.985	1.006
西	四川	0.905	0.794	0.873	0.937	1.443	1.154	1.034	0.958	0.73	0.952
西	贵州	0.954	1.034	1.085	1.635	2.464	1.369	1.669	1.234	1.39	1.112
西	云南	1.028	1.425	0.879	0.81	0.778	0.968	0.84	0.741	1.114	1.102

续表

地区	省级	2006	2007	2008	2009	2010	2011	2012	2013	2014	2015
西	陕西	0.833	1.082	0.701	0.727	0.622	0.993	0.98	0.894	0.78	0.893
西	甘肃	1.627	1.589	0.845	2.371	1.696	1.66	1.698	1.738	1.26	1.132
西	青海	2.552	2.605	2.325	1.805	2.546	2.391	2.106	1.852	2.08	2.151
西	宁夏	1.46	2.171	2.503	3.208	3.059	2.492	3.13	2.983	2.718	3.124
西	新疆	0.788	0.884	0.618	0.549	0.662	0.594	0.526	0.487	0.555	0.654
西部均值		1.298	1.445	1.315	1.415	1.491	1.427	1.508	1.373	1.293	1.361

资料来源：本表根据 Mydea 结果由作者绘制。

从测算结果可以看出，我国环境规制效率 2006—2015 年综合效率值虽然有部分地区小于 1，但整体均值呈现增长趋势。从区域性特征来看，东部地区环境规制综合效率均值较高，说明东部地区环境规制效率较高，在环境治理和污染控制方面优势明显。中部地区环境规制效率相对平稳，但效率值也基本在 1 以上，说明中部地区环境规制效率较好，呈上升趋势。西部地区较之东部地区和中部地区，综合效率值最低。总体综合效率水平呈现东部地区相对较好，中部次之，西部最差的现象。该结论与关伟等（2018）[1]、张子龙等（2015）[2]、臧传琴等（2018）[3]结论相同。

不难发现，环境规制效率较好的地区多为资源禀赋较好

---

〔1〕 关伟、孙艺丹：《中国沿海 11 省市环境规制效率评价》，载《辽宁师范大学学报（自然科学版）》2018 年第 3 期，第 379 页。

〔2〕 张子龙等：《中国工业环境效率及其空间差异的收敛性》，载《中国人口·资源与环境》2015 年第 2 期，第 30~38 页。

〔3〕 臧传琴、吕杰：《环境规制效率的区域差异及其影响因素——基于中国 2000—2014 年省际面板数据的经验考察》，载《山东财经大学学报》2018 年第 1 期，第 37 页。

的地区。究其原因，可能和各地区自身的社会、经济、资源禀赋有关。传统的重工业地区，因地域特征和环境状况，钢铁、煤炭、机械等重污染企业地集聚，导致如东部辽宁，西部陕西，中部山西、黑龙江等的环境规制效率较低，环境污染治理难度较大。

（二）我国环境规制效率的动态分析

前面一节分别运用传统 DEA 模型和超效率 DEA 模型分析了我国环境规制效率的静态分布情况。为更好地分析我国 2006—2015 年环境规制效率的动态变化趋势，本部分采用 Malmquist 模型进一步对我国各地的环境规制效率进行分析。具体方法为，通过 DEAP2.1 软件，选取 2006—2015 年全国 30 个省（自治区、直辖市）的环境规制投入产出指标的面板数据（表 5.2），采用 Malmquist 指数模型测算得出中国环境规制效率的动态分解表（见表 5.7~表 5.9）。

1. 总体 Malmquist 指数及分解因素分析

根据表 5.7 数据显示，整体而言，我国 2006—2015 年各地的环境规制效率的 Malmquist 指数虽然有波动，但基本呈增长趋势，平均增长率为 0.6%，主要由 0.1% 的效率规模改进和 0.5% 的技术进步推动。2011—2013 年，环境规制效率下降明显，这与原毅军等（2016）[1]结论一致。说明技术进步效率变动和规模效率变动是导致环境规制效率整体变动的重要因素，其中技术进步效率变动影响作用更大。因而，提高环境规制技术水平，优化环境规制要素投入资源组合是提

---

〔1〕原毅军等：《环境规制绩效及其影响因素的实证分析》，载《工业技术经济》2016 年第 1 期，第 92~97 页。

高环境规制整体效率的主要选择。

综合而言，2006—2015 年间有五个时期的全要素生产率指数大于 1，四个时期的全要素生产率指数小于 1，其中 2007—2008 年和 2009—2010 年这两个时期，技术规模效率小于 1，而全要素生产率指数大于 1。可见，该时期技术进步的贡献明显，分别达到 7.1%、8.8%。在 2010—2011 年和 2014—2015 年这两个时期，技术规模效率大于 1，而全要素生产率指数小于 1，这两个阶段出现明显技术退步，测算结果分别显示 7.1%、4.8%的下降率。2006—2007 年，全要素生产率指数大于 1，技术进步小于 1，该时期，技术规模效率改进 1.7%，实现了全要素生产率 1.3%的增长。2008—2009 年和 2013—2014 年这两个时期，技术进步和技术规模效率共同增长，分别实现了全要素生产率指数 4.1%和 6%的提升。2011—2012 年和 2012—2013 年这两个时期，全要素生产率指数分别下降 3.6%和 5.8%，数据显示是这两个时期技术规模效率退化导致，其中纯技术效率的下降是最重要的原因。图 5.10 显示，技术进步指数上下波动明显，对环境规制效率的影响最明显。而后就是技术效率指数，波动程度相对次之，对 Malmquist 指数的贡献也相对明显。纯技术效率变化指数和规模效率变化指数的波动幅度相对较小，其中纯技术效率变化指数的贡献相对较明显。索洛（Solow）曾提出技术进步是经济增长的主要动力，测算结果显示，技术进步也是提升环境规制效率的重要源泉。

表 5.7　2006—2015 年我国环境规制 Malmquist 指数的变动与分解

时　间	EC	TC	PE	SE	Malmquit 指数
2006—2007 年	1.017	0.986	1.008	1.009	1.003
2007—2008 年	0.964	1.071	0.972	0.992	1.032
2008—2009 年	1.005	1.035	0.992	1.014	1.041
2009—2010 年	0.954	1.088	0.998	0.956	1.038
2010—2011 年	1.073	0.929	1.031	1.04	0.996
2011—2012 年	0.973	1.002	0.979	0.994	0.974
2012—2013 年	0.988	0.954	0.987	1.001	0.942
2013—2014 年	1.018	1.041	1.015	1.003	1.06
2014—2015 年	1.02	0.952	1.016	1.004	0.971
均　　值	1.001	1.005	1	1.001	1.006

资料来源：本表根据 DEAP 结果由作者绘制。

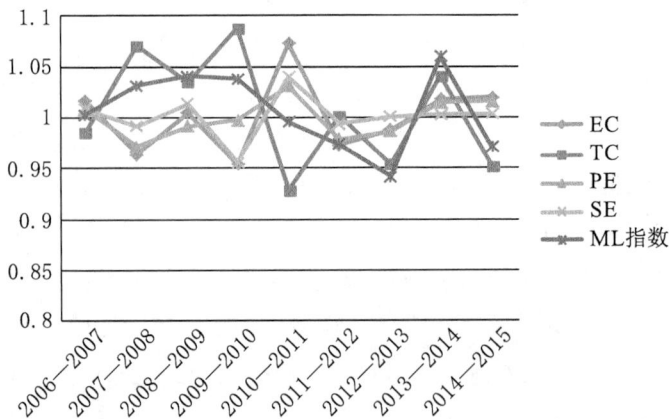

资料来源：本图根据 DEAP 结果由作者绘制。

图 5.10　2006—2015 年我国环境规制 Malmquist 指数分解趋势图

2. 分区域 Malmquist 指数及分解因素分析

按照《中国统计年鉴》对中东西部地区的划分，结合测算结果（表 5.8）可以看出，分区域而言，东部、中部、西部三大区域 2006—2015 年环境规制效率变化趋势同全国趋势较为一致，大致呈增长趋势。具体而言，西部地区增长均值略高于东部地区，东部的规制效率又略优于中部地区。分区域而言，我国环境规制效率在省际层面表现出较明显的差异性，10 年间 Malmquist 指数增长最大的是内蒙古，实现了 10.3% 的增长，主要来源于技术进步的贡献；Malmquist 指数下降最明显的是海南，下降比率达到 6.1%，主要原因也来源于技术退步，由此可看出，技术进步程度是影响全要素生产率变化的最重要因素。

表 5.8 2006—2015 年环境规制 Malmquist 指数的变动与
分解样本描述性统计表

地区	省级	EC	TC	PE	SE	ML 指数	排名
东部地区	北京	1.000	0.980	1.000	1.000	0.980	24
	天津	1.000	1.004	1.000	1.000	1.004	14
	河北	1.000	0.994	1.000	1.000	0.994	16
	辽宁	1.017	1.022	1.000	1.017	1.040	7
	上海	1.000	1.020	1.000	1.000	1.020	11
	江苏	1.000	1.021	1.000	1.000	1.021	10
	浙江	0.999	0.995	1.000	0.999	0.994	17
	福建	0.998	0.996	1.000	0.998	0.994	18
	山东	1.000	1.072	1.000	1.000	1.072	2
	广东	1.000	1.054	1.000	1.000	1.054	4

续表

地区	省级	EC	TC	PE	SE	ML 指数	排名
	海南	1.000	0.939	1.000	1.000	0.939	30
	均值	1.001	1.009	1.000	1.001	1.010	
西部地区	内蒙古	1.000	1.103	1.000	1.000	1.103	1
	广西	1.000	0.945	1.000	1.000	0.945	29
	重庆	1.000	1.061	1.000	1.000	1.061	3
	四川	1.006	1.029	1.007	0.999	1.035	8
	贵州	1.005	0.995	1.001	1.004	1.001	15
	云南	1.000	1.043	1.000	1.000	1.043	6
	陕西	1.008	0.983	1.019	0.989	0.991	20
	甘肃	1.000	1.017	1.000	1.000	1.017	12
	青海	1.000	0.974	1.000	1.000	0.974	25
	宁夏	1.000	1.033	1.000	1.000	1.033	9
	新疆	0.979	0.974	0.956	1.025	0.954	27
	均值	1.000	1.014	0.998	1.002	1.014	
中部地区	山西	1.018	0.990	1.022	0.997	1.008	13
	吉林	0.987	0.980	0.988	0.999	0.967	26
	黑龙江	1.007	0.982	0.996	1.011	0.989	22
	安徽	1.000	0.983	1.000	1.000	0.983	23
	江西	1.000	0.993	1.000	1.000	0.993	19
	河南	0.999	1.047	0.999	1.000	1.046	5
	湖北	1.000	0.990	1.000	1.000	0.990	21
	湖南	1.000	0.948	1.000	1.000	0.948	28
	均值	1.001	0.989	1.001	1.001	0.991	

续表

地区	省级	EC	TC	PE	SE	ML 指数	排名
全国均值		1.001	1.005	1.000	1.001	1.006	

资料来源：本表根据 DEAP 结果由作者绘制。

　　各区域不同时期环境规制效率比较而言，根据测算结果（表5.9）从2006—2015年各地环境规制效率 Malmquist 指数平均值来看，有21个地区的环境规制效率处于上升状态。其中，广东年均效率提高了13.3%，内蒙古年均效率提升了10.9%，山西年均效率提升1.8%。同时，有9个地区的规制效率则呈现下降的状态，其中，湖南年均规制效率下降4.5%，吉林年均规制效率下降1.4%，安徽年均规制效率下降1.3%，黑龙江年均规制效率下降0.6%，青海年均规制效率下降2%，新疆年均规制效率下降3%。由测算结果可以看出，环境规制效率下降较为明显的地区多位于中部地区。分时期分地区分指标环境规制效率变化方面（见附表1），2006—2015年，各时期环境规制效率总体呈增长趋势，其中，受技术进步影响最大，规模效率程度对环境规制效率也起到一定影响作用，但贡献程度不如技术进步程度。

表5.9　2007—2015年我国环境规制效率 Malmquist 指数测算表

地区	省级	2007	2008	2009	2010	2011	2012	2013	2014	2015	平均值
东部地区	北京	0.938	0.947	0.998	1.042	0.989	0.927	0.982	0.891	1.122	0.982
	天津	0.895	1.219	0.936	1.067	0.822	1.13	0.938	1.009	1.082	1.011

续表

地区	省级	2007	2008	2009	2010	2011	2012	2013	2014	2015	平均值
东部地区	河北	1.081	1.155	1.23	1.024	0.863	0.938	1.002	0.939	0.793	1.003
	辽宁	0.991	1.089	1.173	1.006	0.896	0.715	1.23	1.366	1.036	1.056
	上海	0.948	1.181	1.24	1.129	0.847	1.006	0.901	0.96	1.036	1.028
	江苏	0.986	1.071	1.116	1.06	0.938	1.072	0.988	0.993	0.981	1.023
	浙江	1.022	0.848	1.312	0.885	1.332	0.818	0.957	0.939	0.961	1.008
	福建	1.094	1.107	1.069	0.862	0.945	0.981	0.911	1.184	0.849	1
	山东	0.906	1.227	0.932	1.317	1.065	0.868	1.119	1.216	1.091	1.082
	广东	1.311	1.086	0.898	0.478	2.166	1.267	0.903	1.221	0.868	1.133
	海南	0.832	1.067	0.927	0.989	0.708	0.976	1.068	0.961	0.98	0.945
	均值	1	1.091	1.076	0.987	1.052	0.973	1	1.062	0.982	1.025
西部地区	内蒙古	1.166	1.104	1.287	1.014	1.208	0.95	0.927	1.097	1.23	1.109
	广西	1.222	0.9	0.817	1.031	1.214	0.915	0.902	0.814	0.799	0.957
	重庆	0.989	1.061	1.056	1.026	1.14	1.212	1.017	1.028	1.041	1.063
	四川	0.998	1.17	1.127	1.242	0.912	0.91	0.901	0.937	1.192	1.043

续表

地区	省级	2007	2008	2009	2010	2011	2012	2013	2014	2015	平均值
西部地区	贵州	1.059	1.104	1.138	1.388	0.705	1.027	0.848	1.085	0.817	1.019
	云南	1.277	0.899	0.922	1.18	1.06	0.912	0.796	1.526	0.993	1.063
	陕西	1.002	0.803	0.952	0.974	1.354	1.061	0.877	0.943	1.039	1.001
	甘肃	0.878	0.777	2.047	0.871	1.223	0.903	0.906	0.927	1.031	1.063
	青海	0.919	0.896	1.009	1.267	0.923	0.94	0.934	1.025	0.903	0.98
	宁夏	1.274	0.971	1.275	0.934	0.932	1.266	0.836	1.142	0.81	1.049
	新疆	0.838	0.875	0.737	1.303	0.889	0.894	0.866	1.214	1.11	0.97
	均值	1.057	0.96	1.124	1.112	1.051	0.999	0.892	1.067	0.997	1.029
中部地区	山西	1.1	0.857	1.034	1.051	1.081	0.968	0.774	1.288	1.005	1.018
	吉林	0.602	1.187	1.045	0.793	1.147	1.167	1.017	1.007	0.909	0.986
	黑龙江	1.039	0.955	0.922	1.126	0.981	0.846	0.898	1.203	0.978	0.994
	安徽	0.938	1.035	1.05	1.022	0.864	0.893	1.103	1.074	0.903	0.987
	江西	1.029	1.294	0.878	0.926	0.847	1.092	0.957	1.041	0.936	1
	河南	1.045	1.265	0.975	1.238	1.068	0.843	0.886	1.112	1.061	1.055

续表

地区	省级	2007	2008	2009	2010	2011	2012	2013	2014	2015	平均值
中部地区	湖北	1.175	1.036	0.854	1.192	0.729	1.089	1.039	0.933	0.955	1
	湖南	0.872	1.059	0.878	1.247	0.863	0.901	0.927	1.028	0.824	0.955
	均值	0.975	1.086	0.955	1.074	0.948	0.975	0.95	1.086	0.946	0.999
全国均值		1.003	1.032	1.041	1.038	0.996	0.974	0.942	1.06	0.971	1.006

资料来源：本表根据 DEAP 结果由作者绘制。

综上分析，2006—2015 年"十一五"和"十二五"期间，环境规制效率出现了一定程度的变化，总体呈现波动性上升趋势。2010 年以前，全国各地区间环境规制差异不大，2010 年以后，地区之间经济发展差距剧增，经济发展相对较好的地区环境保护的投入和力度相对较大，环境规制效率相应突出；经济发展较弱的地区，自有财力明显不足，能用于环境污染治理等的精力和财力相对较少，环境规制效率不明显。另外，政府环境规制的投入因个别年份重大环境规制制度和政策的实施发生变化，相应的环境规制效率也随之发生变化，某种程度也说明环境规制制度的供给对环境规制效率影响程度明显。随着环境规制人力、财力、物力投入指标的增加，环境规制效率提升明显，全国的环境治理效果和环境质量都得到改善。此外，环境规制效率存在较明显的区域差异和时空差异。东部地区是环境规制效率改进最明显的地区，因其地理位置、科学技术、经济发展水平等多方面的综合作用，加之环境规制法律制度的不断完善，加快了该区域环境规制效率的提升；中西部地区可能是因为承接了部分东部地区一些重工业产业等的转移，经济和资源环境发展还不完善、不协调；样本期内西部地区仍体现出重点集中在生产发展、经济发展上，环境治理和保护相对薄弱，资源开发带来的环境污染问题较为严重，环境规制效率提升速度较缓。

四、小结

环境规制效率是环境规制的获得收益和投入成本之间的比例关系。本章运用成本收益分析方法来研究环境规制效率，鉴于环境规制的投入产出较多、单位不统一等指标特征，本部分采用数据包络分析法对环境规制的相对效率进行测算。以检验环境规制法律制度的实施效果为切入点，构建相对科学合理的环境规制效率投入产出指标体系，并对不同地区不同时期的各环境规制效率指标体系中的投入和产出水平进行分析。不同区域由于各地区的政治、经济、文化、历史等因素，及地区自身资源禀赋和社会经济发展水平的不同，环境规制效率呈现出明显的时空差异和区域差异。整体而言，10年间全国环境规制投入产出水平呈现增长态势。区域而言，基本呈现东高西低的趋势。

随后，分别运用 DEA 模型、超效率 DEA 模型对我国2006—2015 年各地环境规制静态效率进行测算分析，样本期内全国各地的环境规制效率各年差异不大，区域规制效率呈现东部规制效率最好、西部次之、中部规制效率最低的状况。同时运用 Malmquist 指数模型对我国 2006—2015 年的环境规制效率的动态变化进行分析，10 年间我国环境规制效率的增长趋势为西部地区增长均值略高于东部地区，东部的环境规制效率增长情况又略优于中部地区。通过分析发现，技术进步对环境规制效率提高的贡献最明显。

第六章

我国环境规制法律制度的实证检验

前面章节通过对我国环境规制法律制度的基本理论、发展演变、实施现状及现实困境的全面检视和规范分析，得出结论认为，我国环境规制法律制度在法律依据、管理体制、制度实施、配套体系等层面仍面临诸多制度困境。为了防止和避免环境规制的市场失灵和政府失灵，环境规制法律制度的干预和规范必不可少。环境经济学的研究表明，环境规制制度应当体现包含配置效率和动态效率的效率优化[1]。环境规制效率是环境规制法律制度的重要价值衡量，通过运用成本收益理论构建科学合理的环境规制投入产出指标体系，对我国 2006—2015 年各地的环境规制效率进行测算，从而进一步实证检验我国环境规制法律制度的价值和实施效果。

本部分旨在将环境规制法律制度的规范定性分析向量化分析转变，运用实证面板回归模型分析检验环境规制法律制度的立法、实施和管理制度等对环境规制效率和效果的影响情况，从而找到优化资源配置，建立科学合理的环境规制法律制度体系的路径。现有文献成果将环境规制法律制度作为核心解释变量的研究尚不足，学者们多集中于研究某一特定

---

〔1〕 罗勇：《生态环境制度的经济学分析与强化方向》，载《辽宁大学学报（哲学社会科学版）》2018 年第 6 期，第 57~62 页。

的环境规制工具或者某几个环境规制工具影响环境绩效、全要素生产率、科技创新、企业竞争力、经济发展、能源效率等的实证分析。本书将重点研究环境规制法律制度对环境规制效率和效果的影响情况，通过构建相关模型分析环境规制法律制度立法规模、制度实施和环境规制管理制度等对环境规制效率和效果的影响，从而得出在生态环境机构改革背景下，如何科学合理地建立环境规制法律制度体系。

一、对环境规制效率影响的实证分析

（一）模型构建

不同法律制度的供给和实施对环境规制效率的影响强度和方式不同。结合第五章对我国 2006—2015 年省级环境规制效率的测算，本部分将以各省级的环境规制效率为被解释变量，以环境规制法律制度为核心解释变量建立面板数据回归模型，对环境规制法律制度和环境规制效率的关系进行分析，具体计量模型构建如下：

$$EER_{it} = a + a_1 X_{it} + a_2 C_{it} + \lambda_i + \varepsilon_{it} \tag{6.1}$$

其中，EER_{it} 为被解释变量，代表环境规制效率，X_{it} 是核心解释变量，表示环境规制法律制度，C_{it} 是控制变量，ε_{it} 表示随机误差项。i 为地区维度，t 表示时间维度，λ_i 代表个体效应，如果模型中的解释变量与 λ_i 相关，则该模型为固定效应。随机效应模型假设个体效应模型与所有的解释变量不相关。

（二）指标选择

1. 被解释变量

借鉴臧传琴等（2018）[1]、陈德敏等（2012）[2]的研究，将第五章通过数据包络分析方法计算出来的环境规制效率作为被解释变量。

2. 核心解释变量

本书的核心解释变量为环境规制法律制度，重点研究环境规制法律制度相关的立法、制度实施和管理制度情况。结合第二、三章的介绍，选取代表变量。具体而言，根据数据的连续性、可获得性和各项指标的代表性，立法情况（LF）主要采用各地颁布的环境地方性法规数来衡量；制度实施情况（SS）选取环境行政执法作为代表变量，本书以各地当年做出的环境行政处罚案件数和行政复议案件数之和作为衡量指标，为了避免异方差，取对数处理。环境规制管理制度是环境制度实施的重要基础，也是解决环境污染问题的制度支撑，结合我国的生态环境管理体制方案，本书将以环境行政制度、环境监察制度、环境监测制度作为代表变量分析我国环境规制管理制度的影响情况。环境行政制度（XZ）、环境监察制度（JC）、环境监测制度（JCE）具体借鉴李国祥等（2019）[3]、

〔1〕 臧传琴、吕杰：《环境规制效率的区域差异及其影响因素——基于中国 2000—2014 年省际面板数据的经验考察》，载《山东财经大学学报》2018 年第 1 期，第 37 页。

〔2〕 陈德敏、张瑞：《环境规制对中国全要素能源效率的影响——基于省际面板数据的实证检验》，载《经济科学》2012 年第 4 期，第 49~64 页。

〔3〕 李国祥、张伟：《环境分权、环境规制与工业污染治理效率》，载《当代经济科学》2019 年第 5 期，第 26~38 页。

祁毓等（2014)[1]的测算方法，以某时期该地区各环境管理机构的人员规模情况考量各项环境分权程度，环境分权程度越强说明该地区在环境规制方面的自主性越强。借鉴祁毓等的指标选取方法，分别用某一时期该地区环境行政（监察、监测）人员数量占该地区总人口比重除以该时期全国环境行政（监察、监测）人员占全国总人口的比重来测算各项环境管理制度分权情况。考虑到不同地区的经济规模可能影响其环境管理制度和环境分权程度，因而用（$1-GDP_{it}/GDP_t$）对各项指标进行平减。具体计算方法：

环境行政制度：

$$XZ_{it} = \frac{xz_{it}/rk_{it}}{xz_t/rk_t} \left(1 - \frac{GDP_{it}}{GDP_t}\right) \qquad (6.2)$$

环境监察制度：

$$JC_{it} = \frac{jc_{it}/rk_{it}}{jc_t/rk_t} \left(1 - \frac{GDP_{it}}{GDP_t}\right) \qquad (6.3)$$

环境监测制度：

$$JCE_{it} = \frac{jce_{it}/rk_{it}}{jce_t/rk_t} \left(1 - \frac{GDP_{it}}{GDP_t}\right) \qquad (6.4)$$

其中，i 和 t 分别表示地区和时期，xz_{it}，jc_{it}，jce_{it} 分别表

---

[1] 祁毓等：《中国环境分权体制改革研究：制度变迁、数量测算与效应评估》，载《中国工业经济》2014 年第 1 期，第 31~43 页。

示 i 地区 t 年的环保机构人员数量、环保监察人员数量、环保监测人员数量，rk_{it} 表示 i 地区 t 年的人口数量，xz_t，jc_t，jce_t 分别表示 t 年全国总的环保机构人员数量，环保监察人员数量和环保监测人员数量，相应的 rk_t 表示 t 年的全国人口数量，GDP_{it}/GDP_t 表示 t 年 i 地区 GDP 占全国 GDP 的比重。

3. 控制变量

由于环境规制效率不仅受到环境规制法律制度的影响，还与社会、经济、产业发展等因素有关，考虑到这些因素可能会造成实证分析的结果偏差，将这些可能的影响因素作为控制变量进模型。综合已有研究成果和本书的研究目的，选取以下因素作为模型的控制变量：①地方政府干预程度（gy），主要反映地方政府对环境市场总体的行为干预，本书采用地区一般预算支出占地区生产总值的比重来衡量[1]。②产权性质（cq），参考张成等[2]、吕新军等（2015）[3]的做法，用规模以上国有控股工业企业资产占规模以上工业企业总资产的比重来衡量。③科技创新水平（kj）。一般而言，科技创新能力越高，地区治理污染的水平越高[4]。不同学者

---

[1] 肖远飞、吴允：《财政分权、环境规制与绿色全要素生产率——基于动态空间杜宾模型的实证分析》，载《华东经济管理》2019 年第 11 期，第 15~23 页；成德宁、韦锦辉：《不同类型环境规制影响我国产业竞争力的效应分析》，载《广东财经大学学报》2019 年第 3 期，第 26~33 页。

[2] 张成等：《环境规制强度和生产技术进步》，载《经济研究》2011 年第 2 期，第 113~124 页。

[3] 吕新军、代春霞：《中国省区环境规制效率研究：基于制度约束的视角》，载《财经论丛》2015 年第 8 期，第 105~111 页。

[4] 侯纯光等：《科技创新影响区域绿色化的机理——基于绿色经济效率和空间计量的研究》，载《科技管理研究》2017 年第 8 期，第 250~259 页。

以不同的指标来测度，张英浩等（2018）[1]采用各地区研究与试验发展人员数衡量，李国祥等（2019）[2]采用规模以上工业企业研发投入额来衡量，肖远飞等（2019）[3]采用各地区涉及环境领域的专利申请受理数；还有学者用当年环境类的专利审批数量来测度[4]，本书借鉴曾冰等（2016）[5]的指标选取方法，认为用 R&D 经费支出占地区生产总值的比重来衡量更为合理。④污染物排放（wr），根据数据的可得性和代表性，以二氧化硫作为主要污染物指标，为了消除地区差异，本书选取二氧化硫排放量除以工业增加值来衡量[6]。

此外，为了进一步检验各项具体的环境规制法律制度对环境规制效率的影响情况，在上述模型（6.1）中，用各项具体的环境规制法律制度替换核心解释变量进行回归分析讨论，结合已有的文献研究和第二、三章对我国当前各项具体的环境规制法律制度的分析和主流观点，本部分选取"三分

〔1〕 张英浩等：《环境规制对中国区域绿色经济效率的影响机理研究——基于超效率模型和空间面板计量模型实证分析》，载《长江流域资源与环境》2018 年第 11 期，第 2407~2418 页。

〔2〕 李国祥、张伟：《环境分权、环境规制与工业污染治理效率》，载《当代经济科学》2019 年第 5 期，第 26~38 页。

〔3〕 肖远飞、吴允：《财政分权、环境规制与绿色全要素生产率——基于动态空间杜宾模型的实证分析》，载《华东经济管理》2019 年第 11 期，第 15~23 页。

〔4〕 何爱平、安梦天：《地方政府竞争、环境规制与绿色发展效率》，载《中国人口·资源与环境》2019 年第 3 期，第 21~30 页。

〔5〕 曾冰等：《环境政策工具对改善环境质量的作用研究——基于 2001—2012 年我国省级面板数据的分析》，载《上海经济研究》2016 年第 5 期，第 39~46 页。

〔6〕 吕新军、代春霞：《中国省区环境规制效率研究：基于制度约束的视角》，载《财经论丛》2015 年第 8 期，第 105~111 页。

法"中的命令控制型、市场激励型、公众参与型作为具体环境规制法律制度的代表变量。具体而言，命令控制型（ML）选取"三同时"制度来衡量，"三同时"制度是环境规制的源头制度，因为"三同时"制度是适用时间最长，最能代表我国命令控制型规制的制度。数据选取当年完成的环保验收项目投资占工业总产值的比重来测算。市场激励型（JL）借鉴大多数学者的做法，用排污费的收缴情况作为其代理变量，为避免异方差，采用排污收费金额占工业增加值的比重来衡量。公众参与型（GZ）借鉴大部分学者的研究，选取环保来信总数、来访人数、环保方面的人大建议数、政协提案数四项指标的总和取对数来测算。考虑到"三同时"制度和排污收费制度等变量对环境规制效率的影响可能存在滞后效应，因此取其滞后一期进行回归检验。具体模型构建为：

$$EER_{it} = a + a_1 Y_{it} + a_2 C_{it} + \delta_i + \varepsilon_{it} \tag{6.5}$$

其中，EER_{it} 为被解释变量，代表环境规制效率，Y_{it} 表示具体各项环境规制法律制度，包含命令控制型、市场激励型、公众参与型，C_{it} 是控制变量，ε_{it} 表示随机误差项。i 为地区维度，t 表示时间维度，δ_i 代表个体效应，如果模型中的解释变量与 δ_i 相关，则该模型为固定效应。随机效应模型假设个体效应模型与所有的解释变量不相关。

（三）数据来源说明和描述性统计

核心解释变量指标中环境行政人员数量、环境监察人员数量、环境监测人员数量，具体环境规制法律制度中"三同时"项目环保投资金额、排污费收缴金额、公众参与的来信

批次、来访批次、人大建议数、政协提案数等数据来源于
2007—2016 年《中国环境年鉴》，其余指标来源于 2007—
2016 年《中国统计年鉴》、EPS 全国统计数据分析平台、中
国知网数据库。为了和前文保持一致，本部分选取 2006—
2015 年我国 30 个省（自治区、直辖市）的面板数据进行实
证检验。在进行实证分析前，本研究对各变量数字特征进行
了描述性统计。具体变量说明和描述性统计结果见表 6.1。

表 6.1　主要变量指标说明及描述性统计结果表

指　标	指标说明及测算方式	观测值	平均值	标准差	最小值	最大值
EER	第五章通过超效率 DEA 测算出的结果	300	1.38	0.67	0.49	5.02
立法（LF）	当年颁布的环境地方性法规数	300	0.82	1.43	0	18
制度实施（SS）	当年做出的环境行政处罚案件和行政复议案件总和取对数	300	7.34	1.45	0	10.56
环境行政制度（XZ）	测算方式详见文章	300	0.97	0.35	0.48	2.29
环境监察制度（JC）	测算方式详见文章	300	0.95	0.51	0.17	2.51
环境监测制度（JCE）	测算方式详见文章	300	0.99	0.36	0.44	2.56
命令控制型（ML）	"三同时"项目环保投资额与工业总产值的比重	300	0.08	0.09	0.01	1.09

续表

指 标	指标说明及测算方式	观测值	平均值	标准差	最小值	最大值
市场激励型（JL）	排污费征收金额与工业增加值之比	300	0.12	0.1	0.01	0.87
公众参与型（GZ）	环境来信、来访、人大建议、政协提议数总和取对数	300	9	1.27	4.78	11.71
地方政府干预程度（gy）	一般预算支出与 GDP 的比	300	0.22	0.09	0.08	0.63
产权性质（cq）	规模以上国有控股工业企业资产占规模以上工业企业总资产之比	300	0.52	0.18	0.14	0.84
科技创新水平（kj）	R&D 经费支出占 GDP 的比重	300	1.38	1.07	0.18	6.93
污染物排放水平（pf）	二氧化硫排放总量与工业增加值之比	300	0.02	0.02	0	0.17

资料来源：本表根据 STATA 结果由作者绘制。

表 6.1 的描述性统计结果显示，各变量的标准差普遍较小，序列比较稳定。立法情况（LF）和制度实施情况（SS）的平均值和标准差分别为 0.82、7.34，标准差 1.43、1.45，差别较大，最小值和最大值也相差较大，表明各地区的立法规模和执法强度存在较大差异，呈现出区域之间显著的异质性。环境行政制度、环境监察制度和环境监测制度的指标特征相似，而被解释变量环境规制效率受诸多因素的制约影响，区域差异特征明显。控制变量中科技创新水平的最大值和最

小值相差较大，区域差异明显。

（四）实证结果及分析

为了消除面板数据可能会出现的异方差和同期相关性等问题，本书运用普通最小二乘法分别对模型（6.1）和模型（6.5）所构建的面板回归模型进行检验。在做面板回归之前，首先对模型进行豪斯曼（Hausman）检验来决定采用固定效应模型还是随机效应模型。检验结果显示，拒绝原假设随机效应模型，选择固定效应回归模型。这也验证了巴尔塔基（Baltagi）[1]的观点。巴尔塔基曾提出当回归样本取值是特定的个体时，一般应该选择固定效应模型，当样本选择是从总样本中随机抽取的，则使用随机效应模型更准确。本书研究的是特定的我国30个省（自治区、直辖市），固定效应模型应该是最佳选择，豪斯曼检验结果支持该结论。

通过Stata15软件进行实证检验，模型（6.1）、模型（6.5）的回归结果见表6.2，结果显示模型整体通过显著性检验，说明拟定合理。实证结果表明环境规制法律制度对环境规制效率基本呈现显著作用。表6.2结果中模型（6.1）显示，环境规制法律制度的立法规模和制度实施对环境规制效率有显著的促进作用，均在1%的显著性水平上呈正向影响；回归系数方面，制度实施的影响程度高于立法规模，环境规制法律制度的实施较之法律制定对提高环境规制效率作用更明显；环境管理制度方面，环境行政制度和环境监察制度对环境规制效率呈现出负向影响，分别通过了1%和5%的

---

〔1〕 B. H. Baltagi, "A Companion to Econometric Analysis of Panel Data", *Wiley & Sons*, 5（2009），pp. 747-754.

显著性检验，而环境监测制度在显著性水平 1% 上呈正向影响。可能的原因为，近年来，国家不断加强环境规制力度，深化生态环境管理体制改革，逐步扩大地方环境规制的投入力度，权力下沉，地方环境规制权逐渐加强。随着环境分权的改革进程，地方政府出于经济利益和政绩等的考核，难免会牺牲环境利益换取经济增长进而影响环境规制效率。而环境监测制度对环境规制效率呈现明显的促进效应，充分说明环境监测分权有利于各地区更好地治理环境污染，提高环境规制效率。尤其对于污染密集的地区，更好地建立环境监测平台，发布环境质量信息，更有利于提升环境规制效率。环境行政制度和环境监察制度方面，环境行政分权对环境规制效率的负向效果更明显。环境行政制度是环境管理制度中最为重要的体现，涉及资金、人员结构、管理机制的建设和完善，直接关系各地区的资源配置效率，因而作用更突出。"十三五"规划提出的环境监察执法的垂直管理制度正是该问题的有效解决路径。

　　具体就各项环境规制法律制度对环境规制效率的影响情况而言，模型（6.5）结果显示，命令控制型制度对环境规制效率呈现正向显著影响，通过 5% 的显著性检验，验证了前文的具体制度分析，即我国的环境规制法律制度长期依赖命令控制型制度。市场激励型制度对环境规制效率的影响系数显著为正，通过 10% 的显著性检验。近年来，市场激励型环境规制法律制度对我国环境规制效率的影响明显提升，通过加强环境规制强度倒逼企业改进生产技术，产生"倒逼效应"，从而提升环境规制效率，这点与诸多学者的研究结论相一致。市场激励型制度较之命令控制型更灵活，成本效应较弱，更有利于促进企业改进技术，提高创新，减少环境污染，对环境改善作用明显，这也从另一方面验证了阿特金森（Atkinson）等人[1]的观点，命令控制型环境规制制度较之市场激励型等其他规制制度，成本过高，不利于生产技术创新进步。公众参与制度变量指标对环境规制效率影响程度较之命令控制型和市场激励型而言不明显，影响系数为正但未通过显著性检验，与王红梅（2016）[2]结果一致。可能的原因在于本书研究的样本期为 2006—2015 年，而我国的公众参与制度是 2015 年 7 月《环境保护公众参与办法》实施以来全面推行的。所以制度实施效果不明显。但相信随着监督方式的多样化，监督渠道的多元化，公众参与对环境规制效率的提升作用会日渐明显。而且，公众对环境规制的监督行为有效降低了政府的治污成本，公众对环保监督的压力也会促使监管部门不断改进环境规制措施和手段，提升环境规制效率。

表 6.2 环境规制法律制度对环境规制效率的检验结果表

	模型（6.1）	模型（6.5）
LF	0.0362 *** (2.91)	

---

〔1〕 S. E. Atkinson, D. H. Lewis, "A cost-effectiveness analysis of alternative air quality control strategies", *Journal of Environmental Economics and Management*, vol. 1, 3 (1974), pp. 237-250；叶祥松、彭良燕：《我国环境规制的规制效率研究——基于 1999—2008 年我国省际面板数据》，载《经济学家》2011 年第 6 期，第 81~86 页。

〔2〕 王红梅：《中国环境规制政策工具的比较与选择——基于贝叶斯模型平均（BMA）方法的实证研究》，载《中国人口·资源与环境》2016 年第 9 期，第 132~138 页。

续表

	模型（6.1）	模型（6.5）
SS	0.0748*** （3.48）	
XZ	−0.938*** （−3.84）	
JC	−0.548** （−2.46）	
JCE	1.225*** （6.03）	
gy	−2.239*** （−3.42）	−2.032** （−2.47）
cq	1.550*** （3.22）	1.484** （2.41）
kj	0.295*** （4.07）	0.169* （1.94）
pf	−9.519*** （−5.16）	−9.517*** （−2.95）
ML		0.137** （2.07）
JL		0.661* （1.72）
GZ		0.00923 （0.34）
_cons	1.571*** （3.41）	0.784 （1.55）
N	300	270

注：***、**、*分别为在1%、5%、10%水平下显著，表中数据为各自变量的回归系数，括号内为t值。

资料来源：本表根据STATA结果由作者绘制。

此外，表6.2中显示，模型（6.1）和模型（6.5）中控制变量对环境规制效率的影响情况一致。地方政府的干预程度对环境规制效率呈现负向影响，分别通过了1%和5%的显著性检验，符合前文的制度困境分析，也符合社会认知，即地方政府对环境市场的干预，阻碍了环境规制法律制度的有效实施，会明显影响环境规制效率。产权性质则显著促进环境规制效率的提高，说明地区随着国有资产比重的提高，环境规制效率也会随之提高，规模以上国有控股工业企业资产占规模以上工业企业总资产之比每提高1%，环境规制效率会提高1.5%左右，这也验证了塔卢克达尔（Talukdar）等[1]、H. Wang[2]等学者的结论。科技创新水平对环境规制效率影响分别通过了1%和10%的显著性水平检验，验证了"波特假说"。污染物排放指标通过了1%的显著性检验，地区污染物排放量每增加1个百分点，环境规制效率就会降低将近10个百分点。环境污染物排放越多对环境造成的影响越大，从而影响环境规制效率。

二、对环境规制效果影响的实证分析

（一）模型构建

通过上一部分的实证研究发现，环境规制法律制度对环境规制效率基本呈现正向的显著影响。为了进一步验证研究

---

〔1〕 D. Talukdar, M. C. Meisner, "Does the Private Sector Help or Hurt the Environment? Evidence From Carbon Dioxide Pollution in Developing Countries", *World Development*, 29（2001）, pp. 827-840.

〔2〕 H. Wang et al., "Incomplete Enforcement of Pollution Regulation Bargaining Power of Chinese Factories", *Environmental and Resource Economics*, vol. 24, 3（2003）, pp. 245-262.

结论，确保研究的周延性，这一部分将以环境规制效果为被解释变量，以环境规制法律制度为核心解释变量，进一步分析环境规制法律制度对环境规制效果的影响情况。构建环境规制法律制度对环境规制效果影响的实证模型如下：

$$EQ_{it} = a + a_1 Z_{it} + a_2 C_{it} + \mu_i + \varepsilon_{it} \tag{6.6}$$

其中，EQ_{it} 为被解释变量，代表环境质量，Z_{it} 是核心解释变量，表示环境规制法律制度，C_{it} 是控制变量，ε_{it} 表示随机误差项。i 为地区维度，t 表示时间维度，μ_i 代表个体效应，如果模型中的解释变量与 μ_i 相关，则该模型为固定效应。随机效应模型假设个体效应模型与所有的解释变量不相关。

（二）指标选择

1. 被解释变量

对于环境规制效果的测算，大部分学者均以环境质量作为衡量指标，本书也采用环境质量作为环境规制效果的衡量指标。纵览现有文献成果，有的学者选取某一污染物的排放情况衡量环境质量，或者将各污染物简单加总，如王红梅[1]选取某一地区的三废排放总量与 GDP 比重测算环境质量；还有学者[2]运用熵值法对二氧化硫、废水、固体废物排放量取权重测算环境质量。鉴于采用单一污染物排放指标不能有效测度地区环境污染水平，而采用各污染物排放的简单加总或权

---

〔1〕　王红梅：《中国环境规制政策工具的比较与选择——基于贝叶斯模型平均（BMA）方法的实证研究》，载《中国人口·资源与环境》2016 年第 9 期，第 132~138 页。

〔2〕　曾倩等：《产业结构视角下环境规制工具对环境质量的影响》，载《经济经纬》2018 年第 6 期，第 94~100 页。

重测算则忽略了各地区的经济规模影响，进而影响所测度的环境质量的准确性。本书借鉴于文超等（2015）[1]对环境污染水平的指标测算方法作为环境质量的衡量标准，选取三种最具代表性的污染物：二氧化硫、氮氧化物、废水，构造地区环境污染综合指数，取其负数来反映环境质量。具体计算公式如下：

$$wr_{rit} = \frac{pf_{rit}}{\sum_{k=1}^{n} [(gz_{kt}/gz_{qt}) \times pf_{rkt}]}, \quad r = 1, 2, 3 \qquad (6.7)$$

$$wr_{it} = (wr_{1it} + wr_{2it} + wr_{3it})/3 \qquad (6.8)$$

$$EQ_{it} = -wr_{it} \qquad (6.9)$$

上述公式（6.7）、公式（6.8）、公式（6.9）中，i，t 分别表示地区维度和时间维度，其中，pf_{rit} 表示第 i 地区 t 时期第 r 种污染物的排放密度，为消除地区经济规模差异，用污染物排放总量除以该地区的工业增加值表示污染物的排放密度。因为各污染物排放单位不同，对污染物排放水平做无量纲处理，具体方法为用地区工业增加值比重赋以权重，gz_{kt} 表示 k 地区 t 时期的工业增加值，gz_{qt} 表示全国 t 时期的工业增加值，从而得出，通过三种污染物种类 r、地区 i 和年份 t 三个维度的公式（6.7）测算出各地区各时期三种污染物的污染水平 wr_{rit}，再用公式（6.8）的几何平均法测算出 i 地区 t 时期的环境污染水平，为了实证结果方便研究解释，取 wr_{it} 的负数用 EQ_{it} 来表示，反映 t 时期 i 地区的环境规制效果。

---

〔1〕 于文超等：《政绩诉求、政府干预与地区环境污染——给予中国城市数据的实证分析》，载《中国经济问题》2015 年第 5 期，第 35~45 页。

2. 核心解释变量

考虑到环境规制效率会影响环境质量，本部分将环境规制效率（EER）作为影响变量加入核心解释变量中进一步分析环境规制法律制度对环境规制效果的影响，重点研究环境规制法律制度的相关立法情况、制度措施实施情况和环境规制管理制度情况。具体代表变量和指标选取同模型（6.1）一致，不再赘述。考虑到制度实施对环境质量的可能影响存在滞后性，对环境行政执法采用滞后一期进行实证检验。

3. 控制变量

综合已有学者的研究，本书选取控制变量指标为：①产业结构（cy）。具体指三大产业在经济结构中所占的比重。不同学者用不同的指标测算产业结构的优化程度，彭代彦等[1]用第二产业占 GDP 的比重衡量，蔡乌赶等[2]用第三产业与第二产业产值的比值衡量。本书认为产业结构的优化程度很大程度取决于第三产业和第二产业的比重，因而借鉴肖远飞等学者[3]的指标选取方法，采用第三产业增加值与第二产业增加值之比来衡量。②能源结构（ny）。指地区各能源消费占总能源消费的比例，反映地区能源消费状况和生产技术发展水平，同时也能表征污染物的主要来源和特征。本书采用

---

〔1〕 彭代彦、张俊：《环境规制对中国全要素能源效率的影响研究——基于省际面板数据的实证检验》，载《工业技术经济》2019 年第 2 期，第 59～67 页。

〔2〕 蔡乌赶、李青青：《环境规制对企业生态技术创新的双重影响研究》，载《科研管理》2019 年第 10 期，第 87～95 页。

〔3〕 肖远飞、吴允：《财政分权、环境规制与绿色全要素生产率——基于动态空间杜宾模型的实证分析》，载《华东经济管理》2019 年第 11 期，第 15～23 页。

大多数学者的指标选取方法，用地区煤炭消费量与能源消费量之比来衡量。其余控制变量如地方政府干预程度（gy）、产权性质（cq）、科技创新水平（kj）同前面的模型一致，此处不再赘述。

（三）数据来源说明和描述性统计

核心解释变量指标中环境行政人员数量、环境监察人员数量、环境监测人员数量等数据来源于2007—2016年的《中国环境年鉴》《中国环境统计年鉴》《中国环境统计公报》。其余指标来源于2007—2016年的《中国统计年鉴》《中国能源统计年鉴》《中国工业经济统计年鉴》以及EPS全国统计数据分析平台、中国知网数据库等。为了和前文保持一致，本部分选取2006—2015年我国30个省（自治区、直辖市）的面板数据进行实证检验。

实证分析前，作者对各指标进行了变量说明和描述性统计结果见表6.3。结果显示，被解释变量环境质量的最大值为-0.26，最小值为-5.39，说明环境规制效果的区域差异较明显。环境规制效率也表现出较强的地区差异性。此外，能源结构和产业结构的最大值和最小值也相差较大，充分说明环境污染的各项影响指标具有较强的地区差异性。

表6.3　主要变量指标说明及描述性统计结果表

指　标	测算方式及单位	观测值	平均值	标准差	最小值	最大值
EQ	环境质量，测算方式详见文章	300	-1.35	0.86	-5.39	-0.26

续表

指　标	测算方式及单位	观测值	平均值	标准差	最小值	最大值
EER	第五章超效率 DEA 测算出的结果	300	1.38	0.67	0.49	5.02
立法（LF）	当年颁布的地方性法规数	300	0.82	1.43	0	18
制度措施实施（SS）	当年做出的行政处罚案件和行政复议案件总和取对数	300	7.34	1.45	0	10.56
环境行政制度（XZ）	测算方式详见文章	300	0.97	0.35	0.48	2.29
环境监察制度（JC）	测算方式详见文章	300	0.95	0.51	0.17	2.51
环境监测制度（JCE）	测算方式详见文章	300	0.99	0.36	0.44	2.56
产业结构（cy）	第三产业增加值与第二产业增加值之比	300	0.96	0.53	0.5	4.04
能源结构（ny）	煤炭消费量与能源消费量之比	300	0.96	0.38	0.17	2.03
地方政府干预程度（gy）	一般预算支出与 GDP 的比	300	0.22	0.09	0.08	0.63
产权性质（cq）	规模以上国有控股工业企业资产占规模以上工业企业总资产之比	300	0.52	0.18	0.14	0.84
科技创新水平（kj）	R&D 经费支出占 GDP 的比重	300	1.38	1.07	0.18	6.93

资料来源：本表根据 STATA 结果由作者绘制。

（四）实证结果及分析

用 Stata15 对模型（6.6）进行检验，在做回归之前，作者用豪斯曼模型对面板数据进行检验以确定选择固定效应还是随机效应。检验结果显示，显著性水平为 1%，拒绝原假设随机效应模型，选择固定效应回归模型。模型（6.6）的回归结果见表 6.4，结果显示模型整体通过了显著性检验，说明拟定合理。实证结果表明环境规制法律制度对环境规制效果基本呈现显著作用。与前文模型（6.1）的回归结果比较，环境规制法律制度立法规模和制度实施对环境规制效率和效果均有正向影响。但立法规模对环境规制效果的影响没有通过显著性检验，考虑可能的原因是法律具有预见性和稳定性，法律的制定和修改较之执法等各具体制度的实施不够灵活，因而相关性不太显著。但结果仍呈现正向作用，且立法规模对环境规制效率的回归系数较之对环境规制效果的回归系数较大，可见立法规模对环境规制效率的促进作用比对环境规制效果的正向影响程度高。制度实施方面，模型（6.6）中，滞后一期的环境规制法律制度实施对环境规制效果在 10% 的显著水平上呈现正向影响，实施强度每提高 1 个百分点，环境质量提高 0.0359 个百分点，显著性和影响程度均不及对环境规制效率的影响。环境规制效率对环境规制效果的影响在 10% 显著水平上呈正向影响，回归系数为 1.82，说明环境规制效率的提升对环境质量具有明显促进作用，符合发展现状和公众认知。环境规制管理制度方面，环境行政制度和环境监察制度对环境质量分别在 10% 和 5% 的显著水平上呈现促进作用，说明环境行政人员和监察人员所占比重越多，越有利于环境污染的治理，提高环境质量。而环境监测分权对环境质量的影响没有通过显著性检验。控制变量方面，产业结构的优化对环境规制效果呈现负相关，可能的原因是，产业结构优化的地区经济发展模式多为依靠重工业、高污染的地区，其资源环境本身欠佳，产业结构的优化程度对环境规制效果的影响程度较小。能源结构对环境规制效果呈现负相关，回归系数为 -5.15，能源结构提高 1 个百分点，环境质量会降低 1.007 个百分点，说明能源结构数值越高，该地区单位 GDP 消耗的能源量越大，相应的产生的污染物强度越大，对环境的影响越大。这与我们的认知相符，高煤炭消费会降低环境规制效率，也和郭庆等（2015）[1]、臧传琴等（2018）[2]、彭代彦等（2019）[3]学者的研究结论相一致，即能源结构的优化有助于节能减排和环境规制效果。地方政府干预程度对环境规制效果的影响与模型（6.1）中对环境规制效率的影响结果一致，而产权性质对环境质量的影响则出现在 10% 显著水平上的负相关。可能的原因是规模以上工业企业越多，则相应的生产过程中产生的污染越多，从而影响环境质量。科技创新水平对环境规制效果的影响与模型（6.1）中对环境规制效率的影响情况一致，呈现 1% 显著性水平的正相关。科技创新水平的提高对环境质量的提高也具

〔1〕 郭庆、孙悦：《环境规制政策对排污强度的影响分析》，载《山东财经大学学报》2015 年第 5 期，第 46~53 页。

〔2〕 臧传琴、吕杰：《环境规制效率的区域差异及其影响因素——基于中国 2000—2014 年省际面板数据的经验考察》，载《山东财经大学学报》2018 年第 1 期，第 37 页。

〔3〕 彭代彦、张俊：《环境规制对中国全要素能源效率的影响研究——基于省际面板数据的实证检验》，载《工业技术经济》2019 年第 2 期，第 59~67 页。

有促进作用，证明"波特假说"确实存在。

表6.4　模型（6.6）回归结果表

	模型（6.6）
EER	0.102* (1.82)
LF	0.0160 (0.92)
SS	0.0359* (1.80)
XZ	0.483** (2.01)
JC	0.465** (2.16)
JCE	−0.250 (−1.20)
cy	−1.031*** (−6.95)
ny	−1.007*** (−5.15)
gy	−2.192*** (−3.35)
cq	−0.918* (−1.94)
kj	0.266*** (3.16)
_cons	0.110 (0.21)

续表

	模型（6.6）
N	270

注：***、**、*分别为在1%、5%、10%水平下显著，表中数据为各自变量的回归系数，括号内为 t 值。

资料来源：本表根据 STATA 结果由作者绘制。

三、实证模型的稳健性检验

为了保证实证结果的准确性和稳定性，本部分通过调整样本地区、变动指标对前文的实证模型进行稳健性检验。

（一）调整样本地区稳健性检验

基于自治区和直辖市的特殊性，借鉴彭代彦等学者的稳健性检验方法，剔除样本中的自治区和直辖市，对模型（6.1）和模型（6.5）进行回归检验，根据各项指标的显著性和符号判断模型稳健性，检验模型分别记为模型（6.1-1）、模型（6.5-1）（结果见表6.5）。结果显示，各衡量指标的回归结果与基准实证检验回归结果基本一致，进一步证实了模型的稳健性，也说明模型实证结果的稳定性。

表6.5 调整样本地区稳健性检验估计结果表

	模型（6.1-1）	模型（6.5-1）
LF	0.0371 *** (2.95)	
SS	0.0848 *** (3.08)	

续表

	模型（6.1-1）	模型（6.5-1）
XZ	−1.748*** （−3.95）	
JC	−0.808*** （−2.89）	
JCE	2.148*** （6.97）	
gy	−1.836*** （−2.62）	−2.442** （−2.60）
cq	1.435*** （2.64）	1.820** （2.47）
kj	0.258*** （2.98）	0.290** （2.37）
pf	−6.431*** （−2.88）	−10.13** （−2.45）
ML		0.124* （1.67）
JL		0.985* （1.76）
GZ		0.00221 （0.07）
_cons	1.872*** （3.36）	0.591 （0.97）
N	220	198

注：***、**、*分别为在1%、5%、10%水平下显著，表中数据为各自变量的回归系数，括号内为 t 值。

资料来源：本表根据 STATA 结果由作者绘制。

（二）变动指标稳健性检验

为了检验模型的稳健性和结果的稳定性，通过替换指标进行回归估计。分别用当年做出的行政处罚案件数［SS（dai）］作为环境执法的替换指标，用当年颁布的环境地方性法规和行政规章数［LF（dai）］作为立法情况的替换指标对模型（6.6）进行实证检验估计，分别记为模型（6.6-1）、模型（6.6-2），进行检验估计，结果与基准模型研究一致（见表6.6），进一步证实了回归模型的稳健性。

表6.6　替换指标稳健性检验估计结果表

	模型（6.6-1）	模型（6.6-2）
EER	0.108[*] （1.92）	0.112[**] （2.02）
LF	0.0175 （1.00）	
SS（dai）	0.0543[**] （2.09）	
XZ	0.464[*] （1.92）	0.470[*] （1.96）
JC	0.483[**] （2.23）	0.452[**] （2.10）
JCE	-0.234 （-1.12）	-0.253 （-1.22）
cy	-1.039[***] （-6.99）	-1.045[***] （-7.06）
ny	-1.004[***] （-5.13）	-1.024[***] （-5.22）

续表

	模型（6.6-1）	模型（6.6-2）
gy	-2.208^{***} （-3.37）	-2.200^{***} （-3.35）
cq	-0.890^{*} （-1.87）	-1.008^{**} （-2.16）
kj	0.271^{***} （3.21）	0.262^{***} （3.09）
LF（dai）		0.00240 （0.31）
SS		0.0360^{*} （1.80）
_cons	-0.0677 （-0.12）	0.222 （0.44）
N	268	270

注：***、**、*分别为在1%、5%、10%水平下显著，表中数据为各自变量的回归系数，括号内为 t 值。

资料来源：本表根据 STATA 结果由作者绘制。

四、实证结论

我国长期面临以经济高速增长为中心的发展规律，生态环境承载了巨大压力，党的十九大提出的经济高质量发展正是正视和解决这一问题的开端。习近平总书记提出的"两山论"更是从认识论和价值论的角度诠释生态保护和经济发展的关系，生态就是经济，生态优势就是经济优势，生态环境保护不仅是生产力，也是竞争力。经国序民，正其制度，环境问题的市场失灵和政府失灵最终要依据法律制度进行干预和规范，科学有效的环境规制法律制度是推进我国生态环境治理体系和治理能力现代化建设的重要保障。本章通过对环境规制法律制度进行量化分析，运用实证模型检验立法依据、法律实施、管理制度以及相关具体环境规制法律制度对环境规制效率和效果的影响情况，得出如下结论：

第一，长期而言，随着环境规制法律制度体系的不断完善，环境立法规模对环境规制效率的正向影响尤为显著。环境规制法律制度的制定和完善是我国生态环境治理法治建设的根本，相关法律法规的完善能切实对生态环境规制效率和效果起到促进和改善作用。通过实证分析发现，环境规制法律制度的立法规模对环境规制效率的影响优于对环境规制效果的影响，法律制度因其本身的稳定性和强制性等特点，较之制度实施和执法措施等不够灵活，对环境质量的影响效果反映不明显，但仍呈现正向作用。通过不断完善环境法律法规，建立科学有效的环境规制法律制度，真正做到生态环境保护领域的有法可依、有法必依。将成本收益理论纳入环境规制法律制度立法考量中，同时将环境规制效率和效果的影响因素综合考量，制定科学有效可操作的环境规制法律制度是环境规制的重点。

第二，环境规制法律制度的实施情况对环境规制效率和效果影响明显。实证表明，环境规制法律制度的实施对环境规制效率和效果的提升均有显著的促进作用。环境规制法律制度的规范和严格实施是我国长期环境规制的主要方向，从严执法、完善执法、规范执法、有效执法是环境治理的重要举措。具体环境规制法律制度的适用方面，实证结果显示，环境规制具体法律制度对我国环境规制效率影响十分显著。

2006—2015 年间对我国环境规制效率起主要影响作用的环境规制法律制度是命令控制型和市场激励型，受国情和政治体制影响，环境规制对命令控制型法律制度产生较大的依赖，随着生态环境机构改革的不断深入，经济高质量发展的不断推进，市场激励型和公众参与型对环境规制效率和效果的影响程度日渐凸显。要注重多种环境规制法律制度的组合适用，充分发挥企业的主观能动性和市场灵活性，强化环境规制各项制度的有效实施，改善生态环境质量。

第三，科学合理的生态环境管理制度有利于环境规制效率的提升和生态环境质量的提高。通过实证检验，我们发现合理的环境规制管理制度对环境规制效率和效果的提升有显著的促进作用，结合我国生态环境管理机构改革和省级以下生态环境机构监测监察执法垂直管理制度改革，全面深化改革、不断强化我国环境行政制度、监察制度和监测制度等的环境规制管理制度建设，能够为现代化生态环境治理体系建设发挥积极作用。

第四，环境规制效率的提升和环境规制效果的提高是相辅相成的。在特定的技术条件和经济规模下，环境规制法律制度对环境规制效率的促进作用比对环境规制效果的改善作用更为明显。

五、小结

本章重点对环境规制法律制度进行量化分析，主要从实证层面对环境规制法律制度的实施效果进行检验。结合我国环境规制法律制度的立法规模和制度实施情况，针对当前生态环境管理机构改革不断深化的背景，将我国环境规制管理制度纳入模型，以第五章测算出的环境规制效率为价值衡量，选取我国省级 2006—2015 年的面板数据，构建面板回归模型进行研究。

实证结果显示，我国当前主要环境规制法律制度对环境规制效率和环境规制效果的影响基本呈现显著的正影响。其中，环境立法规模对环境规制效率正向影响显著，制度实施对环境规制效率和效果具有显著的促进作用。具体环境规制法律制度适用方面，2006—2015 年间我国最有效的环境规制法律制度是命令控制型和市场激励型，但市场激励型的效用尚没有达到比较理想的水平，公众参与型制度对环境规制效率的影响相对而言较低。环境规制管理制度方面，环境行政制度和监察制度对环境规制效率呈现显著负影响，而环境监测制度对环境规制效率呈现显著正影响，这也验证了生态环境管理体制改革的必要性，同时，产业结构、地方政府干预程度、科技创新等因素也对环境规制效率和效果产生影响。因此，要建立科学合理有效的环境规制法律制度体系就要充分考虑制度价值衡量，透过市场机制实现环境规制资源的优化配置，加强环境规制法律制度制定和实施中经济因素的考量，这是深化生态环境体制改革的重要方面，也是生态环境治理体系现代化的应有之义。通过法律制度的合理制定和实施，强化生态环境治理领域的制度优势，真正实现环境规制法律制度的有法可依、有法必依、执法必严、违法必究，更好地实现环境规制法律制度的有效供给。

第七章
结论和建议

一、主要结论

生态问题既是社会民生问题，又是经济问题。习近平总书记提出"绿水青山就是金山银山"，即生态本身就是一种经济，科学阐释了环境和经济的关系。中国特色社会主义进入新时代，针对日益突出的生态环境问题和我国正在进行的生态环境管理体制改革，建立科学合理的环境规制法律制度体系是克服生态环境市场失灵和政府失灵的最优路径。

本书以我国环境规制法律制度为主要研究对象，以法经济学为研究视角，利用法经济学、法学、经济学等相关理论和研究方法，在对环境规制法律制度的经济学和法学基本理论深入剖析的基础上，通过大量基础调研、统计分析，对我国环境规制法律制度的立法规模、制度实施、司法保障的现状进行梳理，运用博弈模型对环境规制的市场失灵和政府失灵进行分析，总结出我国环境规制法律制度的现实困境，进而尝试以环境规制效率作为环境规制法律制度实施效果的价值衡量，运用法经济学成本收益分析理论，构建合理的环境规制投入产出指标体系，通过 DEA 模型、超效率 DEA 模型、Malmquist 模型对我国环境规制效率进行测算，通过选取合理的环境规制法律制度相关指标，运用面板回归模型，以环境规制法律制度为核心解释变量，分别以环境规制效率和环境规制效果为被解释变量，检验环境规制法律制度的立法规模、制度实施、管理体制等因素对环境规制效率和效果的影响。主要得出以下结论：

第一，通过对环境规制法律制度的经济学基础理论和法学基础理论进行深入分析，不难发现，理论层面，无论是法学领域的法益价值和权利属性的规范性分析，还是经济学界关于环境问题和经济问题的深层理论探析，其目的都是更好地克服和避免生态环境领域的市场失灵和政府失灵；研究方法层面，法学家侧重于规范性研究，注重从制度适用本身所反映的问题进行应然分析，从权利的赋予、义务的履行、法律法规的操作性等层面进行探究。经济学家更多的是从环境规制对经济发展、市场竞争力、产业创新、国际竞争力、能源效率、全要素生产率等因素的影响层面进行模型构建，实证检验。虽然研究方法和研究视角不同，但研究目的都是建立科学高效的环境规制制度，提升环境规制水平，促进环境质量提升。

第二，经济发展方式的转变是助推环境规制法律制度完善的有力保障。当前我国经济发展方式正在从高速增长转变为高质量发展。从"高速"到"高质量"的转变适应了经济发展的客观规律，反映了我国生态意识和可持续发展理念的逐步加强。基于环境问题引发原因的复杂性、环境质量和经济发展的密切相关性，环境规制法律制度要充分注重效率的优化、各方面的协调发展，要充分考虑市场机制的影响，环境规制法律制度的制定和实施要综合考虑和衡量经济发展因素，适应时代发展，为新时代环境规制的发展提供有力的制度保障。

第三，我国的环境规制法律制度经历了起步—发展—成熟—深化四个阶段，其发展演变与政治经济的发展变革紧密相关，环境规制法律制度实现了从无到有，从单一到混合，从以污染防治为主到生态资源和环境保护综合治理，环境规制体制也逐渐由集权到分权再到综合执法，环境规制理念从人本主义到人与自然和谐发展。生态就是经济，生态优势就是经济优势。环境问题的市场失灵和政府失灵最终要依据法律制度来干预和规范，科学有效的环境规制法律制度是推进我国生态环境治理体系和治理能力现代化建设的重要保障。当前我国环境规制法律制度设计基本合理，基本形成国家强力推动、地方积极回应的规制合力，整体生态环境质量改善明显。但同时也反映出一些不足和困境，如在环境规制管理制度建设、环境信息公开、环境影响评价、公众参与以及环境规制措施运用等制度的实施中仍存在较多问题，这与环境规制管理体制不完善，环境规制法律制度的建立和实施中的经济性因素考量不足等密切关联，急需对我国环境规制法律制度整合提质，实现环境规制法律制度的有效供给和实施。

第四，成本收益分析的理论来源是帕累托最优和潜在的帕累托改进理论，运用成本收益理论测算的环境规制效率是评价环境制度和政策是否可行的基本方法。本书重点从环境规制效率维度选取和环境规制法律制度密切相关的指标构建环境效率指标体系，对我国 2006—2015 年省级环境规制效率进行测算，为环境规制法律制度的量化分析作实证基础。测算结果显示，我国环境规制效率区域化差异明显，就静态环境规制效率而言，呈现东高西低趋势，东部地区经济水平较高，技术进步，环境规制效率也相应较明显。中部地区较之东部地区效率不明显，西部地区的环境规制效率最低。原因是东部地区较发达，技术进步，规模投入各方面都较突出，西部地区资源环境较差，多为工业集聚地，环境规制投入不足，相应的规制效率较低。动态环境规制效率而言，2006—2015年各省级环境规制效率出现了一定程度的变化，总体呈现波动性上升趋势。2010年以前，全国各地区环境规制差异不大，2010年以后，地区之间经济发展差距剧增，经济发展相对较好的地区环境保护的投入和力度相对较大，规制效率相应就高，经济发展较弱的地区，自身财力明显不足，所能用于环境污染治理等的精力和财力相对较少，环境规制效率也受到影响。

第五，环境规制法律制度的立法规模、制度实施和管理制度对环境规制效率和效果产生不同程度的影响。实证研究发现，环境规制法律制度的立法规模和制度实施对环境规制效率和效果均有显著促进作用，而且制度实施的影响明显于制度供给，这和法律的强制性和稳定性密切相关。环境规制管理制度方面，当前环境行政制度和环境监察制度对环境规制效率呈现出负向影响，而环境监测制度呈显著正向影响，这也验证了我国环境规制体制改革的必要性和改革方向。环境行政制度和环境监察制度对环境质量均呈现促进作用，说明环境行政人员和监察人员所占比重越多，越有利于环境污染的治理和环境质量的提高，这和现实情况相符。而环境监测分权则对环境规制效果的影响作用不明显，这就为下一步环境规制法律制度的管理体制建设和完善指明了方向。

第六，具体环境规制法律制度运用方面，命令控制型和市场激励型环境规制法律制度对环境规制效率的促进作用显著，优于公众参与型环境规制法律制度。此外，经济发展情况、产业结构、科技创新水平等因素也都对环境规制效率和效果产生不同程度影响。因此要加强环境规制法律制度的有效供给，注重多种环境规制法律制度的组合适用，强化市场机制对环境规制的指导作用，推进环境规制法律制度的科学有效供给。

二、对策建议

通过将环境规制法律制度的定性分析和定量分析相结合，得出环境规制法律制度的科学有效供给、管理体制、制度实施和配套体系建设是现有环境规制法律制度建设面临的现实困境。环境规制的产生源于解决市场失灵，而政府干预也不是万能的，这就需要针对市场失灵和政府失灵背后的原因对症下药地探寻有针对性的完善优化路径。

通过本书的定性规范分析和实证量化检验得出：将市场激励机制引入环境规制法律制度，注重成本收益核算对环境规制法律制度的价值衡量能够避免产生制度的外溢效应，从而减少市场失灵；通过科学合理的制度供给来矫正政府失灵；通过优化管理体制，加强多元主体的参与共治克服集体行动困境和信息不对称；通过严格环境执法监督避免规制俘获和政府的有限理性；通过完善配套体系建设提高环境规制效率。具体从以下几方面优化我国环境规制法律制度的科学合理供给：

（一）补短板，完善环境规制法律体系

通过实证分析不难看出，不同的环境规制法律制度对环境规制效率和环境规制效果的影响是不同的。我国环境规制法律制度制定和实施中对市场因素和经济学因素考虑不足，应当借鉴域外环境规制法律制度的成熟经验，充分重视运用成本收益分析制度，消除环境规制领域政府和企业之间的信息不对称。以卡尔多-希克斯效率理论为基础，将成本收益制度贯穿环境规制法律制度的制定和实施过程中，对现有的环境规制法律制度实施情况进行综合检验，适时弥补法律制度空白，修订不合理的法律制度。同时，充分考虑我国各地区的资源要素禀赋和经济发展情况，结合生态环境管理体制改革方案，不断完善我国环境规制法律制度体系。

首先，通过立法解决生态环境领域法规繁多、内容碎片化、可执行性差、部门职责不清等问题。生态文明入宪和生态环境机构改革，进一步推动了我国环境规制法律制度的完善。要贯彻实施好《"十三五"生态环境保护规划》中确定的 25 项重点工作，要把深化改革和创新驱动作为主要任务，着力破解体制机制障碍，建立统一的综合环境执法队伍，由生态环境部门统一监督管理环境规制工作。要加快建立健全环境法律责任体系和终身追究制度，实施生态保护红线、环境质量底线、资源利用上线和环境准入负面清单的"三线一单"，推动生态制度"多规合一"[1]，积极推动构建我国现代环境治理体系进程，尽快建立完善相关配套制度体系，用

[1] 张乐、潘加军：《推进绿色发展需协调市场与政府关系》，载《中国环境报》2018 年 1 月 23 日，第 3 版。

制度保护生态文明建设，用制度促进经济高质量发展。

其次，注重环境规制各项法律制度的优化配置，以市场为主导，加大环境规制中市场的作用。要改变以往用命令控制的规制手段在政治子系统和市场子系统中强行贯彻环境政策的做法，要提高环境政策与经济子系统和政治子系统的敛合度，实现"政治敛合"和"经济敛合"[1]。20世纪80年代之后，发达国家逐渐探索多元化的环境规制法律制度，除了采用传统的命令控制型规制手段，市场激励型也被高度重视。美国采用多样化规制手段使用，提升环境规制效能[2]。日本也在不断发展过程中，形成了命令控制和经济激励规制结合使用[3]的方法。法国则制定了极为严格的环境与经济发展规划，实施严格的环境规制手段，注重补充经济激励性手段[4]。世界各国在环境规制手段的选择上逐渐多样化、综合化。为充分发挥市场调节的作用，规制成本低、规制效率高的市场激励型和公众参与型规制制度的有效实施，能提升企业竞争力和创新性，从而推进技术不断进步，实现环境效益和经济效益的协调。

最后，党的十九届四中全会从制度建设的四个层面提出了健全我国环境规制法律制度体系的要求。应综合考虑生态

〔1〕 谭冰霖：《环境规制的反身法路向》，载《中外法学》2016年第6期，第1512~1535页。

〔2〕 张信芳、席婷婷：《看美国环境管理架构运行机制的启示》，载《环境科学与管理》2012年第6期，第23~25、46页。

〔3〕 卢洪友、祁毓：《日本的环境治理与政府责任问题研究》，载《现代日本经济》2013年第3期，第68~79页。

〔4〕 王英俊：《秦皇岛市环境监管执法问题研究》，燕山大学2017年硕士学位论文，第6页。

环境治理的系统性、完整性，不断构建多元主体参与、生态环境治理和资源能源节约利用并重、事前控制事后监督共抓的科学、系统、完整、有效的环境规制法律制度体系，以生态环境法律制度为保障，推动生态文明制度更加成熟。

（二）明事权，优化环境规制管理机制

通过前文的分析可以看出，环境规制法律制度的实施离不开健全的管理机制。从我国法治建设的发展和演化过程来看，由于并未经历形式法的发达与反思阶段，而直接进入了政府包办社会的极端实质法状态，相对社会秩序和法律状态而言，我国私人秩序和社会自治的土壤相对孱弱[1]。一直以来，包括环境规制在内的社会秩序建立在政府大包大揽的基础上，无论是规制者还是被规制者均认为环境规制属于政府负有的公共职责。借生态环境管理体制改革的契机，通过完善环境规制政府、企业、公众三元参与的环境规制体制，有助于解决长期影响环境规制效率的多头管理、条块分割、九龙治水、分而治之的治理困境。

1. 明确政府责任

政府层面，在环境规制中，传统的命令控制型规制手段体现了一种家长式的强制干预，但是选择性忽略了社会子系统运行的自主性和法律认知能力的有限性。无论是政府规制还是法律干预，立法者和规制者扮演的角色应从"操盘手"转变为"掌舵者"，充分转变环境规制理念。对政府而言，要明确环境规制各责任主体，加强监督、细化考核，让制度

---

[1] 谭冰霖：《环境规制的反身法路向》，载《中外法学》2016 年第 6 期，第 1512~1535 页。

成为刚性约束和不可触碰的高压线。自党的十八大以来，"放管服"成为各政府部门职能转变的重要突破。为了激发大众创业、万众创新的活动，充分调动市场及各市场主体的积极性，环境规制部门在生态环境建设中，应贯彻好环境规制管理体制改革的宗旨，充分发挥新整合的生态环境保护综合执法队伍的职能，不是凡事必管、凡事必罚，而是对行政责任刚性打击，对市场发展柔性规制，甚至对于可以由市场机制予以调节的，转变管理观念，逐步放权。只有这样，才能促进在发展中保障生态环境，在环保中促进经济发展，形成共建生态文明和经济发展的大格局。环境规制是一个系统工程，只有独立的规制监督主体进行规制协调，才能保证提高环境规制行为的效果。规制执行主体贯彻落实并具体运用行政手段、经济手段合理规范地方环境规制行为，实现环境规制目标。规制监管主体是规制过程中的监督者和协调者，负责监督规制主体的规制行为及企业的经济行为，及时发现出现的问题，对环境规制出现的偏差进行纠正。在给规制对象制定执行标准的同时，给环境规制主体制定切实可行的执行标准，规范规制主体怠于作为的行为。

2. 强化企业引导

引导企业遵守环境规制法律制度，转变观念，主动承担社会责任，树立绿色发展理念，形成绿色创新发展的良好氛围。虽然从短期利益而言，实施严格的环境规制法律制度可能会对企业的经济效益产生一定的影响，但从长远而言，环境规制就是绿色生产力。一方面，企业应当充分考虑自身生产要素，将环境规制结合自身生产发展，自主创新，提升企业的核心竞争力，树立企业环保形象，推广清洁生产，提升企业整体竞争力。鼓励企业积极进行环保技术和可持续发展技术的提升，将生态环境因素纳入企业生产决策中，立足绿色科技，促使企业产生更多的"创新补偿"效应，最终实现经济收益和环境收益的双丰收。另一方面，针对不同的企业，政府可以探索制定不同的优惠扶持政策，最大限度地鼓励企业清洁生产，优化技术，不断提高企业守法意识，释放守法红利。鼓励企业增强自身环境规制意识，将传统的"末端治理"逐步转变为"源头治理"，建立企业与政府之间的良性互动关系。

3. 扩大公众参与

环境规制法律制度的有效施行离不开社会公众强有力的监督和合作，生态环境治理体系和治理能力现代化需要政府、企业、社会公众等各相关责任主体的共同努力。公众环保意识的强化，不仅有利于企业守法，也是对政府环境规制法律制度执行能力的有力检验，而且有利于增加社会公众对国家生态文明建设的参与感，对自身价值感的提升也具有很强的激励作用。目前基层环境规制的结构主要是环境规制部门对企业的单向管理监督，这种结构模式不仅单一，而且忽略了其他主体在环境保护中的作用。

中共中央、国务院《关于加快推进生态文明建设的意见》提出，鼓励公众积极参与，完善公众参与制度。应该尽快转变思路，将"一元规制"变更为由规制部门、企业、公众组成的"三元规制"模式。要畅通渠道让公众了解环境保护信息，加强环境信息公开，更有力地促进公众环境规制的参与和监督。要全面开通"12369"环保举报热线，对公众有价值的举报给予奖励，做到及时受理、及时处理、及时反馈，不让公众的参与、监督权行使流于形式。无论基于对实体制度的认可还是在程序上的参与感，公众参与环境规制的过程都有助于回应各方利益主体的诉求，增加公众对政府的信任，增强公众对环境规制制度、法规实施的自觉性。对社会公众，要加大宣传，增加守法的环保意识，监督的责任意识。引导社会公众认可并选择绿色环保产品，提升绿色产品的市场需求度，以此倒逼企业改进生产技术，提升绿色生产能力。

（三）强监管，严格环境规制执法监督

徒法不足以自行。"制度的生命力在于执行。要强化制度执行力，加强制度执行的监督，切实把我国的制度优势转化为治理效能"。[1]要继续加大生态环境执法力度，提升环境规制效率和效果。全方位保障环境规制法律制度的贯彻和实施，要着力推进生态环境综合执法队伍建设，加强环保督察制度的落实，用环保督察与生态环境执法共建生态文明和经济发展大格局，促进生态环境治理体系和治理能力现代化建设。

1. 从严执法，加强环境规制法律制度高效实施

"法贵必行"，在生态文明的建设中，法制是保障，但不是手段。环境行政机关如何行使环境执法权，关系着环境法律法规和规章的命运，关系着企业守法程度的提高和环境质量的改善这一环境规制的最终目的。因此，要转变行政执法的观念。党的十八大以来，我国环境规制大力增强立法强度

---

〔1〕 李干杰：《深入学习贯彻党的十九届四中全会精神，努力推动生态文明建设迈上新台阶》，载《中国环境报》2019年12月31日，第1版。

和从严执法尺度，效果显著。要从严执法，防止企业寻找环境规制的法律漏洞，防止地方政府干预执法，确保各项环境规制法律制度的有效实施。实践表明，环境执法的强压震慑使各级地方政府、企业环境守法意识明显提升，不少地方政府不断创新环境执法方式，完善执法依据，加强部门联动，探索环境执法新模式，促使企业和民众守法。要健全完善制度的执行机制，加大监督，限制强制性执法的自由裁量权，转变基层环境政府主导环境规制执法的思路，将环境规制从"命令控制型"主导逐渐转变为多种规制方式并存的环境规制模式。尽量减少政府在环境规制中的硬性权力。一方面，对于必须由政府部门强行干预的部分，应最大限度地减小执法人员的自由裁量权，在根源上控制环境规制俘获的可能。另一方面，用经济手段调节微观经济活动主体的行为，对于不必需政府强制干预的部分，鼓励企业正外部性的生产行为；对于已经造成的生态环境破坏，建立合理的生态补偿机制，由生态受益者或者损害者承担损坏成本。开展统筹强化监督工作，规范自由裁量权，严格禁止"一刀切"，避免处置措施简单粗暴，切实提高环境规制措施的系统性、针对性、有效性。

2. 强化监督，落实中央环保督察制度有序推进

生态环境保护目标的实现有赖于基层环境规制的效能和状况。而环境保护和经济发展的矛盾短时间内难以较好地协调，在地方利益和部门利益的驱使下，在特殊的社会转型时期和多元化道德碰撞的前提下，必须建立制度性的外在"硬约束"，监督无疑是最好的制度性约束方式。只有通过设立能够改变环境执法人员决策因素，重塑环境执法的外在监督制度，使其按照法定的秩序规范和社会外部期望去行动，这

才是较为理性又可行的选择。具体而言，做好外部监督，就必须：第一，设立环境违法曝光体系，在传统的电话举报和网络举报监督的基础上，引入新媒体监督，拓宽外部监督渠道。第二，建立完善的生态环境信息系统，共享生态环境大数据。增加微信公众互动平台，加强群众与官方环保信息的互联互通，实现最佳的监督效果。第三，主动公开生态环境部各组成部门的执法程序、职责，及时公布重大环境污染案件的跟踪办理情况，最大限度保证媒体和社会公众对环境执法机构的监督权。要进一步加强环境监督，明确环境责任，压实环境规制责任，倒逼企业严格守法，强化环保督察法律制度。应当继续保持环保督察的高压态势，持续开展中央生态环境保护督察。找准各地区影响生态文明建设的突出问题，挖出造成环境问题的根源，依靠环保督察的有力推进，借势借力推动我国能源结构调整和产业经济转型，大力推进供给侧结构性改革。同时，要引导环保督察向督企、督政并重转变，力争齐抓共管取得新成效。

（四）扩领域，织密环境规制配套体系

1. 补充环境政策，注重环境规制其他变量影响

根据前文的实证分析发现，提升环境规制效率和效果，除了加强和完善环境规制法律制度建设，还要发挥其他控制变量的作用，比如企业技术创新、产业结构等。环境规制法律制度具有统一的规范性，强制性，而环境规制政策又能充分考虑地区差异，避免环境规制的"一刀切"。首先，要制定和完善相关的产业政策，提供产业倾斜和政策激励，出台相关政策鼓励环保产业和绿色产品的发展生产。推进供给侧结构性改革，提升产业结构，转变经济发展方式，积极引导

低耗能、低污染的产业发展，促进资源型经济转型发展，尤其是针对高耗能、污染性企业，积极推动新旧动能转换，要不断推动传统产业向高端产业链迈进，实现高新化转型，提高传统产业的资源利用效率。提高战略性新兴产业规模，提升产业生态化水平，大力扶持节能技术装备、环保技术装备和资源循环利用技术装备，加大科技研发力度，加快环保产业化进程。其次，要大力提高科技创新研发能力，促进科技成果转化为生产力，提高企业的绿色发展技能，发展节能减排，绿色经济，将环境成本控制在环境承载能力范围之内。通过管理创新，提高企业的运营效率，促进产业经济效益和环境效益的同步提升。最后，充分利用市场经济规律调控生态经济。在资源和环境领域建立一整套包括产权界定、产权交易、产权保护的现代产权制度，最大限度地保证自然生态环境的良性循环和公平分配。按照市场规律，产权明晰，才能"健全自然资源资产产权与用途管制制度"。以往在排污领域，排污权的生态环境权利是免费的，由于"劣币驱逐良币"，科技含量高、污染排放少的企业在市场中并没有生存空间。2005年欧美推进碳排污权交易，不仅创造了社会财富，还促进了经济结构转型，促进环保技术的研发，倒逼环境产业发展[1]。此外，在生态环境的开发建设中，要鼓励和带动民间资本参与，充分利用自然资源，盘活自然资源和生态资产的市场价值，实现自然资本的保值增值，构建市场机制运行生态文明建设的体系，真正利用起身边的绿水青山，

---

〔1〕 黄贤金:《生态文明建设应注重发挥市场主导作用》，载《群众》2014年第9期，第16页。

使绿水青山带动经济的发展，变成金山银山。

通过环境规制政策的配合适用，提升环境规制法律制度的灵活性，优化环境规制制度工具，两者相得益彰、相互促进，兼顾稳定性和灵活性，提升资源的优化配置，为企业和社会的绿色经济发展提供支持。

2. 整合生态资源，健全环境规制配套体系

国务院发展研究中心资源与环境政策研究所副所长常纪文指出，当前，我国生态文明制度体系已经从纯粹地建设生态环境保护制度体系发展到建设生态文明文化、经济、责任、目标和生态安全体系并重的制度体系，目标从单一的生态保护发展到自然资源、自然生态、环境容量保护多方面并重[1]。着力构建包含各项生态环境规制制度的现代化生态文明治理体系应注意以下几点：

第一，要建立完善的环境规制评价体系。环境规制的强度和效度会涉及不同利益群体的利益分配和价值冲突等问题，因而，要明确环境规制在经济发展与环境保护上的价值取向，建立环境保护目标责任制和科学合理的绿色经济发展评价指标体系，运用绿色经济发展指标代替传统的 GDP 考核，建立综合有效的政绩考核机制，运用成本收益等分析方法将各项评价指标量化，真正做到对基层环境规制的效能评价。对政府环境规制评价的科学有效，要充分听取专家、学者、社会公众、新闻媒体等的观点及看法，多渠道收集评价信息，加强自然资源节能高效利用，建立严格的指标管理体系，坚决

---

〔1〕《"七大体系"落实主体责任，现代化环境治理体系框架敲定》，载国务院发展研究中心，http://www.drc.gov.cn/xsyzcfx/20191127/4-4-2899816.htm，最后访问日期：2020 年 2 月 2 日。

落实企业主体责任和政府监管责任。

第二，要建立专门的生态环境信息大系统，充分运用互联网大数据，实现环境规制信息的共享。实现环境规制的预防、监测、实施、监督数据等数据的透明、畅通、共享。构建以排污许可制为核心的固定污染源监管制度体系，健全生态环境监测网格化体系。环境信息的公开不仅有利于环境规制的监督，对于企业而言，也会形成倒逼机制，激励企业通过了解同行业的其他企业的环境标准状况、节能减排技术等，进而调整自己的环境行为，实现环境市场的良性竞争。同时通过制度性地定期披露企业环保投资、环保信息数据和守法情况等，在环境违法时对企业形成巨大的舆论压力，还有助于增加企业环境守法的自觉。对公众而言，可以第一时间了解政府定期公布的环境数据、环境评价和质量报告等信息。企业基于来自公众的压力，需要树立绿色企业的形象，这将为行业建立"绿色贸易壁垒"，也有助于提高政府的环境规制绩效和企业的环境竞争力。

第三，改革完善环境规制信访工作机制。信访投诉是群众参与社会治理的重要途径。2019 年 11 月，生态环境部印发了《关于改革完善信访投诉工作机制推进解决群众身边突出生态环境问题的指导意见》，为生态环境信访工作提供了方向指引和根本依据。2016—2018 年，全国生态环境系统共受理群众投诉 159.2 万件[1]，环境规制信访工作仍面临较多问题，如体制机制不顺畅、信访数据不统一、制度执行不落地等问题。要以指导意见的颁布为契机，扎实落实环境规制

----

〔1〕　生态环境部公布数据。

信访工作措施，完善生态环境信访工作机制，建立多渠道群众信访参与渠道，规范信访秩序，积极推进诉访分离，进一步规范生态环境信访工作制度，加强环境规制信访工作的信息公开、探索建立环境规制信访案件跟踪信息系统，加强群众监督和反馈，切实维护群众合法权益。不断满足人民日益增长的优美生态环境需要。

此外，还要建立健全环境资源承载能力监测预警制度、环境保护综合管控制度、环境要素管理制度等配套法律制度，落实生态补偿和生态环境损害赔偿制度，完善生态环境公益诉讼制度，实行生态环境损害责任终身追究制，进一步推进实施环境保护税，加大对环境污染的第三方治理参与，大力推进环境污染治理的市场化、专业化、产业化。大力推行环境认证体系。对企业进行环境标志和环境认证奖励、激励。

生态环境治理现代化是要发展生态经济，促进生态环境产业发展，因此，在开展生态文明建设的过程中，既要遵循经济发展规律，又要采取与经济发展规律相协调的方式。环境规制法律制度的实施效果受地区资源禀赋、经济发展水平、市场调节机制等经济性因素影响明显，要综合评估和优化环境资源配置，实现环境规制法律制度的科学有效供给和实施。要尽快完善环境规制法律制度体系，实现环境规制法律制度的整合提质，实现经济效益、生态效益、社会效益的统一，为新时代发展提供有力的制度保障，从而提升我国生态环境治理能力，促进生态环境治理体系现代化建设。

第八章
不足与展望

一、研究不足

受生态环境管理体制改革方案的启发，针对我国目前突出的环境问题，结合我国环境规制法律制度实施现状，本书运用法经济学的理论和方法，通过理论分析和实证研究相结合的方法，具体运用成本收益、博弈论等理论和分析方法，采用超效率 DEA 模型、Malmquist 模型、面板回归模型，借助 DEAP、STATA 等实证软件，对我国包括国家层面和地方层面的环境规制法律制度实施情况进行了全方位检视，得出一些较有意义的结论。然而，囿于所研究问题的复杂性以及部分研究数据获得的有限性，目前的研究仍存在一些不足之处：

第一，变量范围和样本范围还需要进一步完善。尽管已经充分考虑了各种因素，鉴于统计方式的差异和时间跨度以及官方数据的公布情况等因素制约，本书仅选取了 2006—2015 年的省级面板数据进行研究。在后续的研究中，希望能对近年的研究数据进行分析、统计，增加研究的说服力。

第二，相关指标的欠缺。由于《环境保护税法》实施时间较短、环境资源专门审判机构建立不久，数据跨度不够，本书对于环境司法审判情况和环境保护税两项重要指标没能纳入实证模型进行研究。

二、研究展望

环境规制问题的相关研究是近年来环境科学、法学、经济学、生态学等学科或者交叉学科关注的热点问题，而法律作为环境规制存在的外在表征，是环境规制的来源与依据。面对环境问题的变迁张力，环境规制法律制度的有效供给和实施为生态环境治理提供了制度支撑，同时也为经济高质量发展提供了有效保障。随着环境规制法律制度的不断健全和完善，作者会继续关注相关问题，并进一步开展深入研究：

第一，继续关注环境规制法律制度的实施效果，从不同的制度领域着手，如民事责任、行政制裁，刑事处罚等角度，对环境规制法律制度的实施情况进行分析，从均衡论的角度对不同形式的制度进行再检验，追求实现环境规制法律制度激励与惩罚的平衡、软法与硬法的平衡、环境治理与经济发展的平衡。

第二，扩大研究视角，加强对生态领域的关注。生态环境治理是一项系统工程，山水林田湖草是一个生命共同体，树立"大生态""大环境"的理念，进一步对生态保护和生态治理领域开展研究，对生态保护红线、生态修复治理、生态补偿机制、资源开发利用等领域的相关制度加强分析，探索构建符合生态理性、法律理性和社会理性的环境规制法律制度体系。

附　录

附　表　2006—2015 年中国环境规制 Malmquist 指数分指标描述性统表

（1）2006—2008 年中国环境规制 Malmquist 指数分指标描述性统计表

（2）2008—2010 年中国环境规制 Malmquist 指数分指标描述性统计表

（3）2010—2012 年中国环境规制 Malmquist 指数分指标描述性统计表

（4）2012—2014 年中国环境规制 Malmquist 指数分指标描述性统计表

（5）2014—2015 年中国环境规制 Malmquist 指数分指标描述性统计表

（1）2006—2008年中国环境规制 Malmquist 指数分指标描述性统计表

序号	地区	2006—2007 年					2007—2008 年				
		EC	TC	PE	SE	ML 指数	EC	TC	PE	SE	ML 指数
1	北京	1	0.938	1	1	0.938	1	0.947	1	1	0.947
2	天津	1	0.895	1	1	0.895	1	1.219	1	1	1.219
3	河北	1	1.081	1	1	1.081	1	1.155	1	1	1.155
4	山西	1.264	0.87	1.26	1.003	1.1	0.936	0.915	0.942	0.994	0.857
5	内蒙古	1	1.166	1	1	1.166	1	1.104	1	1	1.104
6	辽宁	1.054	0.941	0.918	1.147	0.991	1.073	1.015	1.063	1.009	1.089
7	吉林	0.929	0.648	1	0.929	0.602	1.049	1.132	0.983	1.067	1.187
8	黑龙江	1.179	0.881	1.095	1.077	1.039	0.86	1.111	0.854	1.007	0.955
9	上海	1	0.948	1	1	0.948	1	1.181	1	1	1.181
10	江苏	1	0.986	1	1	0.986	0.989	1.083	1	0.989	1.071
11	浙江	1	1.022	1	1	1.022	0.872	0.972	1	0.872	0.848
12	安徽	1	0.938	1	1	0.938	1	1.035	1	1	1.035

续表

序号	地区	2006—2007年					2007—2008年				
		EC	TC	PE	SE	ML指数	EC	TC	PE	SE	ML指数
13	福建	1	1.094	1	1	1.094	1	1.107	1	1	1.107
14	江西	1	1.029	1	1	1.029	1	1.294	1	1	1.294
15	山东	0.969	0.935	1	0.969	0.906	1.01	1.215	1	1.01	1.227
16	河南	0.949	1.102	0.949	1	1.045	1.054	1.2	1.054	1	1.265
17	湖北	1	1.175	1	1	1.175	1	1.036	1	1	1.036
18	湖南	1	0.872	1	1	0.872	1	1.059	1	1	1.059
19	广东	1	1.311	1	1	1.311	1	1.086	1	1	1.086
20	广西	1	1.222	1	1	1.222	1	0.9	1	1	0.9
21	海南	1	0.832	1	1	0.832	1	1.067	1	1	1.067
22	重庆	1	0.989	1	1	0.989	1	1.061	1	1	1.061
23	四川	0.878	1.137	0.888	0.988	0.998	1.1	1.064	1.086	1.013	1.17
24	贵州	1.048	1.011	1.01	1.038	1.059	1	1.104	1	1	1.104

续表

序号	地区	2006—2007 年					2007—2008 年				
		EC	TC	PE	SE	ML 指数	EC	TC	PE	SE	ML 指数
25	云南	1	1.277	1	1	1.277	0.879	1.023	0.887	0.991	0.899
26	陕西	1.201	0.834	1.184	1.014	1.002	0.701	1.146	0.718	0.977	0.803
27	甘肃	1	0.878	1	1	0.878	0.845	0.92	0.961	0.879	0.777
28	青海	1	0.919	1	1	0.919	1	0.896	1	1	0.896
29	宁夏	1	1.274	1	1	1.274	1	0.971	1	1	0.971
30	新疆	1.122	0.746	1	1.122	0.838	0.699	1.252	0.726	0.963	0.875

（2）2008—2010 年中国环境规制 Malmquist 指数分指标描述性统计表

序号	地区	2008—2009 年					2009—2010 年				
		EC	TC	PE	SE	ML 指数	EC	TC	PE	SE	ML 指数
1	北京	1	0.998	1	1	0.998	1	1.042	1	1	1.042
2	天津	1	0.936	1	1	0.936	1	1.067	1	1	1.067
3	河北	1	1.23	1	1	1.23	1	1.024	1	1	1.024
4	山西	0.919	1.126	0.932	0.985	1.034	0.955	1.101	1.139	0.839	1.051
5	内蒙古	1	1.287	1	1	1.287	1	1.014	1	1	1.014
6	辽宁	1.025	1.145	1.024	1.001	1.173	0.925	1.087	0.953	0.971	1.006
7	吉林	1.027	1.018	1.018	1.009	1.045	0.772	1.026	0.823	0.939	0.793
8	黑龙江	0.989	0.932	0.983	1.007	0.922	1.062	1.061	1.065	0.997	1.126
9	上海	1	1.24	1	1	1.24	1	1.129	1	1	1.129
10	江苏	1.011	1.104	1	1.011	1.116	0.999	1.061	1	0.999	1.06
11	浙江	1.146	1.145	1	1.146	1.312	0.854	1.036	1	0.854	0.885
12	安徽	1	1.05	1	1	1.05	1	1.022	1	1	1.022

序号	地区	2008—2009 年					2009—2010 年				
---	---	EC	TC	PE	SE	ML指数	EC	TC	PE	SE	ML指数
13	福建	1	1.069	1	1	1.069	1	0.862	1	1	0.862
14	江西	1	0.878	1	1	0.878	0.906	1.022	1	0.906	0.926
15	山东	1.022	0.912	1	1.022	0.932	1	1.317	1	1	1.317
16	河南	1	0.975	1	1	0.975	1	1.238	1	1	1.238
17	湖北	0.984	0.868	0.984	1	0.854	1.016	1.174	1.016	1	1.192
18	湖南	0.978	0.898	0.985	0.993	0.878	1.023	1.22	1.015	1.007	1.247
19	广东	1	0.898	1	1	0.898	0.521	0.917	0.818	0.637	0.478
20	广西	1	0.817	1	1	0.817	1	1.031	1	1	1.031
21	海南	1	0.927	1	1	0.927	1	0.989	1	1	0.989
22	重庆	1	1.056	1	1	1.056	0.764	1.342	1	0.764	1.026
23	四川	1.073	1.051	1.073	1	1.127	1.067	1.164	1.067	1	1.242
24	贵州	1	1.138	1	1	1.138	1	1.388	1	1	1.388

续表

序号	地区	2008—2009 年					2009—2010 年				
		EC	TC	PE	SE	ML 指数	EC	TC	PE	SE	ML 指数
25	云南	0.921	1.001	0.92	1.002	0.922	0.961	1.228	1.033	0.93	1.18
26	陕西	1.038	0.918	1.034	1.004	0.952	0.855	1.139	0.881	0.97	0.974
27	甘肃	1.184	1.73	1.041	1.137	2.047	1	0.871	1	1	0.871
28	青海	1	1.009	1	1	1.009	1	1.267	1	1	1.267
29	宁夏	1	1.275	1	1	1.275	1	0.934	1	1	0.934
30	新疆	0.887	0.83	0.798	1.112	0.737	1.208	1.079	1.207	1	1.303

（3）2010—2012年中国环境规制 Malmquist 指数分指标描述性统计表

序号	地区	2010—2011年					2011—2012年				
		EC	TC	PE	SE	ML指数	EC	TC	PE	SE	ML指数
1	北京	1	0.989	1	1	0.989	1	0.927	1	1	0.927
2	天津	1	0.822	1	1	0.822	1	1.13	1	1	1.13
3	河北	1	0.863	1	1	0.863	1	0.938	1	1	0.938
4	山西	1.218	0.888	1	1.218	1.081	0.974	0.994	1	0.974	0.968
5	内蒙古	1	1.208	1	1	1.208	1	0.95	1	1	0.95
6	辽宁	0.999	0.896	0.963	1.038	0.896	0.76	0.941	0.788	0.964	0.715
7	吉林	1.295	0.886	1.215	1.065	1.147	1	1.167	1	1	1.167
8	黑龙江	1.093	0.897	1.12	0.976	0.981	0.758	1.117	0.745	1.017	0.846
9	上海	1	0.847	1	1	0.847	1	1.006	1	1	1.006
10	江苏	0.96	0.977	1	0.96	0.938	1.043	1.027	1	1.043	1.072
11	浙江	1.171	1.137	1	1.171	1.332	0.953	0.859	1	0.953	0.818
12	安徽	1	0.864	1	1	0.864	0.952	0.938	1	0.952	0.893

续表

序号	地区	2010—2011 年					2011—2012 年				
		EC	TC	PE	SE	ML 指数	EC	TC	PE	SE	ML 指数
13	福建	1	0.945	1	1	0.945	0.952	1.03	1	0.952	0.981
14	江西	1.015	0.835	1	1.015	0.847	1.067	1.023	1	1.067	1.092
15	山东	1	1.065	1	1	1.065	1	0.868	1	1	0.868
16	河南	1	1.068	1	1	1.068	1	0.843	1	1	0.843
17	湖北	0.932	0.782	1	0.932	0.729	1.073	1.015	1	1.073	1.089
18	湖南	1	0.863	1	1	0.863	1	0.901	1	1	0.901
19	广东	1.918	1.13	1.222	1.569	2.166	1	1.267	1	1	1.267
20	广西	1	1.214	1	1	1.214	1	0.915	1	1	0.915
21	海南	1	0.708	1	1	0.708	1	0.976	1	1	0.976
22	重庆	1.308	0.871	1	1.308	1.14	1	1.212	1	1	1.212
23	四川	1	0.912	1	1	0.912	1	0.91	1	1	0.91
24	贵州	1	0.705	1	1	0.705	1	1.027	1	1	1.027

续表

序号	地区	2010—2011 年					2011—2012 年				
		EC	TC	PE	SE	ML 指数	EC	TC	PE	SE	ML 指数
25	云南	1.245	0.852	1.186	1.049	1.06	0.867	1.051	0.982	0.884	0.912
26	陕西	1.596	0.848	1.529	1.044	1.354	0.987	1.075	1	0.987	1.061
27	甘肃	1	1.223	1	1	1.223	1	0.903	1	1	0.903
28	青海	1	0.923	1	1	0.923	1	0.94	1	1	0.94
29	宁夏	1	0.932	1	1	0.932	1	1.266	1	1	1.266
30	新疆	0.897	0.991	0.859	1.044	0.889	0.886	1.009	0.912	0.971	0.894

（4）2012—2014 年中国环境规制 Malmquist 指数分指标描述性统计表

序号	地区	2012—2013 年						2013—2014 年					
		EC	TC	PE	SE	ML 指数		EC	TC	PE	SE	ML 指数	
1	北京	1	0.982	1	1	0.982		1	0.891	1	1	0.891	
2	天津	1	0.938	1	1	0.938		1	1.009	1	1	1.009	
3	河北	1	1.002	1	1	1.002		1	0.939	1	1	0.939	
4	山西	0.855	0.905	0.945	0.905	0.774		1.065	1.209	1.058	1.007	1.288	
5	内蒙古	1	0.927	1	1	0.927		1	1.097	1	1	1.097	
6	辽宁	1.2	1.025	1.16	1.034	1.23		1.195	1.143	1.191	1.003	1.366	
7	吉林	1	1.017	1	1	1.017		1	1.007	1	1	1.007	
8	黑龙江	0.889	1.01	0.918	0.969	0.898		1.248	0.964	1.285	0.971	1.203	
9	上海	1	0.901	1	1	0.901		1	0.96	1	1	0.96	
10	江苏	1	0.988	1	1	0.988		1	0.993	1	1	0.993	
11	浙江	1.049	0.912	1	1.049	0.957		0.953	0.985	1	0.953	0.939	
12	安徽	1.05	1.05	1	1.05	1.103		1	1.074	1	1	1.074	

续表

序号	地区	2012—2013 年					2013—2014 年				
		EC	TC	PE	SE	ML 指数	EC	TC	PE	SE	ML 指数
13	福建	0.949	0.96	1	0.949	0.911	1.107	1.07	1	1.107	1.184
14	江西	1.019	0.94	1	1.019	0.957	1	1.041	1	1	1.041
15	山东	1	1.119	1	1	1.119	1	1.216	1	1	1.216
16	河南	1	0.886	1	1	0.886	1	1.112	1	1	1.112
17	湖北	1	1.039	1	1	1.039	1	0.933	1	1	0.933
18	湖南	1	0.927	1	1	0.927	1	1.028	1	1	1.028
19	广东	1	0.903	1	1	0.903	1	1.221	1	1	1.221
20	广西	1	0.902	1	1	0.902	1	0.814	1	1	0.814
21	海南	1	1.068	1	1	1.068	1	0.961	1	1	0.961
22	重庆	1	1.017	1	1	1.017	1	1.028	1	1	1.028
23	四川	0.958	0.94	0.975	0.982	0.901	0.762	1.23	0.762	1	0.937
24	贵州	1	0.848	1	1	0.848	1	1.085	1	1	1.085

续表

序号	地区	2012—2013 年					2013—2014 年				
		EC	TC	PE	SE	ML 指数	EC	TC	PE	SE	ML 指数
25	云南	0.882	0.903	0.765	1.153	0.796	1.35	1.13	1.332	1.014	1.526
26	陕西	0.912	0.962	0.921	0.99	0.877	0.872	1.082	0.904	0.965	0.943
27	甘肃	1	0.906	1	1	0.906	1	0.927	1	1	0.927
28	青海	1	0.934	1	1	0.934	1	1.025	1	1	1.025
29	宁夏	1	0.836	1	1	0.836	1	1.142	1	1	1.142
30	新疆	0.925	0.936	0.963	0.96	0.866	1.141	1.064	1.055	1.082	1.214

（5）2014—2015 年中国环境规制 Malmquist 指数分指标描述性统计表

序号	地区	2014—2015 年				
		EC	TC	PE	SE	ML 指数
1	北京	1	1.122	1	1	1.122
2	天津	1	1.082	1	1	1.082
3	河北	1	0.793	1	1	0.793
4	山西	1.047	0.96	0.961	1.089	1.005
5	内蒙古	1	1.23	1	1	1.23
6	辽宁	1	1.036	1	1	1.036
7	吉林	0.889	1.023	0.898	0.989	0.909
8	黑龙江	1.086	0.9	1.003	1.083	0.978
9	上海	1	1.036	1	1	1.036
10	江苏	1	0.981	1	1	0.981
11	浙江	1.038	0.926	1	1.038	0.961
12	安徽	1	0.903	1	1	0.903
13	福建	0.98	0.866	1	0.98	0.849
14	江西	1	0.936	1	1	0.936
15	山东	1	1.091	1	1	1.091
16	河南	0.993	1.069	0.994	0.999	1.061
17	湖北	1	0.955	1	1	0.955
18	湖南	1	0.824	1	1	0.824
19	广东	1	0.868	1	1	0.868
20	广西	1	0.799	1	1	0.799
21	海南	1	0.98	1	1	0.98
22	重庆	1	1.041	1	1	1.041

续表

序号	地区	2014—2015 年				
		EC	TC	PE	SE	ML 指数
23	四川	1.304	0.914	1.292	1.009	1.192
24	贵州	1	0.817	1	1	0.817
25	云南	1	0.993	1	1	0.993
26	陕西	1.146	0.907	1.201	0.954	1.039
27	甘肃	1	1.031	1	1	1.031
28	青海	1	0.903	1	1	0.903
29	宁夏	1	0.81	1	1	0.81
30	新疆	1.177	0.943	1.194	0.986	1.11

参考文献

1. 《生态环境部部长在 2020 年全国生态环境保护工作会议上的讲话》，载中华人民共和国生态环境部官网，http://www. mee. gov. cn/xxgk2018/xxgk/xxgk15/202001/t20200118_760088. html，最后访问日期：2021 年 10 月 8 日。

2. 《沧桑巨变七十载 民族复兴铸辉煌——新中国成立 70 周年经济社会发展成就系列报告之一》，载国家统计局官网，http://www. stats. gov. cn/ztjc/zthd/bwcxljsm/70znxc/201907/t20190701_1673373. html，最后访问日期：2021 年 10 月 8 日。

3. 汪鸿渐：《论我国生态保护的立法完善——从新〈环境保护法〉谈起》，载《中国环境资源法学研究会 2014 年年会暨 2014 年全国环境资源法学研讨会论文集》（第 3 册）。

4. ［美］丹尼尔·F. 史普博：《管制与市场》，余晖等译，上海人民出版社 1999 年版。

5. ［美］G. J. 施蒂格勒：《产业组织和政府管制》，潘振民译，上海三联书店 1989 年版。

6. A. E. Kahn, *The Economics of Regulation: Principles and Institution*, Wiley, 1970.

7. ［日］植草益：《微观规制经济学》，朱绍文、胡欣欣等译校，中国发展出版社 1992 年版。

8. 宋国君等：《基于外部性理论的中国环境管理体制设计》，载《中国人口·资源与环境》2008 年第 2 期。

9. 曾丽红:《我国环境规制的失灵及其治理——基于治理结构、行政绩效、产权安排的制度分析》,载《吉首大学学报》(社会科学版)2013 年第 4 期。

10. 左佳:《环境规制的法律政策研究——从经济学的角度来分析》,载《特区经济》2010 年第 6 期。

11. 易志斌:《地方政府环境规制失灵的原因及解决途径——以跨界水污染为例》,载《城市问题》2010 年第 1 期。

12. 陈亮:《环境规制俘获的法律防范——基于美国经验的启示》,载《环球法律评论》2015 年第 1 版。

13. 李郁芳、李项峰:《地方政府环境规制的外部性分析——基于公共选择视角》,载《财贸经济》2007 年第 3 期。

14. 谭冰霖:《论第三代环境规制》,载《现代法学》2018 年第 1 期。

15. 冯玉军主编:《新编法经济学:原理·图解·案例》,法律出版社 2018 年版。

16. 王齐:《政府管制与企业排污的博弈分析》,载《中国人口·资源与环境》2004 年第 3 期。

17. 李国平、张文彬:《地方政府环境规制及其波动机理研究——基于最优契约设计视角》,载《中国人口·资源与环境》2014 年第 10 期。

18. 臧传琴等:《信息不对称条件下政府环境规制政策设计——基于博弈论的视角》,载《财经科学》2010 年第 5 期。

19. 毛锦凰:《环境规制对中国工业产业绩效的影响研究》,中国社会科学出版社 2018 年版。

20. 王育宝等:《环境规制中利益相关者关系及规制路径分析》,载《湖北师范大学学报》(哲学社会科学版)2019 年第 4 期。

21. 张倩、曲世友:《环境规制下政府与企业环境行为的动态博弈与最优策略研究》,载《预测》2013 年第 4 期。

22. 原毅军、耿殿贺:《环境政策传导机制与中国环保产业发展——基于政府、排污企业与环保企业的博弈研究》，载《中国工业经济》2010 年第 10 期。

23. 徐松鹤：《公众参与下地方政府与企业环境行为的演化博弈分析》，载《系统科学学报》2018 年第 4 期。

24. 安兆峰：《环境保护中公众参与行为的博弈分析》，载《煤炭经济研究》2009 年第 10 期。

25. 潘峰等：《基于演化博弈的地方政府环境规制策略分析》，载《系统工程理论与实践》2015 年第 6 期。

26. S. Barrett, "Strategic Environmental Policy and International Trade", *Journal of Public Economics*, 54（1994）.

27. Kennedy, "Equilibrium Pollution Taxes in Open Economies with Imperfect Competition", *Journal of Environmental Economics and Management*, 27（1994）.

28. 潘峰等：《地方政府间环境规制策略的演化博弈分析》，载《中国人口·资源与环境》2014 年第 6 期。

29. 姚婷等：《一般工业固体废物治理及资源化利用研究》，载《经济问题》2019 年第 9 期。

30. 赵来军等：《从激励悖论看我国的环境执法问题》，载《软科学》2005 年第 4 期。

31. 张学刚、钟茂初：《政府环境监管与企业污染的博弈分析及对策研究》，载《中国人口·资源与环境》2011 年第 2 期。

32. 刘金平等：《不完全环境规制、排放漏出及规制绩效研究》，载《科技进步与对策》2010 年第 14 期。

33. 陈桂生、杨静：《地方政府与企业治污的互动博弈及其政策选择》，载《理论导刊》2016 年第 6 期。

34. Richard A. Posner, "Cost – Benefit Analysis：Definition, Justification, and Comment on Conference Papers", *The Journal of Legal Studies*, 29（2005）.

35. Thomas J. Kniesner, W. Kip Viscusi, "Why Relative Economic Position Does Not Matter: A Cost-Beneift Analysis", *Yale Journal on Regulation*, 1 (2003).

36. B. Matthew et al., "A Cost-Benefit Assessment of Wholesale Electricity Restructuring and Competition in New England", *Journal of Regulatory Economics*, 2 (2007).

37. 高明:《法经济学视角下的环境规制问题研究》,载《生态经济》2011 年第 12 期。

38. Randy Becker, Vernon Henderson, "Effects of Air Quality Regulations on Polluting Industries", *The Journal of Political Economy*, 2 (2000).

39. 沈芳:《环境规制的工具选择:成本与收益的不确定性及诱发性技术革新的影响》,载《当代财经》2004 年第 6 期。

40. 包国宪等:《中国政府环境绩效治理体系的理论研究》,载《中国软科学》2018 年第 6 期。

41. 罗勇:《生态环境制度的经济学分析与强化方向》,载《辽宁大学学报(哲学社会科学版)》2018 年第 6 期。

42. 汪斌:《环境管理的效率分析》,载《城市环境》2002 年第 5 期。

43. 赵红:《环境规制的成本收益分析——美国的经验与启示》,载《山东经济》2006 年第 2 期。

44. 胡彪、李健毅:《生态文明视角下的区域环境效率时空差异评价》,载《中国科技论坛》2015 年第 5 期。

45. 陈浩等:《京津冀地区环境效率及其影响因素分析》,载《生态经济》2015 年第 8 期。

46. 杨俊等:《中国环境效率评价及其影响因素实证研究》,载《中国人口·资源与环境》2010 年第 2 期。

47. J. Wu, et al., "Environmental Efficiency Evaluation of Industry in China Based on a New Fixed Sum Undesirable Output Data Environment Analysis", *Journal of Cleaner Production*, 74 (2014).

48. S. Kumar, "Environmentally Sensitive Productivity Growth: A Global Analysis Using Malmquist-Luenberger Index", *Ecological Economics*, 56 (2006).

49. L. Yang et al., "Evaluation of Regional Environmental Efficiencies in China Based on Super-Efficiency-DEA", *Ecological Indicators*, 51 (2015).

50. 傅京燕等:《中国区域生态效率的测度及其影响因素分析》,载《产经评论》2016年第6期。

51. 罗能生、王玉泽:《财政分权、环境规制与区域生态效率——基于动态空间杜宾模型的实证研究》,载《中国人口·资源与环境》2017年第4期。

52. 孙玉阳等:《中国六大流域工业水污染治理效率研究》,载《统计与决策》2018年第19期。

53. 何爱平、安梦天:《地方政府竞争、环境规制与绿色发展效率》,载《中国人口·资源与环境》2019年第3期。

54. 张英浩等:《环境规制对中国区域绿色经济效率的影响机理研究——基于超效率模型和空间面板计量模型实证分析》,载《长江流域资源与环境》2018年第11期。

55. 谢秋皓、杨高升:《新型城镇化背景下中国区域绿色发展效率测算》,载《统计与决策》2019年第24期。

56. 肖远飞、吴允:《财政分权、环境规制与绿色全要素生产率——基于动态空间杜宾模型的实证分析》,载《华东经济管理》2019年第11期。

57. 关海玲、武祯妮:《地方环境规制与绿色全要素生产率提升——是技术进步还是技术效率变动?》,载《经济问题》2020年第2期。

58. 杨志江、朱桂龙:《技术创新、环境规制与能源效率——基于中国省际面板数据的实证检验》,载《研究与发展管理》2017年第4期。

59. 王腾等:《环境规制影响全要素能源效率的实证研究——基于波特假说的分解验证》,载《中国环境科学》2017 年第 4 期。

60. R. Fare et al. , "Productivity Growth, Technical Progress, and Efficiency Change in Industrialized Countries", *American Economic Review*, 84 (1997).

61. Tu Yu et al. , "Regional Environmental Regulation Efficiency: Spatiotemporal Characteristics and Influencing Factors", *Environmental Science and Pollution Research International*, 12 (2019).

62. 程钰等:《中国环境规制效率时空演化及其影响因素分析》,载《华东经济管理》2015 年第 9 期。

63. 原毅军等:《环境规制绩效及其影响因素的实证分析》,载《工业技术经济》2016 年第 1 期。

64. 徐成龙等:《山东省环境规制效率时空格局演变及影响因素》,载《经济地理》2014 年第 12 期。

65. 高青山:《河北省地级市环境规制效率研究》,中国地质大学 2017 年硕士学位论文。

66. 唐德才等:《中国环境规制效率与全要素生产率研究——基于 SBM-Undesirable 和 DEA-Malmquist 模型的解释》,载《干旱区资源与环境》2016 年第 11 期。

67. M. L. Song et al. , "Review of Environmental Efficiency and Its Influencing Factors in China: 1998-2009", *Renewable and Sustainable Energy Reviews*, vol. 20, 4 (2013).

68. 任梅等:《中国沿海城市群环境规制效率时空变化及影响因素分析》,载《地理科学》2019 年第 7 期。

69. H. Li et al. , "Regional Environmental Efficiency Evaluation in China: Analysis Based on the Super-SBM Model with Undesirable Outputs", *Mathematical and Computer Modelling*, vol. 58, 5-6 (2013).

70. Kaoru Tone, "A Slacks-Based Measure of Efficiency in Data Envelopment

Analysis", *European Journal of Operational Research*, vol. 130, 3 (2001).

71. 胡苑:《论威慑型环境规制中的执法可实现性》,载《法学》2019年第11期。

72. 何香柏:《环境规制的权力行使与制度约束——美国谢弗林案的借鉴》,载《法学评论》2019年第5期。

73. 胡苑、郑少华:《从威权管制到社会治理——关于修订〈大气污染防治法〉的几点思考》,载《现代法学》2010年第6期。

74. 程李华:《生态文明视角的政府环境规制分析》,载《理论月刊》2013年第12期。

75. 朱炳成:《面向公众健康保障的生态环境法律规制转型》,载《吉首大学学报(社会科学版)》2019年第5期。

76. 李修棋:《论环境法中的信息规制》,载《中国政法大学学报》2015年第1期。

77. 余光辉、陈亮:《论我国环境执法机制的完善——从规制俘获的视角》,载《法律科学(西北政法大学学报)》2010年第5期。

78. 周艳菊、张振陆:《中国环境规制阻力系数的构建:基于规制阻力来源的考察》,载《生态经济》2018年第2期。

79. 张瑞萍:《制度创新对环境经济发展的法律规制》,载《兰州大学学报(社会科学版)》2017年第5期。

80. 杜辉:《挫折与修正:风险预防之下环境规制改革的进路选择》,载《现代法学》2015年第1期。

81. 吴贤静:《区域环境风险的法律规制》,载《暨南学报(哲学社会科学版)》2019年第11期。

82. 曾倩等:《产业结构视角下环境规制工具对环境质量的影响》,载《经济经纬》2018年第6期。

83. 吴晓英、朱永利:《国外多元协同环境治理研究综述》,载《重庆科技学院学报(社会科学版)》2019年第6期。

84. 张亚伟:《发达国家环境规制改革的经验与启示》,载《中州学刊》2010 年第 2 期。

85. 王美舒:《论重金属污染防治环境标准制定的法律规制》,载《北京联合大学学报(人文社会科学版)》2016 年第 3 期。

86. 曹明德、黄琰童:《国外环保法立法经验借鉴》,载《环境保护》2013 年第 17 期。

87. 谭冰霖:《环境规制的反身法路向》,载《中外法学》2016 年第 6 期。

88. 尹志军:《美国环境法史论》,中国政法大学 2005 年博士学位论文。

89. C. R. Williams, "Growing State-Federal Conflicts in Environmental Policy: The Role of Market-Based Regulation", *Journal of Public Economics*, 96 (2012).

90. 赵玉民等:《环境规制的界定、分类与演进研究》,载《中国人口·资源与环境》2009 年第 6 期。

91. 原毅军、谢荣辉:《环境规制的产业结构调整效应研究——基于中国省际面板数据的实证检验》,载《中国工业经济》2014 年第 8 期。

92. Sheoli Pargal, David Wheeler, "Informal Regulation of Industrial Pollution in Developing Countries", *Journal of Political Economy*, 6 (1996).

93. 何兴邦:《环境规制与中国经济增长质量——基于省际面板数据的实证分析》,载《当代经济科学》2018 年第 2 期。

94. Michael Howlett, M. Ramesh, "Studying Public Policy: Policy Cycles and Policy Subsystem", *Oxford University*, 1995.

95. F. Testa et al., "The Effect of Environmental Regulation on Firms' Competitive Performance: The Case of the Building & Construction Sector in Some EU Region", *Journal of Environmental Management*, 92 (2011).

96. 张坤民等:《当代中国的环境政策:形成、特点与评价》,载《中国人口·资源与环境》2007 年第 2 期。

97. 王红梅：《中国环境规制政策工具的比较与选择——基于贝叶斯模型平均（BMA）方法的实证研究》，载《中国人口·资源与环境》2016 年第 9 期。

98. P. B. Downing, L. J. White, "Innovation in Pollution Control", *Journal of Economics and Environmental Management*, vol. 13, 1 (1986).

99. C. Taylor et al., "Selecting Policy Instruments for Better Environmental Regulation: A Critique and Future Research Agenda", *Environmental Policy Governance*, 22 (2012).

100. 林枫等：《环境政策工具对生态创新的影响：研究回顾及实践意义》，载《科技进步与对策》2018 年第 14 期。

101. 李巍：《应对环境风险的反身规制研究》，载《中国环境管理》2019 年第 3 期。

102. 刘丹鹤：《环境规制工具选择及政策启示》，载《北京理工大学学报（社会科学版）》2010 年第 2 期。

103. 张锋：《我国协商型环境规制构造研究》，载《政治与法律》2019 年第 11 期。

104. 丰月、冯铁拴：《管制、共治与组合：环境政策工具新思考》，载《中国石油大学学报（社会科学版）》2018 年第 4 期。

105. 黄清煌等：《环境规制工具对中国经济增长的影响——基于环境分权的门槛效应分析》，载《北京理工大学学报（社会科学版）》2017 年第 3 期。

106. 孙英杰、林春：《试论环境规制与中国经济增长质量提升——基于环境库兹涅茨倒 U 型曲线》，载《上海经济研究》2018 年第 3 期。

107. 王群勇、陆凤芝：《环境规制能否助推中国经济高质量发展？——基于省际面板数据的实证检验》，载《郑州大学学报（哲学社会科学版）》2018 年第 6 期。

108. 李拓晨、丁莹莹：《环境规制对我国高新技术产业绩效影响研究》，载《科技进步与对策》2013 年第 1 期。

109. 王晓红、冯严超:《环境规制对中国循环经济绩效的影响》, 载《中国人口·资源与环境》2018 年第 7 期。

110. 李胜兰等:《地方政府竞争、环境规制与区域生态效率》, 载《世界经济》2014 年第 4 期。

111. 蒋伏心等:《环境规制对技术创新影响的双重效应——基于江苏制造业动态面板数据的实证研究》, 载《中国工业经济》2013 年第7 期。

112. Y. Wang, N. Shen, "Environmental Regulation and Environmental Productivity: The Case of China", *Renewable & Sustainable Energy Reviews*, 62 (2016).

113. M. C. Porter, L. Vander, "Toward a New Conception of the Environment Competitiveness Relationship", *Journal of Economic Perspectives*, vol. 9, 5 (1995).

114. E. Berman, L. T. Bui, "Environmental Regulation and Productivity: Evidence from oil Refineries", *The Review of Economics and Statistic*, vol. 88, 3 (2008).

115. 刘朝、赵志华:《第三方监管能否提高中国环境规制效率? ——基于政企合谋视角》, 载《经济管理》2017 年第 7 期。

116. 吕新军、代春霞:《中国省区环境规制效率研究:基于制度约束的视角》, 载《财经论丛》2015 年第 8 期。

117. 王济干、马韵鸿:《长江经济带工业环境规制效率时序及空间分异研究》, 载《工业技术经济》2020 年第 1 期。

118. P. Lanoie et al., "Environmental Regulation and Productivity: Testing the Porter Hypothesis", *Journal of Productivity Analysis*, 30 (2008).

119. S. B. Brunnermeier, M. A. Cohen, "Determinants of Environmental Innovation in us Manufacturing Industries", *Journal of Environmental Economics and Management*, 45 (2003).

120. B. R. Domazlicky, W. L. Weber, "Does Environmental Protection Lead

to Slower Productivity Growth in the Chemical Industry?", *Environmental and Resource Economics*, 28（2004）.

121. 徐圆：《源于社会压力的非正式性环境规制是否约束了中国的工业污染？》，载《财贸研究》2014 年第 2 期。

122. 邱士雷等：《非期望产出约束下环境规制对环境绩效的异质性效应研究》，载《中国人口·资源与环境》2018 年第 12 期。

123. P. A. Samuelson, "The Pure Theory of Public Expenditure", *The Review of Economics and Statistics*, 36（1954）.

124. ［美］威廉·J. 鲍莫尔，华莱士·E. 奥茨：《环境经济理论与政策设计》，严旭阳译，经济科学出版社 2003 年版。

125. 冯莉、曹霞：《破题生态文明建设，促进经济高质量发展》，载《江西师范大学学报（哲学社会科学版）》2018 年第 4 期。

126. 杨姝影、张晨阳：《生态环保推动高质量发展作用凸显》，载《中国环境报》2018 年 1 月 12 日，第 3 版。

127. ［英］休谟：《人性论》，关文运译，商务印书馆 1983 年版。

128. 赵敏：《环境规制的经济学理论根源探究》，载《经济问题探索》，2013 年第 4 期。

129. ［美］曼瑟尔·奥尔森：《集体行动的逻辑》，陈郁等译，格致出版社、上海三联书店、上海人民出版社 1995 年版，绪论。

130. ［美］Scott J. Calla, Janet M. Thomas：《环境经济学与环境管理：理论、政策和应用》（第 3 版），李建民、姚从容译，清华大学出版社 2006 年版。

131. ［英］罗杰·珀曼等：《自然资源与环境经济学》（第 2 版），张涛等译，中国经济出版社 2002 年版。

132. 许云霄编著：《公共选择理论》，北京大学出版社 2006 年版。

133. 王元明：《工程项目供应链风险传递》，中国电力出版社 2012 年版。

134. 沈荣华、何瑞文：《奥尔森的集体行动理论逻辑》，载《黑龙江社会科学》2014 年第 2 期。

135. ［古希腊］亚里士多德：《政治学》，吴寿彭译，商务印书馆 1965 年版。

136. 孟欣然：《奥尔森的集体行动理论对我国代表人诉讼的启示——以 "理性人假设" 为线索》，载《湖北民族学院学报（哲学社会科学版）》2015 年第 1 期。

137. 曹霞、冯莉：《生态环境管理体制改革背景下基层环境规制问题研究》，载《经济问题》2019 年第 3 期。

138. 孟扬、范炳良：《公共选择理论视野下的政府失灵及其对策研究》，载《市场周刊（理论研究）》2014 年第 1 期。

139. 张文显：《新时代的人权法理》，载《人权》2019 年第 3 期。

140. 蔡守秋：《环境权初探》，载《法学评论》1982 年第 2 期。

141. 吕忠梅：《再论公民环境权》，载《法学研究》2000 年第 6 期。

142. 徐祥民：《环境权论——人权发展历史分期的视角》，载《中国社会科学》2004 年第 4 期。

143. 王树义等：《环境法基本理论研究》，科学出版社 2012 年版。

144. 黄锡生、黄猛：《我国环境行政权与公民环境权的合理定位》，载《现代法学》2003 年第 5 期。

145. 吕忠梅：《环境法》，法律出版社 1997 年版。

146. 李玄：《从管制到治理——环境行政的法治转向》，载《社会科学战线》2012 年第 8 期。

147. 刘超：《环境侵权救济诉求下的环保法庭研究》，武汉大学出版社 2013 年版。

148. 北京大学哲学系外国哲学史教研室编译：《西方哲学原著选读》，商务印书馆 1982 年版。

149. ［德］黑格尔：《法哲学原理》，范扬、张企泰译，商务印书馆 1982 年版。

150. ［美］奥尔多·利奥波德：《沙乡的沉思》，侯文蕙译，经济科学出版社 1992 年版。

151. 吴赫笛:《论和谐社会视野下环境法的法哲学基础》,载《渤海大学学报(哲学社会科学版)》2008 年第 2 期。

152. [美]约翰·罗尔斯:《正义论》,何怀宏等译,中国社会科学出版社 1988 年版。

153. 李铮:《环境行政处罚权研究》,中国环境科学出版社 2012 年版。

154. 薛颖:《中国将把生态文明建设承诺付诸实践——访美国生态文明专家罗伊·莫里森》,载《河南日报》2013 年 11 月 18 日,第 6 版。

155. 睡虎地秦墓竹简整理小组编:《睡虎地秦墓竹简》,文物出版社 1978 年版。

156. 王灿发主编:《〈环境保护法〉实施评估报告(2016)》,中国政法大学出版社 2016 年版。

157. 《环保部:前 7 月排查发现违法违规建设项目 62.4 万个》,载中国经济网,http://finance.sina.com.cn/roll/2016 - 08 - 24/doc - ifxvitex8810104.shtml,最后访问日期:2021 年 10 月 24 日。

158. 《生态环境部通报 2018 年度全国"12369"环保举报情况》,载《中国环境报》2019 年 4 月 25 日,第 4 版。

159. 《第二批中央生态环境保护督察"回头看"完成督察反馈工作》,载中华人民共和国生态环境部官网,https://www.mee.gov.cn/xxgk2018/xxgk/xxgk15/201905/t20190515_703050.html,最后访问日期:2021 年 10 月 8 日。

160. 《生态环境部:16 省份已印发生态环境综合行政执法改革意见》,载中国新闻网,https://www.chinanews.com/gn/2019/04 - 29/8823753.shtml,最后访问日期:2021 年 10 月 8 日。

161. 黄娴:《贵州清镇市先行先试环境公益诉讼司法呵护绿水青山》,载《人民日报》2019 年 10 月 7 日,第 4 版。

162. 《全国法院五年审结环资一审案件过百万》,载中华人民共和国最高人民法院官网,http://courtapp.chinacourt.org/zixun - xiangqing -

174132. html，最后访问日期：2021 年 10 月 8 日。

163. 《最高法：五年来先后发布 15 批 135 个环境资源典型案例》，载中国环境网，https://www.cenews.com.cn/legal/201907/t20190730_903337. html，最后访问日期：2021 年 10 月 8 日。

164. 《国新办举行中国生态环境检察工作新闻发布会（直播实录）》，载中华人民共和国最高人民检察院官网，https://www.spp.gov.cn/spp/tt/201902/t20190214_408034.shtml，最后访问日期：2021 年 10月 8 日。

165. 冯莉、曹霞：《博弈论视角下环境规制法律制度的实证分析》，载《经济问题》2021 年第 4 期。

166. ［英］洛克：《政府论》（下篇），叶启芳、瞿菊农译，商务印书馆1964 年版。

167. 朱新力主编：《行政法律责任研究——多元视角下的诠释》，法律出版社 2004 年版。

168. 杜万平：《环境行政权的监督机制研究——对环境法律实施状况的一种解释》，载《环境资源法论丛》2006 年第 6 卷。

169. 付丽娜等：《基于超效率 DEA 模型的城市群生态效率研究——以长株潭"3+5"城市群为例》，载《中国人口·资源与环境》2013年第 4 期。

170. 关伟、孙艺丹：《中国沿海 11 省市环境规制效率评价》，载《辽宁师范大学学报（自然科学版）》2018 年第 3 期。

171. 张子龙等：《中国工业环境效率及其空间差异的收敛性》，载《中国人口·资源与环境》2015 年第 2 期。

172. 臧传琴、吕杰：《环境规制效率的区域差异及其影响因素——基于中国 2000—2014 年省际面板数据的经验考察》，载《山东财经大学学报》2018 年第 1 期。

173. 陈德敏、张瑞：《环境规制对中国全要素能源效率的影响——基于省际面板数据的实证检验》，载《经济科学》2012 年第 4 期。

174. 李国祥、张伟:《环境分权、环境规制与工业污染治理效率》,载《当代经济科学》2019 年第 5 期。

175. 祁毓等:《中国环境分权体制改革研究:制度变迁、数量测算与效应评估》,载《中国工业经济》2014 年第 1 期。

176. 成德宁、韦锦辉:《不同类型环境规制影响我国产业竞争力的效应分析》,载《广东财经大学学报》2019 年第 3 期。

177. 张成等:《环境规制强度和生产技术进步》,载《经济研究》2011 年第 2 期。

178. 侯纯光等:《科技创新影响区域绿色化的机理——基于绿色经济效率和空间计量的研究》,载《科技管理研究》2017 年第 8 期。

179. 曾冰等:《环境政策工具对改善环境质量的作用研究——基于2001—2012 年我国省级面板数据的分析》,载《上海经济研究》2016 年第 5 期。

180. B. H. Baltagi, "A Companion to Econometric Analysis of Panel Data", *Wiley & Sons*, 5 (2009).

181. S. E. Atkinson, D. H. Lewis, "A Cost‐Effectiveness Analysis of Alternative Air Quality Control Strategies", *Journal of Environmental Economics and Management*, vol. 1, 3 (1974).

182. 叶祥松、彭良燕:《我国环境规制的规制效率研究——基于 1999—2008 年我国省际面板数据》,载《经济学家》2011 年第 6 期。

183. D. Talukdar, M. C. Meisner, "Does the Private Sector Help or Hurt the Environment? Evidence from Carbon Dioxide Pollution in Developing Countries", *World Development*, 29 (2001).

184. H. Wang et al., "Incomplete Enforcement of Pollution Regulation Bargaining Power of Chinese Factories", *Environmental and Resource Economics*, vol. 24, 3 (2003).

185. 于文超等:《政绩诉求、政府干预与地区环境污染——给予中国城市数据的实证分析》,载《中国经济问题》2015 年第 5 期。

186. 彭代彦、张俊:《环境规制对中国全要素能源效率的影响研究——基于省际面板数据的实证检验》,载《工业技术经济》2019 年第 2 期。

187. 蔡乌赶、李青青:《环境规制对企业生态技术创新的双重影响研究》,载《科研管理》2019 年第 10 期。

188. 郭庆、孙悦:《环境规制政策对排污强度的影响分析》,载《山东财经大学学报》2015 年第 5 期。

189. 张乐、潘加军:《推进绿色发展需协调市场与政府关系》,载《中国环境报》2018 年 1 月 23 日,第 3 版。

190. 张信芳、席婷婷:《看美国环境管理架构运行机制的启示》,载《环境科学与管理》2012 年第 6 期。

191. 卢洪友、祁毓:《日本的环境治理与政府责任问题研究》,载《现代日本经济》2013 年第 3 期。

192. 王英俊:《秦皇岛市环境监管执法问题研究》,燕山大学 2017 年硕士学位论文。

193. 李干杰:《深入学习贯彻党的十九届四中全会精神,努力推动生态文明建设迈上新台阶》,载《中国环境报》2019 年 12 月 31 日,第 1 版。

194. 黄贤金:《生态文明建设应注重发挥市场主导作用》,载《群众》2014 年第 9 期。

195. 《"七大体系"落实主体责任,现代化环境治理体系框架敲定》,载国务院发展研究中心,http://www.drc.gov.cn/xsyzcfx/20191127/4-4-2899816.htm,最后访问日期:2020 年 2 月 2 日。

196. 冯莉:《〈黄河保护法〉实施背景下流域生态环境规制思路与完善对策——基于法律政策文本量化分析》,载《干旱区资源与环境》2023 年第 7 期。

197. 冯莉:《〈黄河保护法〉视域下流域生态管理创新机制研究》,载《人民黄河》2023 年第 3 期。

后 记

　　几易文稿，几载光阴，四年的博士生涯接近尾声，内心深处感慨万千。无数个深夜到黎明的夜晚、无数次压力山大的迷茫、无数次推翻重来的思想斗争，跌跌撞撞、磕磕碰碰，内心深感今日的来之不易，几度落泪。四年的博士生活，有痛苦迷茫、有欣喜欢乐；有一筹莫展的沮丧，有进步收获的欢喜，一切都化作无限的感激和满满的感恩，感谢在我前进道路上给予我力量，帮助过我的所有老师、家人、同学、朋友……感谢你们的帮助和支持，给我不断前进的动力！

　　在此，尤其要感谢我的恩师——曹霞教授！承蒙恩师不弃，拜入曹门。四年的学习生活，曹老师严谨的治学态度，谦逊热情的待人风格，耐心认真的为师之道，深深地影响了我，让我受益终身。博士期间，从小论文的数次修改精进到大论文的完成，无不倾注着老师的心血。在博士论文选题之初，曹老师就多次与我反复指导研究论文的选题、框架，给我启发。在论文的撰写中，更是孜孜不倦地教导，在我写作遇到困境一筹莫展时，曹老师耐心地就文章的问题和细节指导我，给我信心，让我一次次地实现自我突破。尤其是论文后期的修改，老师倾注了极大的心血，一次次字斟句酌的反复推敲修改，从论文思路到语句表述、从行文逻辑到标点符号，无不体现着老师认真、严谨、负责的匠心精神！四年的学习生活，曹老师的言传身教更是深深地影响着我，给了我极大的支持和鼓励，教我如何拥有良好的心态面对生活中的挑战和压力，深深地感谢老师的付出！

同时，还要深深感谢马跃进教授、郗伟明教授、薛建兰教授、冯玉军教授、魏建教授、董雪兵教授、单飞跃教授等各位老师在论文开题、预答辩、答辩期间提出的宝贵意见和给予的学术帮助；感谢论文外审专家为文章的修改完善提出的宝贵意见，老师们的指导意见对我论文的完善给予了很大的帮助，在此，深表感谢！

感谢博士学习期间马跃进老师、薛建兰老师、孙晓红老师、樊云慧老师等各位老师的课程指导；感谢白利斌老师、刘中军老师、刘雁军老师、王振峰老师在学习期间的种种帮助；感谢邵利敏博士、田峰博士、夏宇博士、闫娜娜博士、聂雷博士、苏国贤博士、董屹宇博士、张婧博士等诸位同学在论文实证部分给予的指导帮助；感谢单云慧博士在论文写作中的互相激励；感谢姚婷博士给予的鼎力相助和情感支撑；感谢李壮爱、路未雷、宋峰、郭婧、任玲玲、李娜、闫静瑶、刘颖等同门的帮助和支持……谢谢你们的帮助和支持，和大家的相处时光将是我一生的宝贵财富！

最后，要感谢我的家人，感谢我的父母对我的鼓励和帮助，感谢我的爱人对我学业的理解和支持，感谢我的公公婆婆一直帮我照顾家庭和孩子，感谢我乖巧懂事的儿子，在我压力焦虑时给我带来欢乐……感谢你们的陪伴、理解和支持，正是因为你们的无私帮助，我才能顺利完成我的博士学业！

太多的感恩感谢想要表达，深深感谢所有给予我帮助的每一个人，谢谢你们，感恩相助！

攻读博士学位期间发表的论文和其他科研情况

一、发表的学术论文

[1] 冯莉、曹霞：《破题生态文明建设，促进经济高质量发展》，载《江西师范大学学报（哲学社会科学版）》2018年第4期。

[2] 曹霞、冯莉：《生态环境管理体制改革背景下基层环境规制问题研究》，载《经济问题》2019年第3期。

[3] 曹霞、姚婷、冯莉：《山西煤成气产业发展困境及对策研究》，载《经济师》2020年第3期。

二、主持和参与的课题

[1] 曹霞，国家社科基金项目（14BFX185）："煤层气矿业权重叠问题与法律对策研究"，2014.06—，参与报告撰写。

[2] 曹霞，山西省回国留学人员科研资助项目（2015—072）："山西煤层气产业发展法律保障研究"，2015.11—2019.01，参与报告撰写。

[3] 曹霞，2017年度山西省法学会法学研究课题（重点课题）[SXLS（2017）A01]："山西省环境执法现状、困境与突破路径"，2017.07—2018.08，参与报告撰写。

[4] 山西省人大常委会2017年重大课题："山西省生态环境保护立法

研究",2017.07—2017.12,参与报告撰写。

三、获奖情况

[1] 冯莉、曹霞:《破题生态文明建设,促进经济高质量发展》,2018年10月获得环渤海区域法治论坛组委会颁发的第十三届环渤海区域法治论坛三等奖;2018年12月获得山西省法学会颁发的2017—2018年度法学研究成果二等奖。

[2] 冯莉、曹霞:《法律援助助力商业律师介入环境公益诉讼之路径》,2017年8月获得环渤海区域法治论坛组委会颁发的第十二届环渤海区域法治论坛二等奖。

[3] 曹霞、冯莉、刘中军、张路康、宋峰、姚婷、任玲玲:《山西省环境执法现状、困境与突破路径》,2018年12月获得山西省法学会颁发的2017—2018年度法学研究成果二等奖。